"拨乱反正"亲历记

BOLUAN FANZHENG QINLIJI

王彦民 编

人民出版社

目　录

—编后记—

1 邓小平与"拨乱反正"

任仲夷　钱其琛　刘导生　李　晨　缪俊杰　沈宝祥　朱德生

任仲夷（中共广东省委原第一书记）：总设计师小平当之无愧

我和邓小平同志第一次直接接触是在 1978 年。当时华国锋提出"两个凡是"。由胡耀邦组织，《光明日报》发表了《实践是检验真理的唯一标准》一文，揭开了批判"两个凡是"的思想大论战的帷幕。接着，邓小平在全军政治工作会议上畅谈"实事求是"，支持"实践是检验真理的唯一标准"。当时我是辽宁省委第一书记，看了《光明日报》的文章后，极为高兴，立即着手写了《理论上根本的拨乱反正》一文。这篇文章刊登在中共辽宁省委的理论刊物《理论与实践》上，《光明日报》发现后立即全文转载。当时，恰巧小平同志到辽宁视察工作，我曾把这篇文章送他一份，谈了我对这个问题的看法。

现在回过头来看，这次真理标准大讨论的意义极其重大，影响深远。它不但把人民从极"左"思想的禁锢中解放出来，开启了改革开放的新时代，而且为我们提供了辨别真理、判断是非得失的永恒标杆。

我记得当时甘肃省委第一书记宋平、黑龙江省委第一书记杨易辰都是最早表态，支持"实践是检验真理的唯一标准"的。到了 1978 年底，几乎所有的省、市、自治区和各大军区、各总部负责人都公开表示支持"实践是检验真理的唯一标准"。

　　小平同志在辽宁视察时对我说过一句话："要让一部分人生活先好起来。"我记得很清楚，他当时不是说"要让一部分人先富起来"，但我的理解就是要让一部分人先富起来。别看这么一句话很简单，但意义十分重大。当时很多人还受"富则修"极"左"思想的影响，谈"富"色变。小平同志讲了这么一句话，才冲破"富则修"这种极"左"思想的束缚。为此，我在全省开展"敢不敢富，能不能富，让不让富，会不会富和怎样富"的致富大讨论，取得了很好的效果，在农村和城市恢复了长期被视为"资本主义尾巴"的自由市场。那时候，我还提出允许个体经营，大力发展集体所有制企业，为国营企业"松绑"等问题。

　　当广东提出要搞经济特区时，我也向中央提议，也在大连办经济特区，但未得到中央的批准。可能也正是因为以上的原因，中央调我到广东工作。

　　在我到广东上任前，小平同志和叶剑英、李先念、胡耀邦、万里等党和国家领导人都先后接见了我和梁灵光，并都对广东的工作作了指示。印象最深的是，小平同志对我和灵光同志说：特区不仅仅指深圳、厦门、珠海、汕头那几个地方，而是指广东、福建两个省。单搞那一点地方不行，中央讲的是两个省，要实行特殊政策、灵活措施。你们要充分发挥这个有利条件，摸出规律，搞出个样子来。再一个印象很深的是，小平同志非常重视政策，他说，一个地区工作好不好靠政策，政策对头，工作就好做；政策不对头，工作就做不好。我感到小平同志思想解放，决心很大，魄力很大。根据他的思想来检查我们的工作，我们胆子还是太小了，思想还是不够解放。如果我们当时胆子更大一点，思想更解放一点，今天广东的形势可能会更好。

　　虽然我与小平同志接触不是很多，也没有什么特殊的私人关系，但小平同志给我的印象却很深刻。他是一位杰出的领导者，是一位革命领袖人物。他革命经历丰富，正反两个方面的经验都很丰富，非常了解并能把握中国的国情，一切从实际出发；他多谋善断，举重若轻，作风果断；他讲解和回答问题非常明确、准确、简练、干脆；他善于把许多理论问题深入浅出、通俗易懂地表达出来。比如人们熟知的"不管黑猫白猫，抓住老鼠就是好猫"、"摸着石头过河"、"一个中心，两个基本点"、"贫穷不是社会主义"、"社会主义的本质，是解放生产力，发展生产力，消灭剥削，消除两极分化，最终达到共同富裕"、"不要争论"、"资本主义也有计划，社会主义也可以有市场"，等等。他说的这些真理和名言不光是干部，就是一般群众，都能听得懂，都能理解，大都能背诵出来。

邓小平是伟大的马克思主义者，伟大的革命家、政治家、军事家、外交家，是中国人民英明、杰出的领袖，人们把他称为中国社会主义改革开放和现代化建设的总设计师，是当之无愧的。

钱其琛（国务院原副总理）：一次极不寻常的谈话

1980年初秋，邓小平同志接受意大利著名女记者奥琳埃娜·法拉奇的采访，就当时国内外注目的重大问题回答了她的提问。当时，我作为外交部新闻司司长，组织安排了这次采访，并亲耳聆听了小平同志这席谈话，留下了终生难忘的记忆。

法拉奇采访申请被接受的最重要原因是小平同志确实有话要说。当时正值党的十一届三中全会召开以后，全国在邓小平同志的思想指导下，解放思想，实事求是，拨乱反正，把工作重点转移到经济建设上来，实行改革开放，加快现代化建设，并初见成效。然而在不少重大问题上党内外的思想还有待统一，国外还存在着许多疑问，特别是对如何评价毛泽东和"文化大革命"，众说纷纭，莫衷一是。中央决定要通过的关于建国以来党的若干历史问题的决议，虽然经反复讨论，认识尚未完全统一。

记者提问是围绕对毛主席的评价展开的。她一开始就说，来到北京发现中国变化很大，毛主席的像少多了。接着提出"天安门城楼上的毛主席像，是否要永远保留下去?"还提出毛主席同"四人帮"的关系如何、毛主席的错误追溯到何时、发动"文化大革命"到底想干什么，等等，问题一个接一个，刨根问底。而小平同志从容不迫，顺势抓住对方提问的要害，一针见血地阐明了一系列重大的原则问题，问答之间，机智巧妙，精彩纷呈。

小平同志斩钉截铁地对法拉奇说："天安门城楼上的毛主席像永远要保留下去。过去毛主席像挂得太多，到处都挂，并不是一件严肃的事情，也并不能表明对毛主席的尊重。"

至于"毛主席的错误和林彪、'四人帮'问题性质是不同的。毛主席一生大部分时间是做了非常好的事情的，他多次从危机中把党和国家挽救过来。没有毛主席，至少我们中国人民还要在黑暗中摸索更长的时间"。他接着实事求是地客观地分析了毛主席晚年犯错误的原因主要是"左"的思想。这时候毛主席接触实际少了，没有把过去他自己倡导的良好作风，比如说民主集中制、群众路线，很好地贯彻下去，没有制定也没有形成良好的制度……以致最后导致了"文化大革命"。

小平同志又以平静的语调，直率地指出：错误是从五十年代后期开始的。比如说，大跃进是不正确的。这个责任不仅仅是毛主席一个人的，我们这些人脑子都发热了……1962年，毛主席对这些问题进行了自我批评。但毕竟对这些教训总结不够，导致爆发了"文化大革命"。就毛泽东主席本身的愿望来说，搞"文化大革命"是出于避免资本主义复辟的考虑，但对中国本身的实际情况作了错误的估计。毛泽东主席去世前一两年讲过，"文化大革命"有两个错误，一个是"打倒一切"，一个是"全面内战"。只就这两点讲，就已经不能说"文化大革命"是正确的。毛泽东主席犯的是政治错误，这个错误不算小。另一方面，错误被林彪、"四人帮"这两个反革命集团利用了。他们的目的就是阴谋夺权。所以要区别毛泽东主席的错误同林彪、"四人帮"的罪行。

法拉奇听了小平同志对毛泽东主席所犯错误的说明后，单刀直入，说"西方有人评论，中国下一届党代会可能类似苏共20大，你是中国的赫鲁晓夫"。并直截了当地问道："你们对'四人帮'进行审判的时候，以及你们开下一届党代会时，在何种程度上会牵涉到毛主席？"

小平同志听后坦然地付之一笑，随即从正面谈道："我们要对毛主席一生的功过作客观的评价。我们将肯定毛主席的功绩是第一位的，他的错误是第二位的。我们要实事求是地讲毛主席后期的错误。我们还要继续坚持毛泽东思想。""我们不但要把毛主席的像永远挂在天安门前，作为我们国家的象征，要把毛主席作为我们党和国家的缔造者来纪念，而且还要坚持毛泽东思想。我们不会像赫鲁晓夫对待斯大林那样对待毛主席。"

小平同志这篇谈话在党内外传达后，受到一致的拥护。大家都认为这样讲好，能接受，都感到毛泽东思想这面旗帜确实不能丢，也丢不得，丢了这面旗帜，实际上就丢了我们党的光荣传统。随着时间的推移，我们越来越认识到这篇谈话的深远历史意义。

刘导生（中共北京市委原书记）：一次历史的转折

我调来中共北京市委工作是 1978 年 12 月 26 日，当时任北京市委常委、宣传部长。这个时候党的十一届三中全会已经开过，拨乱反正工作在全国范围内取得很大进展，但北京市的工作落后于其他省市。由于当时的某些领导干部思想上受毒极深，仍然被"左"的思想、理论所禁锢，自觉不自觉地阻挠拨乱反正。而广大干部和群众迫切要求纠正和清算"文化大革命"中的错误，为一大批冤假错案平反，把我国社会主义建设引上健康发展的道路。这两种思想已逐步形成尖锐的对立。

十一届三中全会，对长期统治我们党的"左"倾路线是一次清算，对当时仍旧受"左"的思想毒害束缚的党的某些领导干部，应该是一服清醒剂。然而，事实并没有那么简单。在这种情况下，我顶住了来自某些领导人的压力，于 1979 年 3 月上旬召集了北京各高校从事理论工作的同志，市委各部、委、办负责同志，市委各宣传单位主管理论的同志共五六十人的座谈会。我在讲话中指出，对于"实践是检验真理的唯一标准"的讨论，北京市没有组织全市性的活动，使我们的理论工作落后了一大步。我们北京市的工作要跟上中央的步伐，就必须坚决肃清林彪、"四人帮"的流毒，端正思想路线，迅速扭转目前的落后状态，迎头赶上。同时我还提出，这是党内的座谈会，没有什么框框，我们提倡完整准确地掌握马列主义、毛泽东思想体系，敢于破除迷信，解放思想；敢于冲破各种"禁区"；敢于从实际出发，实事求是；敢于提出新问题，解决新问题。我们提倡"三不主义"：不同意见可以争论，会议简报由本人定稿；会议不审查；会议不作结论。这次会议开得生动活泼，畅所欲言，同时也提出许多问题，并对宣传工作提出了很好的建议。

五届人大二次会议召开后形势又有了很大的变化。邓小平同志在上海、山东、天津等地多次讲话，都讲了政治路线、思想路线和组织路线问题。胡耀邦同志也指出，要继续开展真理标准的讨论，要开展全国性的补课。在这一背景下，北京市委终于决定召开扩大会议，中心议题是如何搞好真理标准问题的补课。1979 年 9 月召开的北京市委宣传工作会议上，我在主报告中摆出了一些干部中存在的糊涂认识和错误思想，如有人认为党的工作重点转移是"丢了纲，离了线"；"解决历史遗留问题，平反冤假错案是搞翻案，是否定历次政治运动"；"坚持按劳分配，坚持按客观经济规律办事，是搞修正主义的一套"等等，并在思想根源上作了分析和批驳。

解决长期的"左"倾路线错误，特别是在长期的个人崇拜已达到迷信程度的情况下，拨乱反正的工作是十分艰巨的。经过全党几年的努力，使广大干部和群众逐步认清和树立了邓小平同志倡导的正确思想路线、政治路线和组织路线，从而使党的各方面工作稳步转到"四化"建设的轨道，这在北京市党的建设上是值得纪念的一件大事。邓小平同志在中国历史发展的关键时期拨乱反正，使国家的发展走上正确道路，这种历史功绩永远不会磨灭。

李晨（北京市政协原副主席）：小平给知识分子"摘帽"

我于"文革"前担任北京市教育局长，刚刚一年多就赶上了"文革"，"靠边站"了。1971 年，我被重新结合，到当时的市革委会文教组担任副组长。

"文化大革命"把一切都搞乱了，教育战线是重灾区。特别是 1971 年，在"四人帮"控制下开了一个全国教育工作会议，出台的《全教会纪要》抛出了"两个估计"，说"文革"前十七年，在教育战线上，毛主席的无产阶级教育路线基本上没有得到贯彻执行；教师队伍中大多数人的世界观基本上是资产阶级的。

这"两个估计"起了很坏的作用，从某种意义上说，其破坏力比"文革"初期的"打倒一切"还厉害。当时我到北京市的中小学看，课堂上乱哄哄，百分之七八十的门窗玻璃都被打碎了，桌椅板凳几乎没有完整的，许多学生不到校，或进校不带书包。到了1974年，在不具备条件的情况下，北京市开始普及高中，没有合格的教师，就层层拔，教学质量急剧下降。那时我们到农村去调查，一个高中学生对我们说，要给我们普及高中，得先把我们老师普及了，我们老师就是初中毕业。

当时学生中流传一个顺口溜，叫"学不学都上学，会不会全插队，行不行都回城，干不干都吃饭"。教师的思想状态是"痛心、伤心、寒心"，"欲教不能，欲罢不忍"。

粉碎"四人帮"以后，我们在一所中学的高一年级做了一个测试，506个学生在六门学科的基础知识考察中，平均80分以上的只有6人，平均不及格的却占86%。在北京四中的一个高中班，竟然有一半人连英文26个字母都写不全！

1977年2月，北京市召开"文革"后第一次"教育工作会议"，提出"为革命学习文化、学习技术"，鼓励教师要敢抓教学，要敢管，初步整顿了教学秩序，但成效并不显著。

就在这时，小平同志恢复工作，他自告奋勇抓教育，上来就抓了两条，一个是推翻"两个估计"，指出知识分子绝大多数是劳动人民知识分子，给广大教师摘掉了"资产阶级知识分子"帽子。再一个是恢复高考制度。这两条一抓，教育战线的局面整个就变了。我记得当时商店里卖的练习本一下子就销光了，文具也脱销了。教师的教学积极性都一下子调动起来了。小平同志在教育战线拨乱反正，抓住要害，立即扭转了局面。我本人亲身经历了这个全过程，感触甚深，至今记忆犹新。

缪俊杰（人民日报高级编辑、著名评论家）：暴风雨般掌声响彻文代会

20世纪70年代末，我参加了第四次全国文代会，大会上小平同志致

"祝辞"时获得的长时间的热烈掌声给我留下了极深的印象，它将长久留在中国人的"民间记忆"里。

1979年10月召开的第四届全国文代会，是文艺界经历十年浩劫之后的第一次盛会，也是小平同志复出后第一次代表党中央、国务院同广大文艺工作者见面。人们当然会记得，1960年召开第三次全国文代会后，文艺界一直处于"多事之秋"。由于林彪、"四人帮"推行极"左"路线，文艺界经历了长达十几年的劫难，许多有杰出贡献的作家、艺术家相继被打成"走资派"、"反动权威"或"黑帮"，受到打击迫害，有的被迫害致死。许多本来优秀的作品或正确的理论观点，被扣上"毒草"和"黑论"，受到批判清剿。经过十多年折腾，文艺界已经溃不成军了。改革开放之后召开的这次文代会，是文艺界一次重整旗鼓的大会。小平同志代表党中央、国务院向文艺界致"祝辞"，就是代表党中央对文艺界作重新估价，也是来为文艺工作者鼓劲的，大家心里十分高兴。我记得，小平同志一走到讲台，全场就响起雷鸣般的掌声。此后，在小平同志的整个讲话里，全场一次次地响起热烈的、暴风雨般的掌声。

记得20世纪50年代初，前苏联塔斯社发表苏联领导人的讲话时，在每个段落之后都要用括号标明"掌声"、"热烈掌声"、"暴风雨般掌声"、"雷鸣般掌声"，来表现演讲效果。后来听说，有些是遵命作秀，不完全符合事实。但是，邓小平同志在第四次文代会上的讲话，用这些形容词来形容，确实是一点不过分。我们在现场感到，那些掌声确实是真诚的、由衷的。

为什么这样说呢？我在这里讲一个小插曲。记得当时在人民大会堂开文代会是"对号入座"。坐在我旁边的是一位满头白发、身躯瘦小的长者。我当时并不认识这位长者，只是觉得他有点"怪"。每次他都是找到位置就坐下，从不同人讲话，台上人作报告或发言时，他总是闭目养神，或伏案瞌睡，既不抬头，更不鼓掌。但我注意到，在小平同志讲话时，到关键处，他微微睁开眼睛，高兴地鼓起掌来。会下打听我才知道，他就是著名作家沈从文先生。沈从文长期被打入"冷宫"，他对文坛的冷淡是可以理解的。经过那么多世事磨难，几乎心如死水的沈先生，听到小平同志的讲话，也高兴地鼓了掌，我想，这是他由衷的掌声，不是敷衍，不是随大流，更不是任何人强迫的。沈先生的掌声可以代表文艺工作者的心声。我当时是作为代表而不是记者参会的，所以没有及时采访一下沈先生的感受，现在想起来是件憾事。

沈宝祥（中央党校教授、《学习时报》顾问）：真理标准问题讨论小平支持起了决定性作用

1977年4月10日，尚未恢复工作的邓小平首先给当时的党中央写信，他针对"两个凡是"，提出要用"准确的完整的毛泽东思想"指导全党全国。5月3日，邓小平的这封信转发到全党县团级。当时，我们听了传达，大家的思想受到很大启发。那时，虽然粉碎了"四人帮"，但个人迷信仍然盛行，思想普遍僵化。邓小平的这封信，开了思想解放的先河。

1978年5月10日，中央党校《理论动态》第60期，发表了经胡耀邦同志两次审定的《实践是检验真理的唯一标准》一文。我本人亲身经历了胡耀邦同志二次审稿的过程。

《实践是检验真理的唯一标准》一文在《理论动态》刊出后，5月11日《光明日报》就以本报特约评论员的署名全文发表，次日《人民日报》就全文转载。但当天晚上，《人民日报》的总编就接到权威人士的电话，说这篇文章理论上是错误的，是要"砍旗"，政治上很坏很坏。当时中央坚持"两个凡是"的领导人也在一些场合批评、指责这篇文章，给这场讨论施加了很大的压力。

就在这个时候，1978年6月2日，邓小平在全军政治工作会议上发表讲话，旗帜鲜明地批评"两个凡是"，提倡实事求是的思想路线，支持实践是检验真理的唯一标准的观点。第二天《人民日报》就在头版头条详细摘要发表了小平的讲话。当时我们受到了很大鼓舞，大家都很兴奋。

7月23日，胡耀邦同志又通知我们去他家开会。那天天气很热，我们都坐在走廊里。耀邦同志很兴奋地告诉我们，前一天下午小平同志找他谈话，亲口对他说，你们理论动态班子很不错啊！你们的一些同志很读了一些书啊，是个好班子。《实践是检验真理的唯一标准》这篇文章是马克思主义的。争论不可避免，争得好，根源就是"两个凡是"。

在邓小平和其他老一辈革命家的有力支持和正确引导下，全党各级领导干部和广大理论工作者、新闻工作者共同努力，很快形成了真理标准问题大讨论的局面。

通过我的亲身经历，使我深深感到，邓小平同志的支持、领导，对真理标准问题讨论的成功起了决定性的作用。

朱德生（北京大学哲学系原主任）：拨乱反正开创了理论工作新局面

"文化大革命"，北京大学是重灾区，北大哲学系是重灾区里的重灾区。在建国以后的历次政治运动中，北大哲学系的教师、学生中，先后有三四百人受到了不公正的错误处理。在当年那种严酷的政治环境中，广大知识分子的心情是十分压抑的。

粉碎"四人帮"喜讯传来，大家兴奋了一下，但后来一段时间还是陷于沉闷，因为周围的环境变化并不大。后来有了真理标准问题讨论，特别是党的十一届三中全会以后，人们才真正看到了新气象。

1978年底，我开始参与北大哲学系的领导工作。当时我们面临的十分重要的问题，就是为一大批在历次政治运动中受错误处理的教师、学生平反，落实政策。很长时间以来，我们党受"左"倾思想的影响，相当一批知识分子受到了不公正的处理，不解决这些遗留问题，是不可能让大家振奋精神，团结一致向前走的。

我从1951年入北京大学哲学系学习，此后一直留在北大哲学系工作。当年"反右"的时候，有一个罪名叫"抽象拥护、具体反对"，意思是说，虽然你也拥护党中央，拥护党的路线、方针、政策，但是你反对基层单位某些领导者的做法，那么你就是"抽象拥护、具体反对"，就是反党，就可以把你划成"右派"。有的老师仅仅因为参与了农村调查，回来后说了几句"农村太穷"、"15年超英赶美目标不现实"之类的话，就被划为

"右派"。

十一届三中全会以后，在邓小平同志主导的拨乱反正推动下，经过大约一年多时间，受到不公正处理的知识分子都被落实了政策，压抑多年的积极性被释放了出来，他们中很多人后来都为社会作出了自己的贡献。

记得当年有一个哲学系的工农兵学员，临毕业的时候和我说了一句推心置腹的话，给我留下了很深的印象。他说，在大学学习三年，感到哲学系的教师特别像"芭蕾舞演员"，一个是转弯子转得特别快，一个是脚跟不着地。的确，在"文化大革命"时期，做哲学系的教员十分不容易，必须时时刻刻跟着政治风向走，根本不可能脚踏实地做学问。在"文化大革命"中流行的所谓"大辩论"里，一方只要找出了一句毛主席语录证明自己的观点，就算证明自己掌握了真理，就可以取得辩论的胜利。

实践是检验真理的唯一标准的讨论，扭转了这种恶劣学风。小平同志后来南方视察谈话中，谈到不要抽象地争论姓"社"姓"资"，实际上是真理标准问题的进一步深化。

拨乱反正是对广大理论工作者政治上、思想上的解放，这种解放的意义至今回想起来，还让人感触至深。

（摘自 2004 年 8 月 9 日《北京日报》）

2 胡耀邦与"拨乱反正"

沈宝祥

拨乱反正，这是新中国历史上和建国以来党的历史上很特殊的一页。这一段历史时间不长，但很重要。如果不了解这一段历史，就很难了解新中国的全部历史，特别是很难了解改革开放以来的历史，说不清它的来龙去脉。胡耀邦是拨乱反正的先行者。由于特殊的历史机遇，我在胡耀邦的指导下，参与了拨乱反正的一些事。我已撰写了《耀邦指导我们办〈理论动态〉》一文，着重讲了有关真理标准问题讨论的情况，发表在《百年潮》2003 年第 7 期上，现在写的是续篇，讲其他方面的拨乱反正。

胡耀邦的"隆中三策"

1980 年 11 月 19 日，胡耀邦在党中央的一次会议上发言时，回顾了粉碎"四人帮"时的一些情况。他说，1976 年 10 月 6 日粉碎了"四人帮"，12 日，叶帅的一个儿子来看我。我头一句话说，祝贺你爸爸同华主席他们一道为我们的党和国家立下了不朽的功勋。我还说，现在我们的事业面临着中兴。中兴伟业，人心为上。什么是人心？我说有三条：第一是停止批邓，人心大顺；第二是冤案一理，人心大喜；第三是生产狠狠抓，人心乐开花。我说，务必请你把我这个话带给你爸爸。然后我问他，你能够见到华主席吗？他反过来问我，你对华主席熟不熟？我说很熟，同过一年半工作哩。他说，我可以想办法见到华主席。我说，如果你能够想办法见到他，请你把这个话转告给他。这是粉碎"四人帮"后的第六天。

据说，叶帅听了他儿子（一些文章说是叶选宁）回来的报告，赞赏耀邦的三条建言，深以为是。

曾任胡耀邦在中央党校的秘书陈维仁同志，将耀邦的人心为上的三条，称之为"隆中三策"。这三条，是当时国家面临的最紧迫和重大的问题，是拨乱反正的最主要内容。"隆中三策"在语言表达上也是很讲究的，简直是一首诗，说明是经过认真推敲的。

"隆中三策"还没有讲到思想路线。稍后，在1977年上半年，胡耀邦就在中央党校的整风会议上提出，要把被林彪、"四人帮"搞颠倒了的思想是非、理论是非、路线是非再颠倒过来。6月4日，他在一个小会上说："我注意的是，三五年把科学态度搞好。这个搞不好，我们党还会走弯路。"他说的科学态度，就是实事求是。"隆中三策"加科学态度（即实事求是），就是全面的拨乱反正（以后才有"拨乱反正"的用语）。

理论上拨乱反正的"第一个行动"

为了推进思想理论上的拨乱反正，胡耀邦在中央党校复校过程中首先创办了一个内部小刊物，叫做《理论动态》。这个小刊物在1977年7月15日问世，第1期的文章是吴江撰写的《对"继续革命"问题的探讨》（这个刊物每期只登一篇文章）。所谓"无产阶级专政下继续革命的理论"，是十年"文革"的指导思想，当时说成是"马克思主义发展史上的第三个里程碑"，评价极高，还作为党的指导思想写进了九大、十大的党章。大家只能不断深入学习，不允许有任何怀疑非议。《理论动态》的这篇文章却对"继续革命问题"提出探讨。这篇文章指出，把无产阶级专政下的革命仅限于上层建筑方面的革命，这是不对的。无产阶级专政下的继续革命，也应当包括经济基础方面的革命和技术革命，即生产力方面的革命。文章说，我们要实现"四个现代化"，不首先抓好科学技术革命是不行的。文章还指出，认为无产阶级专政下的继续革命就是反右，这不是毛泽东思想。有"左"，也有右，应当是有什么反什么（当时，正在大反林彪、"四人帮"的"极右")。所谓探讨，虽不是从根本上否定，但对其中的某些重要观点提出了不同意见。现在看来，这篇文章很一般，但在当时的背景下，讲这样的话是需要勇气的。

后来，胡耀邦在回忆拨乱反正时说："理论上的拨乱反正，开始于'无产阶级专政下的继续革命'这一口号。1977年7月吴江写了一篇短文《"继续革命"问题的探讨》，提出社会主义改造基本完成后，继续革命的主要内容应是文化、技术革命，生产力的革命。1977年7月那时候提出这个论点是不容易的，可以说是理论上拨乱反正的第一个行动。我把这篇文章送小平同志看了，小平同志表示完全同意这一期。这是我和小平同志在理论问题上第一次接触，那时乔木同志还没有恢复工作。这篇短文当时就作为《理论动态》创刊第一期发表。"当时，中央办公厅一位同志打电话到理论动态组，传达邓小平的话："基本同意提出的问题"。已故的中央党校原理论研究室副主任孟凡同志，在1978年1月写的向校委的《汇报提纲》中，记载了这件事。这个电话就是他接的，当时我也在场。胡耀邦在与吴江的一次谈话中回顾了这件事。

胡耀邦将这篇文章看做是理论上拨乱反正的"第一个行动"，这篇文章也是他与邓小平在理论问题上的"第一次接触"。这篇文章是拨乱反正的一个标志。这篇文章、这件事，是中国的拨乱反正史应当提一下的。

1977年8月召开的十一大，仍然提出坚持无产阶级专政下继续革命，仍然将这个理论写进了党章。十一届三中全会以后才废止了这个口号。可见拨乱反正之艰难。

平反冤案的最早呼声

1978年7月，党的十届三中全会作出了《关于恢复邓小平领导职务的决议》，邓小平第二次复出，全党和全国人民最关注的一个问题得到解决。这时，平反冤案的问题更为突出和紧迫了。胡耀邦心急如焚。他同《人民日报》总编辑胡绩伟商量，决定首先发表文章呼吁。在胡耀邦具体指导下，中央党校的三位同志很快撰写了一篇长文，题目是：《把"四人帮"

颠倒了的干部路线是非纠正过来》，这个题目也是胡耀邦出的。这篇文章在粉碎"四人帮"一周年的1977年10月7日发表，犹如一声春雷，引起轰动。文章发表后，三位作者、人民日报社、中央组织部都收到大量要求平反冤案的信件。关于这篇文章，一些文章和著作已有具体介绍，不必在此多说，仅介绍一个情况。

1977年10月12日，胡耀邦在理论动态组会议上谈到了这篇文章。他说：杨逢春同志他们三人写了篇文章，不错，反映很强烈。一举成名天下知。这篇东西我参加了一点意见，人民日报出了很大的力。经过反复的改，头一稿推翻了，经过了艰苦的奋斗。这篇东西的优点，最大的特点，就是敢于接触实际，阐述了主席的干部路线，用一种彻底唯物主义精神，谈了党的一个重要问题，用马列主义观点、毛泽东思想观点，就是敢于接触几千万人的问题。我们党的干部几千万人。文章也有几段分析得比较透，"台阶论"分析得比较好。还是恢复到叶帅讲的，理论越敢接触实际，就越彻底，越能掌握群众，越能变成物质力量。不是绕开问题走，不是模棱两可。这篇文章接触了一个很大的实际问题，给我们搞马克思主义的勇气，做彻底的唯物主义者是心安理得的。要做彻底的唯物主义者。我看教训就是这个。不要怕，形势不同了。

这篇文章，吹响了平反冤假错案的第一声号角，也增强了胡耀邦进一步推进平反冤案和拨乱反正的勇气。

鲜明提出清理"左"的思想

长期以来，犯"左"的错误，"文革"时期发展到极"左"。可是，一些领导人思想长期不觉醒。在粉碎"四人帮"以后，还提出要批"极右"。1981年1月29日和30日，胡耀邦在全军政治工作会议上的长篇讲话，着重提出了反"左"的要求。他说："二十年来的'左'，其范围之广，破坏之大，流毒之深，都是空前的。我们每一个同志，都身历其境，身受其害。事实证明，'左'的东西在我们这个国家里，有着深刻的社会根源和历史根源。中国革命主要是在克服了'左'的错误后才取得胜利的。我们的四个现代化建设，也只有在认真清理并纠正了'左'的错误后，才能走上健康发展的轨道。"随后，他要求理论动态组为《人民日报》撰写一篇反"左"的社论。吴江将这个任务交给了我。

耀邦原定的题目是《用批评与自我批评的方法整顿党风》，后来，在审阅报送文稿时，将文章题目改为《用批评与自我批评的方法清理"左"的思想》。

这篇文章只有3800字，从分析现实和回顾历史的角度，比较直率尖锐地讲了多年来"左"造成的严重危害，阐述了清理"左"的思想的必要性和紧迫性，鲜明地提出了清理"左"的思想、纠正"左"的错误的要求。文章指出："应当看到，'左'的思想和错误，不只是突出地表现在经济工作方面，而且表现在各条战线的工作上，因而是全局性的问题。二十多年来，'左'的思想和错误影响了全党。由于经常在'左'的思想指导下工作和生活，一般来说，我们每个同志尤其是领导干部，'左'的东西只有多少之分，深浅之分，觉悟迟早之分，而没有有无之分。"文章强调，用批评与自我批评的方法清理"左"的思想，总的要求是：实事求是，分清是非，团结同志，教育大家。

这篇文章首先在1981年3月5日的第263期《理论动态》上发表。3月10日，《人民日报》在第1版上半部将此文作为社论发表，通栏大标题。新华社转发全国。第二天，全国各地党报广泛转载，许多报纸的版面安排同《人民日报》大致一样。

采取《人民日报》社论这样庄重的形式，鲜明地提出清理"左"的思想。这还是第一次，引起了广泛的注意，影响很大。此后，北京和各地的报刊相继发表了一系列剖析"左"的文章，形成了一定的清"左"氛围，对清除"左"的影响起了有力的推动作用。但是，正如邓小平所说，"左"已经成了一种习惯势力。清"左"的阻力也很大。当时，有些人的兴趣和注意力还集中在反右，对于清"左"，不但没有思想准备，而且抵触。有的人对于这篇文章横加指责，甚至闹到邓小平那里。邓小平指出，这篇社论没有大错。事情才算平息。

以后，我又撰写了《评"左"比右好》一文，经胡耀邦仔细修改补充

16

后，在《理论动态》第 271 期上发表（1981 年 4 月 15 日）。《人民日报》于 5 月 27 日作为特约评论员文章发表，新华社转发全国，各地报纸广泛转载。

清理经济领域的"左"

《理论动态》创办后，胡耀邦提出重点抓经济和政治。所谓抓经济，主要是清理经济领域的"左"。《理论动态》第 6 期发表了《按劳分配是否必然产生资产阶级分子问题的探讨》一文。"文革"中，批判所谓"资产阶级法权"，否定马克思主义的按劳分配，造成了很大的思想混乱。本文针对这种极"左"思想，从马克思主义基本原理的高度对这个问题作了剖析。

随后，《理论动态》又连续发表怎样看待社会主义企业利润、银行利息问题的文章，批判在这些问题上"左"的观点。

在拨乱反正中，耀邦很关注农业和农民问题，特别重视纠正农业和农村工作中"左"的错误。他在理论动态组会议上，多次讲到这方面的问题。他说：

集市贸易，怎么会产生资本主义？

我们现在的反资本主义，实际上是反社会主义，资本主义的概念还是前几年的概念。

什么堵资本主义的路，资本主义的路当然要堵，但你堵的是什么东西。

现在不是割资本主义的尾巴，是割了社会主义的一条腿。多种经营是两条腿之一。

经济问题很多，如农业，理论上没有搞清楚，把个体农民和资本主义等同起来，是个很大的错误。

为什么 1955 年后一直喊割资本主义尾巴？剥夺农民，我们可厉害呢！现在还有这个问题。

什么割资本主义尾巴，二十几年来，基层干部，县委书记，怕得要死，不怕穷，就怕资本主义尾巴。

耀邦出了不少关于农业、农村方面的题目。这些文章主要由理论动态组的经济学家吴振坤撰写。他先后写了《农村集市贸易是资本主义的自由市场吗?》、《怎样看待正当的家庭副业?》、《绝不能剥夺农民》、《谈谈落实农村经济政策中的几个认识问题》等多篇文章。这些文章对多年困扰农村和农民的"左"，从理论上作了比较透彻的剖析，在《人民日报》等报刊发表后，产生了广泛的影响，也遭到一些人的责难。

当时发表的这些文章，具体剖析了"左"的思想观点，但还没有明确指出是"左"。

1980年12月召开的中央工作会议明确指出，开国以来经济建设方面主要错误是"左"的错误，把问题点明了。吴振坤随即撰写了《谈谈经济建设中"左"的错误》一文，从总体上剖析了建国以来经济建设中"左"的错误，总结了经验教训。此文作为《人民日报》特约评论员文章发表后，产生了较大影响。

发动社会主义生产目的讨论

经济方面的"左"，一个是盲目反对资本主义，另一个就是在经济建设上急于求成，为高指标而生产。

1979年9月，胡耀邦发动了一场社会主义生产目的的讨论，以端正经济建设的指导思想。

1979年9月30日，《理论动态》第160期发表了《要真正弄清社会主义生产的目的》一文。这是吴振坤按照耀邦的要求撰写的。

这篇文章阐明，在社会主义制度下，生产是为了满足广大劳动者的需要，从而也是满足整个社会经常增长的物质和文化需要。文章评析了多年存在的为生产而生产的倾向。并指出，偏离社会主义生产的目的，为生产而生产，为重工业而重工业，是我们经济工作中许多问题长期不得解决的症结所在。文章针对经济建设中急于求成的"左"的倾向，总结了经验教训。

10月20日，《人民日报》将此文作为特约评论员文章在头版头条位置发表。22日，《人民日报》又发表于光远《谈谈"社会主义经济目标理论"问题》一文，从另一个角度阐述了社会主义生产目的问题。23日，《光明日报》转载了《人民日报》的特约评论员文章。

社会主义生产目的问题提出以后，立即引起经济学界、经济工作者和领导干部的注意。他们或开座谈会，或写文章，联系实际，论述生产目的问题。各省、市、自治区的报纸都报道讨论情况，并发表文章，有的还开设专栏，很快形成了全国性的讨论态势。

讨论社会主义生产目的，是实现全党工作重点转移的必然要求。将全党的工作重点从阶级斗争为纲转移到四个现代化建设上来以后，就要求进一步解决怎样搞经济建设的问题，首先要端正指导思想。在过去长时期中，存在为生产而生产的倾向，没有把发展生产力同改善人民生活密切结合起来，人民得的实惠不多。提出社会主义生产目的这个问题，抓住了经济建设指导思想上一个要害问题，使大家对全党工作重点转移有了更深更切实的理解。这个讨论比较深入地揭露了经济建设中"左"的错误，有力地促进了当时正在进行的国民经济调整工作。

社会主义生产目的讨论，实际上就是发展观的讨论，体现了以人为本的精神。

这个讨论也出现了超出预想的矛盾。讨论中涉及对"先生产，后生活"这个口号的评论。《要真正弄清社会主义生产的目的》一文认为，如果把这个口号理解为生产决定消费。在发展生产的基础上，才能逐步改善人民的生活，无疑是对的；在特定情况下，为了克服困难，这个口号是必要的。可是，这个口号把发展生产和改善生活机械地割裂开了，容易产生种种误解。文章提出，必须生产生活一齐抓。就是这些话，却引起了轩然大波。讨论农村经济问题时，我们曾被扣上了"反大寨"的帽子。这一次，又被扣上了"反大庆"的帽子。《人民日报》不得不停止了这个讨论。但这个讨论已无法阻挡，而且，这些事只发生在极小的范围，大家并不知晓，面上的讨论还是照样进行，持续了一年半之久。

反对新老个人迷信

迷信盛行，思想僵化，这是从20世纪50年代起逐渐形成的局面，也是普遍的精神状态。粉碎"四人帮"以后，这种局面非但没有改变，而且又搞新的个人迷信。

破除个人迷信的束缚，是解放思想、拨乱反正的一个艰巨任务，也是前提。《理论动态》创办后，胡耀邦以这个刊物为阵地，勇敢地向个人迷信冲击。

1977年12月25日出刊的第33期《理论动态》，刊登了《无产阶级革命导师反对对自己的不科学评价》的资料，并写了很长的编者按语。按语肯定了领袖的极端重要性后指出，绝不能脱离开人民群众的作用来不适当地评价领袖人物的作用。把领袖奉为神化的绝对权威，是中世纪的意识形态。反对个人迷信，在当时还是一个很敏感很尖锐的问题。这期《理论动态》发出后，许多人说好得很，赞不绝口，也有些人不理解，表示很气愤。

随着形势的发展，《理论动态》决定撰写反对个人迷信的文章，由我承担，共写了两篇。

一篇是十一届三中全会后，以《坚持少宣传个人的方针》为题（这是全会提出的一个重要方针）。文章阐明，少宣传个人，问题的实质是如何摆正个人与党、领导者与群众的关系。文章在肯定杰出人物在历史上的重要作用后，着重讲了反对不适当地夸大个人的作用，反对突出个人，更反对把伟大人物神化的道理。文章针对现实生活，提出以下五个问题进行拨乱反正：（一）我们的党是个人缔造的，还是集体缔造的？（二）党的领袖是一个人，还是一批人？（三）是人民应当忠于领袖，还是领袖应当忠于人民？（四）对领袖能否批评？（五）怎样理解权威？

胡耀邦对这篇文章比较满意，他在审阅定稿时，在讲权威和威信的地方，加了一句重要的话：你什么时候同人民同呼吸，共命运，你的权威就能保持上升；你什么时候停滞不前，甚至背离人民，你的权威就跌落，甚至为人民所不齿。

这篇文章刊登在第 118 期《理论动态》（1979 年 2 月 28 日）上。《光明日报》在 3 月 11 日作为特约评论员文章发表。

以后，又让我撰写了第二篇反对个人迷信的文章。那是在 1980 年 2 月通过了《党内政治生活的若干准则》后。耀邦最后确定这篇文章的题目是：《正确认识个人在历史上的作用》。

这篇文章指出，人民群众是历史的创造者，但一些人往往夸大个人在历史上的作用，总是把我们的一切胜利和成就归功于个人，而不是首先地、主要地归功于广大人民群众。文章分析了个人迷信造成的严重后果，总结了深刻的教训。这篇文章虽超过一万字，但由于结合了实际，读者还是比较欢迎。《人民日报》作为特约评论员文章发表后，收到不少读者来信。他们还写了一期《情况反映》。

对新的个人迷信，大家都很反感。胡耀邦更是直面反对。

1978 年 12 月 29 日，中央党校一位学员给中央主要领导人写信。对有些地方搞个人迷信的现象提出批评，建议他加以制止。1979 年 1 月 16 日，这位领导人给写信者回信，勉强地表示接受建议，并将信送到胡耀邦那里。胡耀邦在 1 月 18 日的中央党校结业典礼上介绍了这封信和有关情况，发表了评论。他说，十一届三中全会提出少宣传个人，我们必须执行。他还向学员提出，这封信的事，可以当做故事、消息，带回去，加以宣传，加以实行。中央党校这次反对新的个人迷信，影响很大。

2 月 28 日，胡耀邦在中央党校向学员工作人员传达十一届三中全会精神时，又着重讲了反对个人迷信的问题。他说，我们党的生活还有一条很重要，就是我们党内不能再制造迷信，不能搞特权，不要突出宣传个人。这一条非常重要。后来，胡耀邦在中央的一次会议上，又严肃地批评搞个人迷信的问题。他说：搞个人迷信，第一，根本谈不上民主生活；第二，根本谈不上实事求是；第三，根本谈不上解放思想；第四，不可避免地要搞封建复辟，要永远禁止搞这个东西。这几条，今天看，仍然很有意义。

2. 胡耀邦与「拨乱反正」

21

突破人权禁区

究竟怎样看待人权，这是拨乱反正中遇到的一个很敏感的问题。

长时期中，将人权视为资产阶级的专利，采取完全否定的态度。在拨乱反正中，有些人又提出"要人权"的口号。1979 年 5 月 15 日，胡耀邦在一个内部材料上写批语，要求理论动态组撰写文章，将人权问题说清楚。这个任务交给了我。

我以《略谈人权问题》为题，撰写了初稿，经过认真讨论，广泛听取意见，反复修改，由耀邦审阅定稿。1979 年 6 月 25 日，《理论动态》第141 期发表了这篇文章。

《略谈人权问题》一文肯定人权在历史上的进步作用，并列举材料说明，在民主革命时期，我们党曾经提出过人权口号。文章指出，对于社会上关于人权的议论，要作具体分析，"有些人鉴于林彪、'四人帮'横行时期，法制被践踏，公民权利被严重侵犯的惨痛教训，同时，鉴于在现实生活中，某些地方还存在压制民主，违背法制，侵犯公民权利的情况，因此，迫切地要求切实保障人民的基本权利，健全并充分实行社会主义民主制度。他们的这些实际要求本身许多是合理的、正当的"。文章批评了现实生活中不尊重人民权利的现象，同时也指出，极个别的人提出一些蛊惑人心的口号，借"人权"问题反对四项基本原则，必须坚决揭露批判。长期以来，人权实际是一个禁区。当时，各报刊对人权采取一概批判的态度。这篇文章的观点很有针对性，是对人权禁区的突破（只是初步的突破），因此，引起国内外的广泛注意。国外媒体认为，文中对人权要作具体分析的一段，是中共当局对人权看法的最大改变。从此以后，各报刊陆续发表正面阐述人权的文章。

现在，尊重和保障人权，已经写进了宪法。但回顾二十多年讲人权的历程，是很曲折的。

呼唤民主和法制

新中国成立后，长期忽视民主和法制建设，十年"文革"中，更是"无法无天"，社会主义民主遭到彻底破坏。粉碎"四人帮"后，大家痛定思痛，强烈呼唤民主，要求健全法制。这也是拨乱反正的一项重要任务。

在办《理论动态》过程中，耀邦很早就提出民主法制问题，认为要进行启蒙，他要求理论动态组撰写这方面的文章。

1978年5月5日，《理论动态》第59期发表了《科学和民主》一文。文章针对"文革"期间的愚昧和专制现象，提倡发扬科学和民主精神，揭露了"四人帮"反对现代化，搞"全面专政"，践踏人民民主和革命法制的罪行。这篇文章着重讲的是民主问题。文章最后提出，在实现四个现代化的伟大革命中，切实保证人民管理国家的根本权利。在我国政治、经济、思想、文化的一切领域，充分发扬人民民主，依靠伟大的人民民主力量，实现新的长征。

稍后，6月10日，《理论动态》第66期又发表《民主和法制》一文。这篇文章着重讲了加强社会主义法制，保障人民民主问题，强调社会主义法制的民主原则。文章指出，宪法是根本大法，要坚决贯彻实施，人人要守法，干部更要守法。文章提出，有了宪法，还需要有一整套完备的法律，我们十分需要一部"刑法"和"诉讼法"。

这两篇文章针对性强，旗帜鲜明，经历了十年"无法无天"的人们，对此都有切身感受。文章发表后，引起强烈反响。耀邦在5月6日的理论动态组会议上说，《科学和民主》的文章在有些地方引起震动。

十一届三中全会后，《理论动态》认真贯彻邓小平《解放思想，实事求是，团结一致向前看》讲话精神，随着全面拨乱反正的深入发展，进一步阐述民主法制问题。

1979年8月30日，《理论动态》第226期发表了由我撰写的《认真实行社会主义民主制》一文。长期以来，将民主仅仅理解为作风、手段、方法，有鉴于此。这篇文章强调，民主首先是国家形态，并从国家基本制度的高度加以论述，指出，民主也是我们为之奋斗的一个重要目标，已经成为现代化社会主义国家总目标的一个重要内容。这是在民主问题上重要的拨乱反正和正本清源。耀邦审阅此文稿时写的批语中有"写得很好"四个字。此文作为《人民日报》特约评论员文章发表后，还获了奖。

民主问题有它的复杂性。针对社会上对民主问题的各种议论和错误倾向，《理论动态》先后发表了《坚持社会主义民主的正确方向》、《再论坚持社会主义民主的正确方向》两篇文章。指出，民主原则与社会主义原则是紧密联系的。离开了民主原则，社会主义就会走样，变质；离开了社会主义原则，民主就失去了目的、方向，强调要划清社会主义民主与资产阶级民主思想的界限。

提出肃清封建主义思想影响的任务

耀邦在《理论动态》创办后不久，就对我们指出，在"四人帮"身上表现得最突出的一个东西就是农奴主的封建专制思想。以后，《理论动态》就很重视反封建的问题。

1980年7月5日，《理论动态》第215期发表了《封建主义思想遗毒应该肃清》一文，专论肃清封建主义思想遗毒问题。此文指出，必须充分估量封建主义思想对我国社会生活，特别是党内生活的影响。文章列举了现实生活中封建主义思想遗毒的具体表现，如，迷信个人；某些领导人员中的家长制、一言堂；某些干部在政治上搞特权，在生活上搞特殊；党内顽强存在的某些宗派行帮残余；干部制度上的终身制；经济领域里的闭关自守、官工官商作风；等等。文章说，所有这些，从根本上说，都是专制主义、帝王思想、皇权思想、特权思想、等级观念、宗法思想、蒙昧主义等封建意识形态在现代生活中的反映，它会把无产阶级政党、革命队伍内部同志之间、人民之间的关系，变成封建的君臣关系、主奴关系、行帮关系、人身依附关系。文章提出，作为执政的工人阶级政党，一定要把反对封建主义思想腐蚀、侵袭的斗争放在重要的地位，并且长期持久地进行下去。这篇文章作为《人民日报》特约评论员文章发表后，影响较大。

1981 年 1 月 5 日，《理论动态》又发表了《马克思为封建官僚画像》一文，从另一个角度剖析了封建主义，揭示了官僚主义同封建主义的联系。

平反冤案中提出"两个不管"

胡耀邦曾说，在他当组织部长时，平反冤假错案进展并不顺利，主要是"两个凡是"的阻挠。一些案件涉及毛泽东，有的是他批准的，有的是他圈阅的，有的是他说过话的，有的人生怕平反这些案会损害旗帜，某种程度上也怕否定了自己。因此，顶牛很厉害，甚至利用手中的权力加以压制。

1978 年 9 月 20 日，依据耀邦同志的建议，中央召开了信访工作会议，会议由耀邦主持，中央办公厅的一位副主任负责会务。9 月 25 日，耀邦在会上讲话，他鲜明地提出："落实干部政策的根据是什么？是事实，也就是干部过去的实践。判断对干部的定性和处理是否正确，根本的依据是事实。经过对实际情况的调查核实，分析研究，凡是不实之词，凡是不正确的结论和处理，不管是什么时候、什么情况下搞的，不管是哪一级，什么人定的、批的，都要实事求是地改正过来。这才是彻底的唯物主义。"这"两个不管"是针对平反冤案中的"两个凡是"而讲的，一下就触到了问题的要害。大多数与会者热烈拥护耀邦的讲话，也有人非议。可是，会议印发给大家的耀邦讲话稿中，却将"两个不管"删掉了。耀邦问那位副主任，为什么要删去这句话？回答是：这是汪副主席让删的。会议《简报》则借用某些想不通的与会者的话，对耀邦的讲话进行批评指责。后来，耀邦在一次会议上介绍当时的情况说，有人还公开同我说，假使毛主席批的怎么办？我说，照样平。还有人说，"不管什么时候"，那么国民党的错案平不平？连国民党搞错的也平呀？我说，我们把国民党推翻了，就把它平掉了嘛。这是一场短兵相接的较量。

在巨大的阻力和压力面前，"两个不管"遭到一些挫折，但耀邦坚持反对"两个凡是"。他让中组部的《组工通讯》全文发表他的讲话稿，又让理论动态撰写文章。我承担了这一任务。

耀邦出的题目是:《平反冤案的历史借鉴》。这篇文章明确说:"我们必须坚持以客观事实为根据,而不是以某些人的主观意志为转移,对冤案、错案、假案进行平反昭雪。凡是不实之词,凡是不正确的结论和处理,不管是什么时候,在什么情况下搞的,也不管是什么人批的,都要实事求是地改正过来。全错的全改,部分错的部分改。事实是最顽强的东西。一切不实之词和错误处理,都经不起实践的检验,都经不起历史时间的考验,最终都是站不住脚的。"这一段话基本上照抄耀邦在信访工作会议上的讲话,但又加以强调,提出不管什么案件,不管是什么人定的,错了都改正。这反映了当时平反冤案形势发展的特点。

耀邦对这篇文稿比较满意,他决定提前在 1978 年 11 月 20 日的一期《理论动态》上发表。他还采取了一个不一般的做法,提议《人民日报》在同一天作为特约评论员文章发表。当时,中央工作会议正在召开,耀邦将这一期《理论动态》发给与会者,得到普遍赞扬。耀邦对理论动态同志说,平反冤案的文章,中央工作会议上反映很好,陈丕显、万里都说好。

11 月 20 日,《人民日报》发表这篇文章后,新华社转发全国。北京和各地报纸广泛转载产生了比较大的影响。从此,"两个不管"昭示天下,标志着"两个凡是"在这个问题上的禁锢已经被推倒。

为扭转乾坤而奋斗

拨乱反正是特殊的历史任务,矛盾错综复杂。耀邦曾用"惊心动魄的拨乱反正","拨乱反正的日日夜夜"这样的语言,来表达自己的感受。在办《理论动态》的过程中,他多次同我们谈过对拨乱反正的认识和应当具有的精神状态。

拨乱反正是扭转乾坤的事业。耀邦在理论动态组,在中央党校,多次讲过这样的话。所谓扭转乾坤,就是"把整个国家、民族的车轮重新扭回到正确的轨道上来"。他曾向我们坦诚地谈了自己的态度和决心。他说,我们这些人在晚年拼命挣扎,目标不大,但谁要禁止我讲话,不搞马克思主义，那办不到。我们要好好干。

耀邦多次对我们说，我们党校在扭转乾坤中起些作用是很光荣的。思想理论上的拨乱反正要求高屋建瓴、有前瞻性的认识，还要有勇气，我们感到很难。耀邦一再向我们提出精神状态问题。他说，时代要求有思想上的先驱，我们虽达不到，但我们努力向这方面前进。他鼓励我们要做思想战线上的前卫战士。我们《理论动态》的参加者就以这个为标准，用这种精神办好我们的刊物。

拨乱反正是全面的。本文只是就作者经历的、知道的若干事情，作一简要介绍。

（摘自《百年潮》2004 年第 10 期）

3 在中共中央组织部

宋任穷

从一九七八年十二月党中央决定我到中央组织部任部长，到一九八三年二月离任，这4年多时间，是我几十年革命生涯中，很值得回顾的岁月。

十一届三中全会结束
到任中央组织部部长

一九七八年十二月，党的十一届三中全会刚刚结束，胡耀邦同志找我谈话。他说：中央决定调我任中央秘书长、宣传部长，我要走了，由你接替我任中央组织部部长。我没有思想准备，感到很突然。耀邦同志说：不要犹豫了，中央已经决定了，你就赶快来吧。就这样，我到了中央组织部。十二月二十七日，胡耀邦同志在中央组织部局、处负责干部会上，宣布了中央的决定，介绍我正式到职。耀邦同志介绍了中组部的情况之后，我讲了话。我说：一九五四年底我任总干部部第一副部长时曾兼任过中央组织部副部长，但没有到中组部上过班。这次中央决定我到中组部工作，自己感到担子很重，压力很大。我今年已经70岁了，三国时期有个老黄忠，我恐怕连黄忠还不如。我这个人能力不那么强，魄力不那么大，四平八稳，有时有点优柔寡断。但是有个办法可以补救我的不足，那就是加强集体领导，充分发挥集体的作用。我一定不偷懒，依靠大家的力量共同把工作搞好。会上，大家表示支持我到中组部工作。同时，希望耀邦同志到中央后继续关心和指导中组部的工作。

一到中组部即面临着组织部门如何贯彻党的十一届三中全会精神的问题。一九七九年是全党工作着重点转移到社会主义现代化建设上来的第一年，面对这个伟大的战略转变，当时我们研究确定了组织部门的中心任务是：坚决贯彻执行党的三中全会决议，坚持党的民主集中制，切实搞好党风，抓紧完成落实干部政策的工作，加强各级领导班子建设，加强党员教育，做好干部的培训和考核，从组织上保证全党工作着重点的转移，加速四个现代化建设的进程。其中的紧迫的任务是继续抓紧抓好落实干部政策工作。当时这项工作的任务仍然非常艰巨，但是做好这项工作也具有两个有利的条件。

一个是，一九七八年十一月十日至十二月十五日中央召开了为党的三中全会做准备的中央工作会议。会上，陈云同志根据党的组织工作的历史经验和历史文件，对解决一批党的重要领导骨干的冤假错案、一些重要领导人的功过是非等问题提出了中肯的意见和建议。一些同志对"文化大革命"中犯有错误的中央领导成员提出了批评，对康生、谢富治的严重问题进行了揭发批判。与会同志还批评了华国锋同志坚持的"两个凡是"的错误方针。同时，会议确定了进一步解决好"文化大革命"中遗留问题的方针政策。

十二月十八日至二十二日，具有历史重大转折意义的党的十一届三中全会胜利召开了，全会确立了党的实事求是的思想路线。邓小平同志在三中全会闭幕会上的讲话中指出：这次会议，解决了一些过去遗留下来的问题，分清了一些人的功过，纠正了一批重大的冤案、假案、错案。这是解放思想的需要，也是团结的需要。目的正是为了顺利实现全党工作重心的转变。我们的原则是"有错必纠"。凡是过去搞错了的东西，统统应该改正。要尽快实事求是地、干脆利落地解决，不要拖泥带水。要大处着眼，可以粗一点，每个细节都弄清不可能，也不必要。

这两次会议，对于平反冤假错案，落实干部政策所确定的指导思想和方针以及实事求是的思想路线，犹如温暖的春风，融化了"两个凡是"和"左"的思想禁锢的坚冰。党以雄伟的气魄，坚决承认错误和改正错误，表明了党的高度原则性和生命力，得到了全党和全国人民的拥护。会后，在全国范围内大规模地落实干部政策、平反冤假错案的工作迅速全面展开，使全会前那种步履维艰的局面有了很大的变化。

冲破阻力，拨乱反正
耀邦同志功不可没

另一个有利条件是，一九七八年中组部在胡耀邦同志主持下，做了大量开创性的工作，为以后的落实干部政策，平反冤假错案的工作，打下了很好的基础。通过研究中组部一九七八年工作总结，我对耀邦同志主持这一年的工作情况，有了更为具体的了解。

在"文化大革命"中，中组部是受到林彪、康生、江青严重干扰和破坏的一个单位。粉碎"四人帮"以后，郭玉峰继续坚持错误路线，给落实党的干部政策和恢复发扬党的优良传统，造成极大困难。耀邦同志到中组部以后，首先起用了一批组织关系在中组部，但是没有"工作"的老干部。他在中组部全体工作人员会上说：中组部要把"四人帮"颠倒的东西颠倒过来，要尽快投入拨乱反正、落实干部政策的工作。原来没有工作的老同志只要身体健康，都可以参加。为了接待受理在"文化大革命"中受迫害干部的申诉和复查平反冤假错案，经他提议请陈野苹同志负责组建了老干部接谈组，由章蕴、毛铎、郑伯克、塞先任、王直哲等几十名老同志组成；为了使中央国家机关待分配安置的6000多名干部尽快得到分配和安置，请曾志同志负责成立了干部分配办公室；请杨士杰同志负责成立了右派改正组。这些老同志日夜操劳，为落实党的干部政策，做了大量工作。

这一年落实干部政策工作的确是步履维艰。多年来，林彪、"四人帮"大搞唯心论和形而上学，设置了许多"禁区"，严重地束缚了人们的思想。同时，"两个凡是"的错误方针也严重地干扰了这项工作。不解决这些问题，干部政策就落实不了，工作就寸步难行。耀邦同志在邓小平、陈云等老一辈无产阶级革命家的支持下，坚持解放思想，大胆拨乱反正，同"两个凡是"的错误作了坚决斗争，顶住各种压力，冲破重重阻力，大刀阔斧地推进落实干部政策工作。

首先是广泛宣传了落实干部政策的重要意义，和落实干部政策必须坚持"有反必肃，有错必纠"的实事求是方针。面对"两个凡是"的禁锢，他针锋相对地提出"两个不管"，即：凡是不实之词，凡是不正确的结论和处理，不管是什么时候、什么情况下搞的，不管是哪一级组织、什么人定的和批准的，都要改正过来。他还先后提出落实政策的"原则是实事求是，方法是群众路线"、"既要能解决问题，又要稳定局势"、"首长负责，亲自动手，全党办案"、"必须严格尊重事实，事实是办案的基础"、"全错全平，部分错部分平，不错不平"、"正确评价干部的功过是非"等一系列指导原则。狠抓了提高思想、统一认识的工作。为了打通思想，排除干扰，耀邦等中组部领导同志在部召开的各种会议上讲了20多次话，下发了40多个文件，在报刊上发表了10几篇文章，《组工通讯》刊出30多期、近10万字的政策评论。

同时，还分批召开了许多小型疑难案例座谈会，耀邦同志亲自到会参加讨论或讲话，对上百个久拖不决的疑难案件提出了处理意见，划分了政策界限，提出了落实政策的标准。这一年里，在耀邦同志的主持下，中组部直接办理和复查平反了130多名副省长、中央副部长以上干部的大案要案。其中我印象最深的是：遵照邓小平同志的批示，对薄一波、刘澜涛、安子文等"六十一人"案件进行复查。当时原中央专案组不肯交出材料，复查遇到很大阻力。耀邦同志果断决定由中组部重新组织力量，查阅档案，一个一个进行调查。我记得耀邦同志派贾素萍同志亲自向我了解过"六十一人"中赵林同志的情况。在耀邦同志的直接领导下，调查组经过几个月努力，终于还了历史本来面目，向中央写出了平反报告，中央同意报告并发了通知。还对李维汉、帅孟奇等一批受迫害被"流放"外地或被关押的领导干部，在来不及复查的情况下，经报请中央同意，先接回北京治病。这一年还狠抓了复查改正错划右派的工作，落实知识分子政策的工作和复查"四清"中冤假错案，落实农村基层干部政策的工作，等等。

耀邦同志逝世后，党中央的讣告中，肯定他一九七八年担任中央组织部长为拨乱反正、平反冤假错案、落实干部政策做了大量的工作，表现出非凡的实事求是的胆略和勇气，立下了不可磨灭的功绩。我觉得是很客观公正的，当之无愧的。耀邦同志在中央组织部的工作，功不可没。

我到中组部后，在过去工作的基础上，继续抓了落实干部政策工作。部里直接分管这项工作的陈野苹同志，及其他几位副部长李步新、曾志、杨士杰、白治民、赵振清、王照华等同志，都在这项工作上花费了很大精力。经过三年努力，到一九八二年底，基本完成了平反"文化大革命"中冤假错案的任务，全国共复查平反被立案"审查"的干部230万人，集团性的冤假错案近2万件。另外，协同有关部门完成了错划右派改正工作和"四清"错案的复查平反工作。全国共改正了54万余人的右派问题，复查"四清"运动中处理的案件63万余件。

这一时期，我们着重从两个方面开展工作。一是抓面上落实干部政策工作的部署和督促，通过调查研究，制定政策，加强指导；二是加紧直接复查平反副省长、中央副部长以上领导干部的重大冤假错案，特别是集中力量复查平反原中央专案审查小组一、三办的案件。

抓紧部署，加强指导，全党动员 组织几十万人的办案队伍

党的十一届三中全会后，全党贯彻全会的精神，大大促进了全党解放思想，冲破了林彪、"四人帮"设置的禁区，有力地推动了落实干部政策工作，这项工作在全国大规模地普遍开展起来。全国有几十万干部做落实干部政策工作，各级组织部门集中很大力量投入这项工作。一九七九年，即在我主持中组部工作的第一年，经请示中央同意，把继续抓紧抓好落实干部政策工作作为组织部门的中心任务之一，进行了部署。强调要本着实事求是的精神，坚持"有反必肃，有错必纠"的方针，按照"全错的全平，部分错的部分平，不错的不平"的原则，继续抓紧解决。要求对省委常委、中央国家机关副部长以上或相当这一级的干部的政策落实，力争在一九七九年六月底以前或稍长一点时间内搞完。对其他干部，包括不脱产的基层干部的政策落实，争取在今冬明春基本搞完。

　　考虑到落实政策涉及的问题很多，工作量很大，难以齐头并进，要求各地区、各部门从实际出发，区别轻重缓急，作出妥善安排，分期分批地加以解决。强调首先要抓紧解决好"文化大革命"期间的冤假错案。"文化大革命"前历次运动中的遗留问题和其他有关问题的处理，可以有计划有步骤地穿插进行。还要求各地对农村基层干部政策的落实，应注意不影响农业生产。对落实政策对象，一定要做好细致的思想工作，鼓励他们振奋精神，努力工作，团结起来向前看，为实现四个现代化作出贡献。

　　这一时期，从中央到地方，各级党委都加强了对这项工作的领导，进展比较快。但也存在一些值得注意和必须解决的问题，主要是：有一些领导干部和从事落实干部政策工作的同志，对善始善终地完成落实干部政策任务的重要性和艰巨性认识不足，比较普遍地出现了差不多的思想和松劲情绪，有的未经检查验收，就撤掉了办事机构，调走了工作人员；有些地区和单位的领导同志及一些工作人员受极"左"路线和"两个凡是"的影响，思想还不够解放，对一些案子迟迟不研究，不解决，对一些上级交办、应该解决而又不难解决的问题，硬是顶着不办，甚至认为落实政策过了头；有的由于派性作怪，对有的人的问题长期不予解决，甚至还在捂盖子；有的忽视了深入细致的解疙瘩和促进团结的思想工作；也有少数被落实政策的人或者亲属，提出一些过高的、不合理的要求。由于上述原因，落实干部政策的工作还面临着十分艰巨的任务。据统计，"文化大革命"期间干部队伍中的案件，大约还有20余万件没有复查结案。复查工作进展很不平衡。有的地方和单位，应当复查的案件只复查了50%～60%，个别县复查的不到10%。有些人虽然做了复查结论，但还有些善后工作没有做好。落实农村基层干部政策还有大量工作要做。在已经复查的案件中，据一些省市重点检查验收，大约有10%～20%不合要求，多数定性处理偏高偏严，有些给留了尾巴。也有极少数把不该否定的问题给砍掉了。"文化大革命"中形成的大批材料，许多是无限上纲、诬蔑不实和重复无用的，需要花很大力量和时间，才能清理好。改正错划右派的工作和反右倾运动中错案的平反改正，还没有全部完成。

　　以上这些问题如果不抓紧解决，落实干部政策就不可能做到善始善终。为此，中组部在六月召开了全国落实干部政策工作座谈会，我在这个座谈会上的讲话中，着重强调落实干部政策一定要做到善始善终，要对每个同志的政治生命负责。我们不能只看到面上的问题已经解决了80%、90%，只要还有一个错案没有得到纠正，那么，就这个同志来说，他的问题就不是解决了80%、90%，而是100%地没有解决。要一个案件一个案件，一个人一个人的扎扎实实地搞好，经得起历史的检验。

六项措施，三个要求
善始善终抓好落实

一九七九年九、十月间，我们召开了全国组织工作座谈会，主要文件之一就是《关于善始善终地搞好落实干部政策工作的意见》，当时提出了六项措施三个要求：

一、要继续加强领导，坚持全党办案。领导同志要亲自抓大案、难案，亲自做思想工作，亲自监督检查。在检查验收以前，落实干部政策的办事机构不要撤销，工作人员一般不要调走。

二、没有复查的案件要抓紧复查，对经过复查但不合要求的案件，要及时纠正。对于一些行动迟、进展慢的后进单位，可以抽调一些得力干部加强督促检查，进行具体指导，帮助解决问题。

三、继续认真做好落实农村、城镇基层干部政策的工作，解决好历史上遗留的问题。要着重从政治上解决问题，不要在枝节问题上纠缠，防止草率从事，走过场。

四、在复查工作接近结束时，及时组织力量清理好干部审查材料，将应该保存的，分别归入档案，该退还本人的退还本人，该销毁的予以登记销毁。对受牵连的家属子女和亲友的档案中保存的不实的材料，也要采取负责态度，认真清理，消除影响。

五、认真做好检查验收工作。验收的标准是：1. 过去受审查的需要做结论而没有结论的，已作出了正确的结论。2. 做过结论但不正确的，已改正过来，一切诬蔑不实之词已予推倒。3. 可以工作而没有分配工作的，已分配适当工作；年老体弱不能工作的，已做妥善安排。4. 对受审查期间去世的同志，已作出实事求是的结论，善后工作已经做好。5. 无辜受牵连的家属、子女、亲友和有工作关系的人员中应予解决的问题，已妥善解决。

六、要贯彻始终地加强政治思想工作。落实干部政策不是"过了头"，而是有的冤假错案还没有平反纠正，或者解决得不够彻底；不是"差不多"，而是还有大量的工作要做。一定要注意克服松劲情绪。要坚决克服派性干扰，绝不能对亲自己的搞一风吹，从优照顾；对反对过自己的故意拖延，揪住不放。对极少数抵制三中全会精神，顽固阻挠落实干部政策顶着不办的，一定要严肃处理。对被落实政策的干部，要从政治上关怀爱护，多做耐心细致的思想工作。

在贯彻《关于善始善终搞好落实干部政策工作的意见》的基础上，当时着重从以下三个方面加强对面上的指导工作。

一、加强思想指导。着重解决由于对落实干部政策的艰巨性认识不足，产生的松劲情绪；清除在落实干部政策工作中反映出的"左"的思想影响和流毒，克服极少数领导干部存在的派性干扰。一九八〇年二月十一届五中全会作出为刘少奇同志平反的决议，庄严地向全党和全国人民宣告，为刘少奇同志平反，表明中国共产党是一个实事求是、有错必纠、严肃认真、光明磊落的马克思主义政党。五中全会为刘少奇同志平反，不仅是为了刘少奇同志个人，而且是为了使党和人民永远记取这个沉痛的教训，用一切努力来维护、巩固、完善社会主义民主和社会主义法制，使类似刘少奇同志和其他许多党内外同志的冤案永远不致重演。全会要求各级党组织本着这一精神，积极负责地继续解决类似的尚未解决或尚未完全解决的问题。中组部为了贯彻五中全会精神，于一九八〇年四月十八日转发了贵州省委《关于平反纠正因刘少奇同志问题造成的冤假错案，善始善终地落实好党的政策的通知》，要求各地各部门把因刘少奇同志冤案受株连的和"文化大革命"中其他冤假错案的平反工作，务必争取在当年上半年结束。全国因刘少奇同志冤案受株连的有数万人，从中央到地方许多领导干部的冤假错案都有所谓"执行刘少奇的资产阶级反动路线"、"执行刘少奇反革命修正主义路线"、"刘少奇资产阶级司令部在××地方的代表人物"，等等。通过刘少奇同志这个在全国影响最大冤案的平反，使广大干部的思想进一步解放，平反纠正了数万人因刘少奇同志冤案受株连的案件，同时也推动了其他冤假错案的平反工作。

二、加强政策指导。粉碎"四人帮"以来，特别是十一届三中全会以来，中央对落实干部政策有过许多指示和文件。在贯彻中央的这些基本政策精神过程中，根据平反"文化大革命"中冤假错案、落实干部政策中遇到的问题，由中央组织部或者经中组部分别协同中央统战部、公安部、教育部、国家科委、国务院侨办等有关部门，就某一个方面的问题，研究制定一些具体政策规定。据不完全统计，从一九七九年一月至一九八二年底，发出这类政策性文件共有 27 件。在复查案件过程中，对一个干部的定性和结论是否正确，一靠事实，二靠政策。及时进行政策指导，对落实干部政策健康地开展，体现全错的全平、部分错的部分平、不错的不平的原则，十分重要。

例如，一些同志在对敌斗争中历史上有过被捕问题，"文化大革命"中，很多同志被诬陷打成"叛徒"、"特务"，受到严重迫害。对这方面的问题，中央在一九五三年十一月和一九五七年二月的有关文件中，都有明确的规定，绝大多数干部的问题，早已按这些规定作出了正确的结论。"文化大革命"中，林彪、康生、"四人帮"一伙否定了党中央通过的这些文件和根据这些文件作出的结论。落实政策中必须把"四人帮"颠倒了的是非纠正过来。因此，中组部在有关政策文件、案例通报中，反复重申：干部中的这类问题，如果过去已有结论，定性处理基本符合上述文件精神的，应当维持原结论；如果事实有重大出入，或处理明显不当的，应按照上述文件精神，予以改正。从而有力地推动了对在这类问题上形成的冤假错案的平反。

又如，"文化大革命"中许多同志受到政治迫害的同时，家中的财物也被查抄，而且数量较大，到落实干部政策的后期，这些同志在政治上平反后，要求退回被查抄的财物。妥善处理"文化大革命"中查抄财物遗留问题，是做好落实干部政策善终工作的一项重要内容，北京市委、市人民政府于一九八二年初向中央、国务院作了《关于处理"文化大革命"中查抄财物遗留问题的请示报告》。这个报告经中央、国务院领导同志批示同意后，中央组织部将这个报告转发给全国各地，参照执行。这是当时解决查抄财物问题的一个较全面的政策指导性文件，各地、各部门对于处理这类问题有了政策依据，加快了善终工作的进度。

再如，"文化大革命"中，林彪、"四人帮"残酷迫害干部，全国被立案审查的干部达 200 多万人，每个人都有数十件、上百件，甚至上千件、万件的材料，其中绝大部分是无限上纲、诬蔑不实和重复、无用的材料。也有一部分同志坚持实事求是的原则，他们写的材料反映了历史的真实面貌，可以作为考察了解干部的依据和研究革命历史的参考。在平反冤假错案过程中，各级党组织和广大干部，强烈要求对这些材料进行认真清理，把一切诬蔑不实的材料全部销毁。一些省、市、自治区对于干部审查材料也着手进行了清理和分类，但对哪些材料应当销毁，哪些材料应当存档，在认识上不尽一致，等待中央作出统一规定。为此，我们经与一些省、市委组织部的同志共同研究，拟出了有关规定，并征求了全国组工座谈会到会同志的意见，经中央批准，下达执行。从而统一了认识，统一了做法，使这项工作有所遵循。

三、加强组织指导。在落实干部政策工作中，在深入调查研究、掌握情况的基础上，及时提出和采取一些有力的组织措施，是十分必要的。首先是要求各级党委建立强有力的领导小组和专门工作机构，挑选那些党性强、品质好、办事公道、能积极为受迫害同志洗刷冤屈的干部从事这项工作（全国最多时达 60 万人）。各省、市、自治区都成立了以党委负责同志为首的，组织、纪检、政法、统战、民政、财政等部门领导参加的落实政策领导小组，地、县也建立了相应的领导机构。形成层层部署、逐级负责，专门班子与依靠群众相结合，有关部门积极配合，全党上下一起动手。有些地方和单位干部政策落实不彻底，甚至形成死角，重要原因之一是主要领导权没有掌握在坚决执行中央路线的同志手上。有的领导班子里还有派性严重的人，和制造了冤假错案而又不愿意改正的人。他们对中央落实干部政策的方针采取抵制的态度，硬顶或者软拖，对应该平反纠正的冤假错案迟迟不解决。为此，我们提出，对那些批评教育坚持不改的要坚决调离。

为了使一些有争议的案件或是长期拿不准的案件，早日结案，从中央到省、市、自治区继续采取分批召开一些小型疑难案件座谈会，走群众路线，集体"会诊"的办法，一件一件地研究解决，收到很好的效果。对有些证据不足无法查清的案件，根据现有材料以及本人历史上和现在的申明，全面地加以分析，作出结论，对个别有一定证据，但证据不够充分，调查线索中断，本人又一直否认的，采取把审查情况和本人交代如实写清楚，以证据不足不能认定的办法予以结论，尽量不采取挂起来的办法。

在落实干部政策、平反"文化大革命"中冤假错案工作的后期，狠抓了检查验收工作。并组织力量到一些省、市、自治区和中央各部门进行了抽查。一九八一年三月，中央书记处指示由中纪委、中组部、统战部、公安部、民政部对各省、市、自治区落实政策情况，进行一次检查，中纪委和中组部为此专门发出通知，贯彻执行中央的决定。通过检查验收，查错补漏，保证了办案质量，巩固了复查成果，使落实干部政策工作善始善终。

撤销中央专案审查小组
接收中央专案材料

我刚到中组部时，在落实干部政策工作上，首先遇到的是接收并复查平反原中央专案审查小组第一、第三办公室和"五一六"联合专案办公室移交给中组部的大量案件。中央专案组是"文化大革命"时期成立的。本来党中央在一九七八年六月就曾确定把原中央专案材料全部移交中组部，但专案办的主要负责人把着不交，说什么：专案办没有"四人帮"干扰。意思很明白，就是不能复查平反。在一九七八年十一月的中央工作会议上，陈云同志提出："专案组所管的属于党内部分的问题，应移交给中央组织部，由中央组织部复查。""像现在这样，既有中央组织部又有专案组，这种不正常的状态，应该结束。"在一九七八年底三中全会上，许多同志尖锐地批评了中央专案办主要负责人的错误做法。全会决定指出，

"过去那种脱离党和群众的监督，设立专案机构审查干部的方式，弊病很大，必须永远废止"。决定撤销中央专案机构，将所有档案全部交中组部。为了贯彻执行全会的决定，一九七八年十二月十九日，由原中央专案负责人汪东兴和纪登奎、吴德召集中央专案组和中组部的同志讨论交接工作。中央组织部部长胡耀邦、副部长陈野苹，公安部部长赵苍璧等同志和三个专案办以及中组部干审局的负责同志参加了会议。会上宣布：中央专案审查小组第一办公室、第三办公室、"五一六"专案联合小组办公室，自即日起撤销。所有专案工作，一律交中央组织部办理。在移交过程中，不准销毁材料。会议后各专案办公室即停止办案；已送交中央档案馆的专案材料，全部调出，统一交中组部。一九七八年十二月二十日上午，中组部副部长陈野苹同志在中组部厅、局长会上，传达了移交会议精神，并对中央专案材料接收、复查工作，做了具体部署，决定从中组部部内有关局抽调和从外面借调几十名干部成立三个组：一组是案件组，负责清理一办、三办和联办的案件；二组是材料组，负责清理、借阅材料等；还有一个组负责文书档案处理工作。专案材料的移交工作，一九七九年二月底全部完成。

专案材料的接收工作是我到中组部任职前开始的，我任职后继续进行。日常领导工作由陈野苹同志负责。中组部接收原中央专案组移交的专案材料17349卷、391363件，涉及受审查人员共计669人。据中央专案组一九七五年的一个报告，上述被审查的人员，定为"问题性质严重或敌我矛盾"的就有320人，占被审查人员的47.8%。

被审查的人中，有党和国家的领导人，有南征北战的元帅和将军，有原中央局、省、市、自治区党委书记和正、副省长，有中央机关和国务院各部委的正、副部长，司局长和一批专家、教授、作家、工程技术人员，甚至还有少数居民和学生。据统计，被列入中央专案审查的，中央、国家机关副部长及省、市、自治区副省长（包括军队中相当这一级的干部）以上干部213人，其中八届政治局委员10人，中央书记处成员10人，中央委员和候补中央委员71人（不包括省、市审查的），国务院副总理7人。

过去，中央专案组的情况是被严密封锁的，很少有人了解全貌。在一次中组部办公会上听取了专案材料接收组对上述情况的全面汇报后，大家无不感到震惊和愤慨，对林彪、"四人帮"、康生、谢富治迫害领导干部的罪行有了更深刻的了解。同时，也大大提高了我们对抓紧复查平反这些案件的重要性、必要性和紧迫性的认识，更加坚定了我们完成党中央交给我们这项光荣而艰巨的历史任务的信心和决心。此后，中组部领导和承办的局、室昼夜不停地投入了复查平反工作。但是，这么多的大案、要案，加上受他们株连的家属、亲友和工作人员，也要随着他们本人冤案的复查平反一并加以解决，案件的数量之多，工作量之大，情况之复杂是空前的。在这种情况下，要想在短时间内把这些案件实事求是地作出复查平反结论，只靠中组部的力量显然是不可能的。有鉴于此，中组部采取了以下措施：首先是把被中央专案组下放到外地仍在监督劳动的领导同志全部接回北京和有关单位。十一届三中全会以后，中组部在这个问题上有了更大的主动权。会后回到北京的有彭真、张洁清夫妇。原被关押的王光美同志也被接了出来。其他同志也由各单位陆续接了回来。其次，对一部分同志采取了先分配工作、后作复查平反结论的办法，使这些领导同志尽早走上工作岗位。再次，是按照全党办案和群众路线的原则，采取转请本人原单位进行复查，然后送中组部审理，转报中央审批的办法，这样就大大加快了复查平反的进度。实践证明，这些措施取得了良好的效果。从一九七九年到一九八〇年，由中央组织部直接作出结论并报中央批准的有 445 人，其中包括彭真、陆定一、陶铸、刘澜涛、习仲勋、安子文、钱瑛、胡乔木、帅孟奇、赵毅敏、林枫、谭震林、李立三、王任重同志等一大批高级领导干部。

独裁专案，为所欲为
残害忠良，令人发指

从原中央专案的材料和有关同志对专案组的揭发材料中，可以清楚地看出林彪、"四人帮"一伙打击迫害老干部的罪行。"文化大革命"中，林彪、"四人帮"和康生、谢富治等为了达到篡党夺权的目的，他们打着审查干部的旗号，把持中央专案审查小组，残酷打击迫害老干部，制造了我党历史上空前未有的冤假错案。他们把许多老干部早已有结论的历史问题，重新翻出来，采取歪曲事实，无限上纲的手法，给他们扣上"叛徒"、"特务"、"反革命"的帽子；他们还把一些同志在工作中的缺点、错误或工作中的失误，有意夸大，给他们戴上"反革命修正主义分子"、"走资派"、"三反分子"的帽子；更有甚者，他们随心所欲，点名诬陷同志，先定性捕人，再交专案组"调查"搜集"证据"，当时仅凭江青、康生、谢富治的一句话，就可以把人投入监狱。据不完全统计，"文化大革命"中，原中央专案组先后共关押和监护的干部有1124人，被隔离在单位、干校或外地的，不计其数，实际上受株连被关押、审查的人员远远超过了移交名单上的数字。有数以万计的无辜干部群众受到株连，有不少证人和家属受株连，也被投入监狱，深受牢狱之苦。

林彪、"四人帮"、康生、谢富治等大搞逼、供、信，对老干部进行政治迫害，鼓吹什么"办案的过程，就是不断反右的过程"，"办案要立足于有，着眼于是"，"一人供听、二人供信、三人供定"和"棒子底下出材料，后半夜里出成果"等谬论，要求专案组的工作人员对被审查人员要"无限仇恨"。他们的手法主要有：

1. 突击审讯，搞车轮战。对受审查者严刑逼供，直到"招供"为止。"一办"还规定："对一些年老体弱以及病重的要抓紧审理调查，人死了就不好办了。"中监委委员王世英、河北师院教授张重一等同志，身患癌症，生命垂危，被突击审讯致死，康生公然说："死有余辜，可惜将他知道的材料带到坟墓里去了。"

2. 指供诱供，逼取假证。他们采用小型审斗会的方式，抛"材料"，点问题，诱供指供，罚站罚跪，拳脚相加，康生甚至下令，"陆定一、刘仁不老实，要带上铐子连续突击审讯"。许多"口供"、"证词"就是用指供、诱供、逼供搞出来的。

3. 颠倒黑白，混淆是非。他们歪曲历史事实，把革命工作说成是反革命活动，把对敌斗争的某些手段，诬为"资敌通敌"、"叛徒内奸"。

4. 捕风捉影，无限上纲。"文化大革命"前，中组部曾调阅过北京市公安局的一部分敌伪档案，"文化大革命"初期，康生就诬蔑安子文同志销毁档案。安子文同志家有一部只能作收音机用的旧电台，也被康生诬蔑成搞特务活动的"证据"。

5. 无中生有，造谣中伤。吴晗、周扬等同志从来没有被捕过，却被打成"叛徒"。北京市体委拆掉废弃的旧电台，专案组却写成"砸毁"电台，当做证据，拍照登报，为此康生批捕了5人入狱。

6. 捉刀代笔，强迫签字。办案人员根据需要口授或拟好供词、证词，强迫被审查人员或证人抄清、签字，不签字的，就被强迫按手印。

7. 断章取义，拼凑"罪行"。在中央专案的定案材料中，把一些同志的日记、文章、电稿等，剪接拼凑在一起，设计成"罪证"上报。

林彪、"四人帮"、康生、谢富治等大搞法西斯暴行，进行人身摧残。大批老干部在狱中或被监护后，遭受了非人的待遇。少奇同志重病在身，不但得不到应有治疗，就在他生命垂危之际，竟然把他秘密转送到开封监禁，终于被折磨致死。彭德怀、陶铸、张闻天等同志，在备受折磨之后，含冤逝世。幸存者也被长期监禁，甚至刑具加身，陆定一、刘仁、崔月犁、冯基平、徐子荣等同志被带上手铐关押在秦城监狱，刘、徐冤死在狱中。据一九七五年四月统计，在狱中因不堪忍受凌辱和虐待，被逼死的有15人，由于延误治疗死亡的有66人。一九七九年二月，原中央专案组移交中组部复查时死亡人数已达到141人。一九六七年至一九七一年期间，仅在秦城监狱中被逼死的就有5人，其他原因被迫害致死的29人，被折磨成精神病的60余人，被打致残的20余人。

林彪、"四人帮"、康生、谢富治等株连无辜，造成数万人家破人亡。他们从炮制"六十一人叛徒集团"到打倒所谓"资产阶级司令部"，株连了成千上万的领导干部和革命群众。许多集团案件，株连一大片。"新疆叛徒集团"案，株连129人。"东北叛党集团"案，株连700余人，加上亲友、工作人员不下数千人。西安事变前后，在东北军地下党和东北救亡总会工作过的领导干部都被打成了"叛徒"、"特务"、"通敌策反"。贺龙同志一案，原二方面军不少干部受到株连。他们在迫害老干部的同时，还有许多老干部的子女被妄加罪名，有的长期隔离，有的被逮捕，有的被打伤打残，有的被迫害致死。

林彪、"四人帮"、康生、谢富治这伙人窃据中央专案小组的大权，他们滥捕无辜，诛除异己，残害忠良，使许多革命老干部蒙受不白之冤，遭到残酷迫害和打击。数量之大、范围之广、手段之残酷，是我党历史上所罕见的，对党和国家是一场空前的浩劫。教训是极为沉痛深刻的。设立中央专案机构审查干部，弊病极大。一是专案脱离党和群众的监督，成了凌驾于党政机关之上的专政机构，凭少数人非法决定，就对党和国家的领导人，高、中级干部进行立案审查，破坏了法纪。二是动辄采取监管、监护和逮捕等专政手段，混淆了敌我。三是中央专案组采取的是单线领导的方式，专案组只对个别领导人负责，这样就为康生、江青一伙野心家陷害好人创造了条件。为此，党的十一届三中全会决定，"过去那种脱离党和群众的监督，设立专案机构审查干部的方式，必须永远废止"。这是用无数干部的鲜血和生命换来的沉痛教训。

中央专案组的种种严重问题，许多是林彪、"四人帮"、康生、谢富治等人一手造成的，专案组主要负责人也负有不可推卸的责任。至于专案组的一般工作人员，他们多是由组织派去的，其中坏的只是极少数。绝大多数同志是奉命办事，责任不在这些同志身上。他们中的许多同志在觉悟和认识提高以后，主动地揭发了专案组内部的许多严重问题。当然，有些同志在"左"的思想影响下，在执行中犯的一些错误甚至严重错误，应当引以为戒。

为数百名省部级干部复查平反
审理冤假错案三千余件

"文化大革命"前，全国共有副省长、副部长以上干部1253人，"文化大革命"中受到冲击的有1011人，占81%。其中，由各地各部门立案审查，被诬为"叛徒"、"特务"、"反革命修正主义分子"、"资产阶级司令部代理人"、"执行修正主义路线"的有453人，占总数的36%（不包括由原中央专案组直接审查的）。对这些干部的所谓审查，大都是捕风捉影，捏造诬陷，或是抓着一点，无限上纲，扣上帽子，实行专政，从而使这些同志在精神和肉体上受到严重的摧残，有 40 位同志在"审查"期间含冤逝世，还有一些同志造成终身残疾。

中组部受中央委托从一九七八年开始到一九八〇年十二月底，先后对453 名副省长、副部长以上干部的结论进行了复查或审理。"文化大革命"中被定为敌我矛盾的 85 人，全部平反，恢复名誉；过去有历史问题结论，"文化大革命"中又加码定性处理的，大多数维持了"文化大革命"前的结论。经过落实政策，这些同志身体好、能工作的都走上了领导岗位，身体不好的做了适当的安置，含冤逝世的进行了昭雪，因这些同志的冤假错案受到株连的同志、家属子女，做了消除影响的工作。

一九七九年是复查平反冤假错案，落实干部政策工作进展最快的一年。到年底为止，经中组部办理、审理了中央领导批示复查和各地、各部门上报的复查结论 1235 件。审理结案的 961 件，其中中央管理的干部报中央批准予以平反、昭雪的有 228 人。

一九八〇年继续进行平反冤假错案工作，一年中，经中组部办理或审理的案件共 924 件，其中报中央批准的中央管理干部的复查结论予以平反、昭雪的有 117 人。

一九八一年，各地、各部门按照完全彻底、善始善终的要求，继续对遗留案件进行复查。这一年中，中组部办理和审理的案件 946 件，已办理结案 782 件。中央管理干部中报中央批准或备案的复查结论予以平反、昭雪的有 149 人。

推倒一切诬蔑不实之词，
为有全国影响的集团性案件平反

中组部还直接复查平反了一批在全国有影响的大案、要案和集团性案件，例如：

"六十一人案件"。一九七八年十二月六日，中央以〔1978〕75 号文件转发了中组部《关于"六十一人案件"的调查报告》，指出："所谓薄一波等六十一人叛徒集团是不存在的",“六十一人案件是一起重大错案"。后来我们从接收原中央专案组的档案和查阅中央档案馆的材料中,又发现4份文电,进一步证明"六十一人案"是一起重大错案。一九八〇年四月二十一日,报经中央批准,中组部又印发了《关于复查"六十一人案件"的补充报告》。

关于为受所谓全国"第一张大字报"诬陷的同志平反。"文化大革命"一开始,林彪、江青、康生、陈伯达一伙,出于篡党夺权的需要,抛出聂元梓等人的所谓"第一张大字报",不但在电台广播,还组织《人民日报》评论员文章,诬陷北京大学党委和陆平、宋硕、彭珮云同志,在全国造成了极坏的影响。这是一起冤案,中共北京市委一九七九年二月为北京大学党委和陆平、宋硕、彭珮云同志彻底平反。一九八〇年八月二十一日,中央组织部转发了北京市委《关于为受所谓全国"第一张大字报"诬陷的同志平反的通知》。

为所谓"红旗党"问题平反。在一九四三年的延安审干运动中,康生制造了所谓"红旗党"案。甘肃、河南、陕西、四川、湖南、湖北、云南、贵州、浙江、广西等地的地下党都被诬陷为"红旗党",不少地下党员被打成"特务"、"叛徒"、"内奸"。延安审干后期,中央发现康生制造的所谓"红旗党"案纯属假案,及时进行了纠正。但是,限于当时的历史条件没有作出全面的结论。"文化大革命"中,这一历史问题又被翻腾出来,许多同志再次遭到诬陷和残酷斗争,有的甚至被迫害致残、致死。为了彻底解决所谓"红旗党"的遗留问题,于一九八一年九月九日,以中共中央办公厅名义发出《关于印发中央为甘肃、河南、陕西等省地下党被诬陷为"红旗党"问题平反的通知》,决定给被诬陷为"红旗党"的地下党组织正式平反,推倒强加给这些地下党组织的一切诬蔑不实之词,对因此案受到迫害的同志彻底平反昭雪。

为所谓"黑党"、"假党"问题平反。"文化大革命"中,原杨虎城部三十八军我地下党组织被诬陷为"黑党"、"假党"。经查,所谓"黑党"、"假党"是完全没有根据的。报经中央同意,中央组织部转发了陕西省委《关于为原杨虎城部三十八军我地下党组织被诬陷为"黑党"、"假党"等问题进行平反的请示报告》。为原杨虎城部三十八军我地下党组织和因此案受迫害的地下党员彻底平反，推倒一切诬蔑不实之词，做好善后工作。

严格掌握政策界限，妥善处理历史老案

在大规模平反"文化大革命"中造成的冤假错案的过程中，要求解决"文化大革命"以前的一些历史遗留问题也陆续提了出来，申诉逐渐增多，反映日益强烈，这既是我们党解放思想，实事求是平反冤假错案，落实干部政策深入发展的必然要求，也是与平反"文化大革命"中冤假错案有着直接的联系。"文化大革命"中的许多冤假错案，就是林彪、"四人帮"别有用心地把历史上已经处理过的问题，重新翻腾出来，无限上纲，打击迫害广大干部，因而在平反这些冤假错案中也必然涉及许多历史上的问题。一九七八年，平反"文化大革命"中的冤假错案的工作开展起来不久，关于复查"反右派"、"反右倾"、"四清"运动中历史遗留问题就已经提到了议事日程。

一九七八年四月中央下发了摘掉右派分子帽子的通知；九月，中央明确提出了对错划右派进行复查改正的任务；中组部、中宣部、中央统战部、公安部、民政部五部联合成立了办公室，中组部内成立了审改办公室专门负责这项工作。

中组部在一九七八年十一月下发的关于落实农村基层干部政策的几点意见中，提出了复查"四清"、"反右倾"、"整风整社"等运动中的错案的问题。

一九七九年七月，中央又下发了关于对被定为右倾机会主义分子的平反、改正问题的通知，按照中央的部署，关于处理"反右倾"运动中的遗留问题，当时主要是由中纪委负责，中组部协助做些工作。

那时在群众中把"文化大革命"、"反右派"、"反右倾"、"四清"运动简称为"四大运动"，实际上全国各地把它们都纳入到落实政策范围内同时进行的，十一届三中全会以后，这方面的工作进展很快。但在一九七九年上半年，工作中也出现了一些苗头性问题，这就是有一些人持否定一

切的态度，要求把建国以来历次政治运动中的问题统统翻腾一遍，而且呼声越来越高，来信来访呈猛增的趋势。如何正确、妥善地处理好这个问题，关系到落实干部政策工作能否稳妥健康地进行，也关系到能否稳定大局。针对这一问题，在一九七九年六月，中组部召开了"落实干部政策工作座谈会"，在会上我和陈野苹同志讲了话。我在讲话中强调了处理"文化大革命"前历史老案的方针和原则，明确提出："文化大革命"以前的案件，包括一九五七年"反右派"，一九五九年"反右倾"，还有社会主义教育运动中也有搞错了的。这几方面的案子，该复查的还要复查……除此之外，还有其他一些案子，不一定再来搞什么平反。三反五反、统购统销、肃反、土改，还有男女关系、贪污腐化、蜕化变质，处理轻一点重一点，没有必要统统翻一遍。至于重要案件完全搞错了的，把人家错开除了党籍，错开除了公职，把内部问题错当成敌人处理的，个别案件个别解决。基本事实没有什么变化，就不要再动了。主要是政治上解决问题，不要在经济问题上纠缠。根据会议讨论的意见，确定了以下几点：

第一，历史案件作为正常工作来解决，找上门来的要受理，要具体分析，结论没有错的要进行教育，要跟他们讲清楚，犯了错误改正了很好，党组织可以量才使用。对于错被开除公职、错被定为敌我矛盾的，要认真复查改正。

第二，由现在单位受理为好，因为相隔时间长，变化很大，有的原单位已撤销。

第三，改正后，工作由现在单位解决，就地安排。生活有困难的可以适当补助，不补发工资。

会后，经中央批准，中组部下发了《关于"文化大革命"前一些案件处理意见》，明确提出了处理历史老案的原则、方针以及政策界限。实践证明，这些原则和方针是正确的，及时统一了各方面的认识，端正了工作方向，对妥善地处理好历史遗留问题发挥了重要的作用。

从一九八一年开始，各省、市、自治区相继把复查工作的重点转到"文化大革命"前其他历史遗留案件的复查工作上来了。我们要求各级党委要把这项工作继续列入议事日程，要有一位负责同志分管，力争在两三年内基本完成。当时我们强调，处理这些老案要注意防止两种偏向：一种是继续用"左"的观点看待历史老案，对定性处理错了的也不纠正，甚至对自己经办、批过的案件明明错了，也顶住不办；另一种是用否定一切的观点，把不该改的也改了。这项工作，各地一直坚持进行，没有间断，直到一九八七年党的"十三大"召开前，全国平反"文化大革命"前冤假错案、处理历史遗留问题的工作才基本完成。据不完全统计，全国共复查了"文化大革命"前历史遗留的案件242万余件（反右倾运动中的案件未统计在内）。其时间之长、内容之广、规模之大是我党历史上前所未有的，解决问题也是较为彻底的，在党内外、国内外产生了很好的影响。

我在中组部工作期间，直接参与研究解决的涉及全国或部分省（区、市）有重大影响的历史遗留问题，其中有主要是错划右派改正工作，解决地下党历史遗留问题，复查一九四六年新四军五师"中原突围"时隐蔽、掉队人员的遗留问题，复查第二次国内革命战争时期苏区肃反被错杀人员问题，等等。

关于错划右派的改正工作，我到中组部时，已在进行之中，十一届三中全会后，这项工作大大加快了步伐。一九七九年二月，我们和中央统战部召开了全国右派复查改正工作经验交流会，公安部、中央党校、河南永城县委等单位介绍了他们解放思想做好复查改正工作的经验。我和刘澜涛等同志在会上也讲了话，着重阐述了贯彻三中全会精神，实事求是处理历史遗留问题的重大意义，并且第一次提出了"一九五七年反右派斗争犯了扩大化错误"的问题，强调指出："改正错划的右派，就是改正我们在反右派斗争中的错误"，"无论哪一级组织或哪一个人批准定案的，凡是错了的都要改正"。这是一次经验交流会，也是解放思想的促进会。随后，各省、市、自治区，以至地、县都召开了类似的会议。此后，针对这项工作中出现的新情况和突出矛盾，党中央又就错划右派改正后的安置等善后工作的政策问题发出了通知，使反右派斗争中遗留的问题，从政策规定上得到了较彻底的解决。到一九八一年上半年，这项工作已胜利结束。全国共改正了54万余人的右派问题，占原划右派总数55万人的98%以上。对失去公职的27万人，恢复了公职，重新安排了工作或安置了生活，对原来工作安排不当的作了调整；另外，对被划为"中右分子"和"反社会主义分子"的31.5万余人以及受到株连的亲属，也落实了政策。

关于解决地下党历史遗留问题。建国初期，在对地下党组织进行普遍清理的工作中，一些地方由于对地下斗争的复杂性认识不足，对于地下斗争的历史环境和特点缺乏了解，也由于"左"的思想影响和工作上的失误，致使一些地下党的同志受到了错误的处理和不公正的对待，造成了不少遗留问题。在一九七九年至一九八二年期间，这方面的工作只是开了个头，还没有全面地展开。一九八一年七月，中组部致函福建省委转达胡耀邦同志关于地下党历史遗留问题"要很好抓一下，公公正正地解决，请先从福建抓起"的批示，要求福建省委指定有关部门予以调查了解，并把结果告诉中组部，以便共同研究处理办法。福建省委对处理地下党的遗留问题非常重视，由省委书记负责，自一九八一年十月开始，到一九八四年底，对福建地下党的一些重大历史遗留问题，都作出了明确的结论，恢复了地下党原来的革命形象，分清了是非，增强了团结。一九八二年三月，中组部印发了经中央批准的云南省委《关于解决云南地下党、"边纵"历史遗留问题的报告》和《关于为郑伯克同志恢复政治名誉的报告》。对"文化大革命"中省军管会和省革委会给云南地下党、"边纵"强加的一切诬蔑不实之词一律予以推倒，造成的大批冤假错案给予彻底平反。同时还解决了在"文化大革命"以前的几次政治运动中，由于领导工作上的失误和"左"的思想影响，对云南地下党、"边纵"所作的不恰当的结论，解决了五十年代中，省委对云南地下党主要负责人郑伯克同志的错误批判等问题。充分肯定了云南地下党和"边纵"在远离中央的边疆多民族地区，艰苦奋斗，做了很多工作，取得了重要成绩，为解放云南作出了贡献。一九八二年八月，中组部还批准下发了陕西省委组织部《关于西北联大地下党组织的情况和有关人员党籍处理意见的报告》。

"中原突围"历史遗留问题，是涉及湖北、河南、湖南等省，影响较大的问题。一九八〇年八月，郑绍文、张执一等同志给党中央写信，反映一九四六年我中原部队在突破国民党大军重重包围这一特别紧急的情况下，部分部队和地方工作人员由于复员、隐蔽、掉队等原因，造成的历史遗留问题，要求组织上实事求是地妥善解决好。胡耀邦同志对此作了批示，要求加以研究，定出具体实施办法加以解决。中组部把胡耀邦同志的批示和郑绍文、张执一等同志的信转发给湖北、河南等省委。此后，湖北、河南、湖南等省按照中央要求，做了许多工作。解放初期，在处理这个问题时，对有些同志考虑当时的历史背景和具体分析不够，定性处理过严，特别是"文化大革命"中，有些同志又挨了整，定性处理升了级。通过这次复查，共解决了约5万余件隐蔽、掉队人员的遗留问题，纠正了解放初期错误处理的案件，得到了各方面的好评。

关于苏区肃反被错杀人员的历史遗留问题，这是一件涉及面广，有重大影响的问题。一九三〇年至一九三五年，苏区在"左倾"错误路线的影响下，开展了肃清"AB团"、"改组派"、"社会民主党"、"第三党"、"取消派"的运动。苏区肃反中大批同志被杀，是一桩历史错案。党的六届七中全会《关于若干历史问题的决议》中明确指出："由于错误的肃反政策和干部政策中的宗派主义纠缠在一起，使大批优秀的同志受到了错误的处理而被诬害，造成了党内极为痛心的损失"。"一切经过调查确系错误处理而被诬害的同志，应该得到昭雪，恢复党籍，并受到同志的纪念"。但是，建国前没有来得及解决这个问题，建国后，一九五四年中央就妥善处理这个问题提出了意见，比如江西、福建、湖北等省平反了近两万人，其他省对被错杀的党政军主要领导干部也进行了平反昭雪，但对多数人的问题尚未解决。党的十一届三中全会以后，许多被错杀人员的亲属和一些老同志多次强烈要求解决好这一历史遗留问题。中央领导同志指示由中组部和民政部研究提出处理办法。两部经过反复研究，于一九八三年三月和六月向中央和国务院上报了有关这一问题的处理意见，明确提出了开展这项工作的方针和政策界限。有关省的组织部门与民政部门密切合作，开展了深入细致的复查工作，解决了这一历史遗留问题。

中组部还对建国以来下发的一些干部审查方面的专题性文件规定作了一次比较系统的清理，对其中受"左"的思想影响制定的或情况变化已经不适用的规定做了必要的修改或予以废止，对于因此受到错误处理的干部，给予复查改正，解决了一批多年遗留的问题。

例如：一九八二年十月，中组部印发了经中央书记处同意的《关于解除一些干部历史上受限制使用问题的意见》，指出：建国前后，在审干、肃反中，中央和中央组织部曾对有政治历史等问题的干部作过限制使用的规定。这些规定在当时的历史条件下，是必要的。但这些受限制使用的干部经过长期革命斗争的考验和锻炼，绝大多数表现是好的和比较好的。有些同志为党为人民作出了重要贡献。他们当中有许多同志现在年事已高，有的已经离休、退休和逝世，对其限制使用已无实际意义。但由于档案中仍存有限制使用的记载，使这些干部在政治上继续受到影响。为了合理地使用干部，充分发挥他们在四化建设中的积极作用，原有规定应予改变。

从一九七九年到一九八二年底，中组部还直接复查或参与复查研究了一批历史遗留的大案要案，其中影响较大的有以下几件：

一九七九年八月，中央批转了中组部关于为小说《刘志丹》平反的报告。这件事是一九六二年北戴河中央工作会议和八届十中全会上发生的。由于康生的发动，批判了尚未出版的长篇小说《刘志丹》。会后，把写这部小说作为反党事件在党内作了传达，并对小说本身，对小说作者李建彤同志，审阅过书稿的习仲勋、刘景范等同志，以及组织创作这部小说的工人出版社有关同志，进行了长期的专案审查。一直到"文化大革命"开始时，专案审查尚未结束，没有作出正式结论。"文化大革命"中，康生伙同林彪、"四人帮"，在《刘志丹》问题上进行了更大规模的政治迫害。姚文元发表文章，公开宣布《刘志丹》是反党小说，宣称作者和支持该书的同志是反党分子。此后，已被专案审查的同志遭受了更重的摧残，受到株连的人数更多。曾经看过书稿、支持过这一创作的领导同志，原陕甘革命根据地的一批老干部、老党员，甚至一些参加过此专案审查工作的同志，都遭到不同程度的迫害，有的被迫害致死。李建彤同志被定为"习仲勋反革命集团利用小说进行反党活动的骨干分子"。直到一九七七年五月，中央专案组给刘景范同志作的审查结论中，仍说刘"伙同习仲勋抛出反党小说《刘志丹》，为高岗翻案"。经过这次复查，事实说明，《刘志丹》（送审样书）不仅不是反党小说，而且是一部比较好的歌颂老一辈无产阶级革命家、描写革命斗争历史的小说。习仲勋等同志关心这部小说的创作，对如何改好这部小说发表过意见，是完全正当的，根本谈不上是什么反党阴谋集团活动。从案件前后经过看，所谓利用写《刘志丹》小说进行反党活动一案，是康生制造的一起大错案，是"文化大革命"中康生伙同林彪、"四人帮"变本加厉，搞出的一起株连甚广的现代文字狱。因此，彻底平反这一案件是深得人心的。通过在报刊上发表文章，澄清是非，对受到诬陷的同志一律昭雪平反，并做好善后工作，使这一大错案得到了公正的解决。

一九八〇年一月，中组部转发了经中央批复同意的中共陕西省委《关于为所谓"彭、高、习反党集团"问题彻底平反的请示报告》。这是中组部协助陕西省委复查的一件大案。所谓"彭、高、习反党集团"，是在党的八届十中全会以后，由康生主持审查习仲勋同志问题的专案所捏造出来的，他利用职权，下"批示"，乱点名，搞了一系列揭批"彭、高、习反党集团"的活动。一九六五年把经过康生审定的《关于习仲勋反党问题的传达提纲》批发下去，在各级干部中进行传达，搞所谓"彻底肃清彭、高、习的罪恶影响"。这样做的结果，不仅使彭德怀、习仲勋同志受到诬陷和迫害，而且株连了一批曾经同他们一起工作过的同志。"文化大革命"中，康生同林彪、"四人帮"及其在陕西的代理人，进一步在所谓"彭、高、习反党集团"问题上大做文章，说什么"陕西敌情严重"，"彭德怀、高岗、习仲勋把陕西西安作为他们的后方基地"。他们借"清队"为名，搞什么"查黑线"、"挖黑根"，把原西北局、陕西省委、省人委、西安市委、市人委打成"五个黑窝子"，视为彭、高、习的"旧势力"，统统予以"彻底砸烂"，解放以来省委历任四届常委成员，大多数被他们打成叛徒、特务、彭高习死党。他们把西北局、陕西省委和西安市委的50多名领导干部关进监狱，罗织罪名，进行法西斯迫害。通过复查，所谓"彭、高、习反党集团"的提法，是极其荒谬的，纯系诬蔑不实之词，由此造成很多冤假错案，打击株连了大批干部、群众，对陕西工作的损害和影响是很严重的。虽然中央已经为彭德怀同志平反昭雪，习仲勋同志的问题也已经得到解决，但考虑到所谓"彭、高、习反党集团"问题在陕西株连甚广，影响较大，各方面反映强烈。因此，仍有必要郑重宣布为这一假案彻底平反昭雪。

一九八一年八月，中央书记处批准同意中组部《关于为原红五军团季振同、黄中岳同志平反问题的请示报告》，这是中组部直接复查的一件发生在三十年代的错案。一九七九年六月，姬鹏飞、李达、黄镇、王幼平、袁血卒、苏进等12位老同志上书中央，反映原红五军团季振同、黄中岳同志于一九三四年被错杀，建议平反昭雪，恢复名誉。遵照中央领导同志的批示，中组部派人向70多位老同志作了调查，并查阅了有关档案材料。季振同原是国民党二十六路军二十五师七十四旅旅长，黄中岳为一团团长，一九三一年十二月十四日率部参加了中共党员赵博生、董振堂领导的震动全国的"宁都起义"。一万数千名官兵起义后，编为红五军团，季振同被吸收为中共特别党员，任军团总指挥，黄中岳任十五军军长。一九三二年春，国家保卫局发现以季、黄为首的少数军官有企图拉走队伍的背叛活动，将他们定为反革命，并将季、黄等监禁，后因受王明"左"倾路线的影响，于长征前夕被处决。对于此案，叶剑英同志批示："我听毛主席说过（似在延安），杀季振同、黄中岳是杀错了的，现在我觉得这一冤案应该昭雪。"从中组部复查的情况看，季、黄在宁都起义中是有功绩的，影响较大，应予肯定。季、黄本人有爱国抗日思想，我们已吸收季为特别党员，并决定季去苏联学习，对他在政治上还是信任的。何应钦曾派人与季、黄取得联系，进行策反，季、黄虽未向组织报告与他们的来往，但敌人策反阴谋并未得逞，季表示拉队伍离开苏区办不到，是可信的。把季、黄定为反革命是错误的，违背中华苏维埃执行委员会决议，把他们处决更是错误的。应予平反，恢复名誉，并恢复季的党籍。平反的办法，采取发表纪念文章，对季、黄在起义中的功绩适当予以评价。这样，就使这件沉冤近半个世纪的错案，得到了公正合理的解决。

实事求是，有错必纠
为外国专家落实政策

一九八一年九月十二日，有一位外国专家给习仲勋同志和我写信，要求修改审查结论。信是通过邓颖超同志转来的，邓颖超同志批示："对他提出的要求，似应予以考虑酌处，请习仲勋同志与宋任穷同志、赵苍璧阅商，报中央书记处决定。"按照邓大姐的批示，我提出：这位外国专家要求对他的结论做修改，请公安部对此作全面考虑，如果要作公开平反，则请中组部和公安部一并研究，还有其他外国朋友受到审查和拘留是否也有类似情况，也应一并考虑（如修改平反结论，公开平反等）。建议中组部和公安部对外国朋友的落实政策问题作一次全面清理，提出处理方案报中央书记处做统一考虑和审定。仲勋同志同意我的意见，并批示：这位外国专家的"要求是合理的，应予彻底平反，不留尾巴为妥。对外国朋友的落实政策问题作一全面复查处理，是完全必要的。"中组部、公安部遵照上述批示，对这位外国专家和原在外文局工作的专家爱泼斯坦、邱茉莉夫妇，原在新华社工作的英国籍专家夏皮诺，原在外语学院工作的英国籍专家柯鲁克等人的结论作了复议，落实了政策；我们还向外国专家局等单位了解了对外国专家落实政策的情况。据初步调查，这些单位对"文革"初期受到冲击的外国专家，大多数已复查平反，恢复名誉，补发工资，分配了工作。但是，还存在不少问题，需要认真解决好。为此一九八二年三月十七日，中共中央批转了中央组织部、公安部党组《关于对外国专家朋友落实政策情况报告》的通知，肯定外国专家在我国革命和建设中作出了重要贡献，应受到我们党和全国人民的尊敬。要求对外国专家朋友的落实政策问题，必须认真地进行一次全面的检查和清理，发现问题要尽快解决，消除不良影响。对在"文化大革命"中遭到伤害的专家，做到在政治上彻底平反，生活上充分照顾，工作上热情支持。我党落实干部政策工作的一系列方针、政策，都应在外国专家朋友中全面贯彻，认真落实。并且照顾他们的特点，从优对待。

平反冤假错案，落实干部政策，是各级党委在党中央的领导下，经过全党和60万从事落实政策工作的同志，坚定不移地贯彻执行党的十一届三中全会路线的结果，成绩是巨大的。遵照中央关于解放思想，实事求是，政治上分清是非，思想上解开疙瘩，组织上增强团结的要求，经过落实干部政策的实践，大量冤假错案的平反，所产生的社会影响远远超过了这些案件的本身。通过落实干部政策，进行了拨乱反正，把"四人帮"颠倒了的路线是非颠倒过来。从组织工作上讲，是恢复了党的正确的干部路线和干部政策，恢复了干部工作上的优良传统。肃清了"左"的影响，分清了是非，恢复了党在干部问题上实事求是的思想路线，促进了安定团结，增强了全党、全国人民同心协力搞四化的凝聚力，使一大批受错误处理的干部，特别是一些久经考验的老干部重新走上领导岗位，有专业才能的知识分子得到起用，调动了广大干部的积极性。

落实干部政策的实践，充分体现了我党的光明磊落，大公无私，敢于坚持真理、修正错误的高度原则性。在党内外、国内外产生了深远的影响，大大提高了党的威望。正如小平同志所说："我们党经历过多次错误，但是我们每一次都依靠党而不是离开党纠正了自己的错误。"

总之，通过落实干部政策的实践，使全党进一步吸取了历史的教训，积累了正确处理干部历史问题的经验。以史为鉴，对我们做好新时期党的组织工作和干部工作，避免失误和挫折，具有重要的现实指导意义。

（摘自：宋任穷著《宋任穷回忆录》，解放军出版社 2007 年 8 月第 2版）

4 伟大的转折　历史的必然
——回忆十一届三中全会的召开①

李德生

十一届三中全会的胜利，是伟大的历史转折，是长期以来正确的思想路线同左倾错误斗争的历史必然。对此，我想通过我亲身经历，作一些回忆和思考。

一

新中国建立以来党的历史，可以说，人们对于同左的错误的斗争，一直没有停止过。尤其是在文化大革命中，而且越到了它的后期，这种斗争越加尖锐和鲜明。在斗争中，我们党的领导成员和各级干部，无论被打倒的或者一直坚持工作和先后恢复工作的，绝大多数站在正确方面。斗争是极其复杂曲折的。正是有了这种长期曲折的斗争，才从正反两面为十一届三中全会的胜利打下了基础。我想以我所亲身经历的一些事，反映这场历时长久的斗争的某些局部。

1965 年秋冬，全国农村开展"四清"运动。这实际上是文化大革命的预演。当时，按照中央和军队的统一要求，作为军长，我也带了一个工作组，到苏北农村一个生产大队蹲点。进点前学习文件和听到传达介绍，都是强调抓阶级斗争，重点是斗争党内走资本主义道路的当权派。进点之

---

① 编者按：收录本书时，有所省略。

后，挨家挨户走访一遍，情况恰恰相反，想不到这个生产大队非常贫困落后，我们刚进村时有一半的人家已经断粮，靠挖野菜充饥，近三分之一的家里没有棉被，晚上钻在稻草堆里受冻。全国解放十多年了，我们群众的基本生活还这么苦，我心里非常难过。工作怎么开展呢？经过深入调查、反复思考，我想，无论是战争年代还是建设时期，一切工作都要从实际出发，是什么问题就解决什么问题，这是办事的基本原则。于是，我们把工作重心放在解决农民实际生活中的困难问题上，大张旗鼓地搞"改土"，抓生产，而不是搞阶级斗争和抓什么走资派。因为在实际生活中确实看不到严重的阶级斗争，找不到"走资派"。问题摆在那里，是从实际出发，还是从上级文件出发，是讲真话，还是讲假话。我们部队的同志还是比较注重实际的，也很关心农民群众。大家同农民一起，挖泥塘，改造贫瘠田，引种水稻、棉花、蔬菜，过去种30亩地收不到1000斤粮食，我们单季亩产1200斤，当年生产就大改观，生活大改善，面貌大改变。农民是最讲实际的，全村男女老少欢天喜地。"文革"开始，一些地方揪工作队，当地农民说，谁要揪李团长（当时我是以团长身份到农村的）我们就同他拼。

　　1966年，"文化大革命"开始后，我们奉命在苏北地区"三支两军"。尽管当时对这场运动"很不理解"，我们还是按照要文斗不要武斗的要求，制止武斗，努力避免出现混乱局面。一年之间，到处"救火"，总算没有出现大的波折。1967年夏，突然接到南京军区紧急通知，说是周恩来总理当天要我赶到北京。到北京后的进城路上，我看到城市市容与我七年前在高等军事学院读书时有了很大变化。然而大街上造反派成群结队，高音喇叭喊声震天，连中南海也被红卫兵包围，形势混乱到这种地步，实在使人难以理解和忍受。当天晚上，周恩来总理、李富春副总理、杨成武代总参谋长接见我。周总理介绍了安徽的情况。讲到造反派夺了省委的权之后，没有实现大联合，没有实现"三结合"，武斗不断升级，军管会成立以后仍然没有解决问题。周恩来总理最后说：安徽武斗太厉害，已影响到中央的指示贯彻不下去，军管会指挥不灵，难以控制局面。你回去紧急动员一下，立即带部队去安徽。去了以后不要陷到派性里面去，要广泛听取意见，深入调查研究，把情况搞准确，最重要的是做好群众工作。总起来说，就是制止武斗，消除派性，促进联合，稳定局势，抓革命，促生产。

这是一次在特殊历史情况下受领的一项特殊任务。现在看来，那是在1967年2月前后，许多中央领导同志要求纠正"文革"错误的正确主张遭到拒绝并被错误批判之后，周恩来同志在更加困难的情况下，为减少"文革"所造成的损失，为保护大批党内外干部，所作的坚持不懈努力的组成部分；是同林彪、江青反革命集团的破坏进行斗争的组成部分。

当时，形势非常紧迫，受领任务的当晚，我几乎整夜未眠。怎样按照周总理指示执行安徽"三支两军"任务，在反复思索过程中，我从周总理的指示里，发现了一个非常奇特的问题。"文革"要打倒"走资派"，部队"三支两军"要支持"左派"，而周总理没有提揪"走资派"，更没有点安徽谁是走资派；二是没有要支持哪一派，而只是讲要坚决制止武斗。我感到这同我在苏北"三支两军"中遇到的实际问题是一致的。这使我找到了解决安徽问题的一把钥匙，只要避开了前面两个问题，紧紧抓住制止武斗，稳定局势这一环节，就有可能走出一条解决安徽问题的路子来。后来，我们正是尽可能地从当时实际出发，按照制止武斗，促进联合，"抓革命，促生产"这样的步骤解决安徽问题。在当时情况下，深刻认识"文革"造成的损失，尽管很困难，但也是可以做到的，比如当时中央作出决定要清查"五·一六"分子，安徽接到中央文件后，省里有关部门几次向我请示，要布置这项工作，说别的地方行动很快，已经抓了多少多少。我给他们答复说：到现在为止还没有发现安徽有"五·一六"分子，没有"五·一六"抓什么"五·一六"分子？结果安徽一个"五·一六"分子也没有抓。

更加令我难忘的是，从1969年起，我调到中央工作以后的四年艰难岁月。党的九大召开之后，"文革"的错误理论和实践已经在九大上合法化了，林彪、江青、康生等人在中央的地位加强了，左倾错误和林彪、江青两个集团的罪恶活动日益加剧。就在这样一个关头，我从一个军长、军区副司令员的岗位上调到中央工作。我对中央的历史和现状很不了解，也无从了解。当时的直觉是如同一个班长到了军部。实际上是到了政治斗争的中心。"文革"后，一位老领导问我，你在这两个反革命集团的夹缝中是怎么度过来的。实事求是地说，要说一开始就同"左"倾错误和两个反革命集团作斗争，没有那么高的自觉性；我只靠在军队工作40年的实践，一切依照党的一贯的思想原则、政治原则、组织原则办事，靠这个传统，确实使我解决了许多难题。

到中央工作，遵照毛主席当面向我交代的安排，我在主持政治局工作的周恩来同志领导之下，"九一三"之后又加上在主持军委工作的叶剑英同志领导下，开始了同左倾错误和两个反革命集团斗争的艰难曲折的历程。从1970年的庐山会议到1971年的"九一三"事件，在粉碎林彪反革命集团的斗争中，毛泽东、周恩来同志机智地指挥全局。我在他们领导下，负责军队的清查工作。在批判林彪过程中，1972年初周恩来同志及时提出了批判极"左"思潮的意见。他的这个主张，在国务院得到李先念等同志的拥护，在军委得到叶剑英等同志的拥护。我从"九一三"后部队大量材料中，深深体会到周恩来意见的正确。批林整风中批判极左思潮，无论国家机关还是军队系统，都取得很大成绩。国民经济有了很大好转，军队战斗力有了明显提高。

在国务院各部委批林整风中，周恩来同志反复分析林彪路线的极左实质及其表现。当时我分管国家体委工作，在体委召开的全国体育工作会议上，我讲话时肯定了新中国成立以来，体育工作是正确路线占主导地位，并且提出开展群众性体育活动，抓好青少年业余体育活动，抓好专业队伍的建设和训练，搞好国际体育交流等五条要求，力图纠正"文革"以来体委和体育工作的混乱局面。

在军队系统，我们按照周恩来同志的要求，在叶剑英同志直接领导下，开展批林整风，加强军事训练，撤回"三支两军"人员，解放干部，部队建设有了加强，战斗力有了提高。

肃清极"左"的影响，在取得人民拥护，取得实际效果时，受到江青反革命集团的破坏。1973年底，在党的十大召开之后，江青反革命集团更加集中地把矛头指向周恩来同志，把抓发展国民经济说成是不抓大事，把解放干部说成是"举逸民"，把批极"左"说成是应当批极右，甚至进行人身攻击，使得批"左"形成的良好政治局面和经济形势受到挫折。接着，他们又借批林批孔，把矛头指向周恩来、叶剑英同志。对于我在总政系统开展的工作，包括整顿解放军报社和八一电影制片厂等都横加指责和干扰，说我取消八一厂革委会是否定"文化大革命"，是"军阀"。1973年底，我在八大军区司令员对调时，调到沈阳军区工作。但是也没有逃脱厄运。由于我在总政工作时，根据毛泽东同志的一贯思想，执行了周恩来、叶剑英同志的正确指示，在江青的"放火烧荒"中，我被攻击为"大军阀"，受到批判。

从上面这些史实，也可以看出，党和人民反"左"倾错误的斗争是一直没有停止过的。"文革"的历史，是左倾错误和林彪、江青反革命集团对党和国家造成严重灾难的历史，也是党和人民反对"左"倾错误和两个反革命集团的曲折斗争的历史。所以可以说，十一届三中全会的胜利召开，这是历史发展的必然。

二

十一届三中全会的胜利，还离不开粉碎江青反革命集团后两年关键的历史。1976年10月，粉碎江青反革命集团的胜利，使我们国家进入了新的历史发展时期，人们以极大的热情投身于各项革命和建设工作。但是彻底消除"左"倾错误，还远远没有完成。于是彻底拨乱反正，恢复党的实事求是的思想路线，完整地准确地掌握毛泽东思想科学体系，成为摆在人们面前的迫切愿望。这种愿望的实现又经过两年时间的艰苦工作。

我记得，那是1977年3月，春回大地，乍暖还寒，我从沈阳到北京参加中央工作会议，在这之前，2月7日的《人民日报》发表了一篇社论，提出"凡是毛主席作出的决策，我们都坚决拥护，凡是毛主席的指示，我们都始终不渝地遵循"。这就是"两个凡是"的第一次公开发表。中央工作会议上不少老同志起来批评"两个凡是"，要求为天安门事件平反，要求恢复邓小平同志的工作，但是没有得到解决。会后我去西山看望叶剑英同志。想听听他对解决这个问题的看法。叶帅和我谈了一会儿对中央工作会议的认识后，对我说："你去看看你们的老政委。"其时，邓小平同志被又一次打倒后还未平反，叶帅将他从解放军总医院接出来，安排住在西山。

一听说"老政委",我就知道是指邓小平同志。抗日战争和解放战争时期,邓小平同志一直是我们一二九师、晋冀鲁豫军区第二野战军的政治委员,而我则一直是他的老部下,一直在他的领导下战斗和生活,对他坚持实事求是的作风是有深切体会的。他在"文革"中作为极"左"错误的对立面而被打倒,深受极"左"之苦,对"左"倾错误有着深刻的认识和反思,他在第二次复出之后,大刀阔斧地纠正"左"倾错误,深受人们拥戴。粉碎"四人帮"之后,人们都把彻底纠正"左"倾错误,寄希望于他,是非常有道理的。怀着这样一种心情,我急切想见到他,当面听听他的看法。

邓小平同志住的房子与叶帅的住处相隔不远。我进去时,他正坐在沙发上看报纸。他听到我来了,起身站起来,一边与我握手,一边请我就座,并问我因何到北京来。我作了答复,问了他的身体与饮食起居情况,希望他保重身体。

在近一个小时的会面中,小平同志侃侃而谈,显示了一个伟大的无产阶级革命家身处逆境而依然心系党和国家大事的博大胸怀。他说,历史是人民创造的,群众运动力量很大,而个人是微不足道的,任何人要抵制它、否定它,都是不可能的,因为真理从来都在群众的手里,有些事不论是谁定性谁处理的,终究都是会搞清楚的,都会还历史以本来的面目,"两个凡是"的观点是不正确的。

听到这里,我明显地感觉到,虽然邓小平同志又一次被"打倒",可对外界的事情是非常清楚的。他的话明白无误地告诉我,虽然至今天安门事件还没有平反,还在继续"批邓、反击右倾翻案风",但是,天安门悼念活动是革命事件,人民群众的革命潮流是不可抗拒的。

不久之后,邓小平同志以一个共产党员的身份,给中共中央写信,鲜明地提出:"我们必须世世代代地用准确的、完整的毛泽东思想来指导我们全党、全军和全国人民,把党和社会主义事业,把国际共产主义运动,胜利地推向前进。"小平同志提出"准确的、完整的毛泽东思想",这就为拨乱反正、解放思想出了一个大题目。

1977年7月的十届三中全会,邓小平同志重新出来工作一事被提到会议议程。会议一致通过恢复邓小平中央委员、中共中央政治局委员、政治局常委、中共中央副主席、中共中央军委副主席、国务院副总理、中国人民解放军总参谋长的职务。我们参加会议的同志都很高兴。7月21日，小平同志在闭幕会上讲话时指出："我说要用准确的完整的毛泽东思想作指导的意思是，要对毛泽东思想有一个完整准确的认识，要善于学习、掌握和运用毛泽东思想的体系来指导我们各项工作。只有这样，才不至于割裂、歪曲毛泽东思想，损害毛泽东思想。"他还特别强调："毛泽东同志倡导的作风，群众路线和实事求是这两条是最根本的东西。"正式提出要恢复和发扬党的实事求是的优良传统和作风。

邓小平同志复出后，在短时间内先后发表了一系列重要讲话，深入分析了"文化大革命"在各个领域造成的严重损失，提出了整顿和建设的任务，要求全党全军全国人民学习掌握毛泽东思想的科学体系，理论联系实际，实事求是，做好各方面的工作。

恢复实事求是的传统，在军队工作中，我们感受尤深。早在1975年邓小平同志第二次复出时，他曾针对林彪极"左"的破坏，提出了著名的军队要整顿的方针，鲜明地提出和平时期"要把训练放在战略问题的一个重要位置上"。1977年8月，他恢复工作刚一个月，就在军委座谈会上再次阐述这一方针，要求把它具体化。当年底，他主持召开中央军委全体会议，针对军队建设存在的问题，制定了一系列决定、条例。1978年6月，在全军政工会议上，他要求发扬政治工作优良传统，提高军队战斗力，着重讲了实事求是，指出这是毛泽东思想的出发点、根本点。短短一年间，他为了清除"左"的影响，把军队建设及时引导到正确轨道上来，做了大量工作。我从1973年到沈阳军区，深感忧虑的是，战略"只搞文不搞武"，出现不少"干部不会教，战士不会做"的现象。贯彻邓小平同志主持的军委几次会议精神后，我们在加强军队训练的同时，又结合军区实际，先后提出组建守备区、组建预备役师、组建合成军（即后来的集团军）等建议，得到邓小平同志的赞同，军队建设和战备工作都出现了前所未有的可喜局面。

实事求是是思想路线的宣传，经过深入的思想工作，越来越多的干部群众投入思想解放运动，以1978年5月发表的《实践是检验真理的唯一标准》为突出代表，一大批优秀文章相继发表。

真理标准的讨论，在我们沈阳军区部队内同样普遍开展起来。大家从亲身经历中感受到一切从实际出发，坚持实事求是，才是我们的优良传统，才是取得一切胜利的法宝。我特意在 1978 年 9 月初在《人民日报》上发表的一篇文章里指出："一切从实际出发，实事求是，这是马列主义、毛泽东思想的根本原则。坚持这个原则，才能真正解决问题。"

正在这个时候，1978 年 9 月，东北大地秋风送爽，金色遍野。邓小平同志从朝鲜访问回国，抓紧路经东北的时机，深入调查东北三省的政治、经济、军事等方面的情况。那些日子，我一直都陪着邓小平同志。他的工作日程排得满满的，上午、下午，甚至晚上，都找干部群众谈话，到工厂、农村、部队调查研究，体察民情。他对揭批"四人帮"、开展真理标准讨论、工农业生产和群众生活等方面的情况，问得很详细，作了许多极其重要的指示。

沈阳，是邓小平同志东北之行的第一站。那一天，他上午到达沈阳，下午就听取了我代表沈阳军区党委关于揭批"四人帮"运动和战备情况的汇报。他明确地提出了搞好揭、批、查的五条标准：一、最大的问题是恢复实事求是的思想路线，我们军队的传统就是一切事情从实际出发，就是老老实实。二、看思想是不是真正统一了，要清除派性，加强团结，统一思想。三、看军队在地方、在人民群众中的观感是不是变了。四、就是纪律，一切行动听指挥，上下形成一个整体。五、把领导班子整顿好，与"四人帮"有牵连的人和事都要搞清楚。

在长达数小时的谈话中，邓小平同志用了很长时间，阐述第一条标准，就是真正搞清楚什么叫真高举还是假高举毛泽东思想旗帜的问题。他说，战备工作是很重要，要搞好，但是当前最重要的是要花大力气开展实践是检验真理标准的讨论，真正从思想深处推倒"两个凡是"，自觉地坚持马克思主义实事求是的思想路线，只有这样，其他工作才不会搞偏。

9 月 16 日，邓小平同志在听取吉林省委常委汇报工作后，作了《高举毛泽东思想旗帜，坚持实事求是原则》的重要讲话。他说："怎么样高举毛泽东思想旗帜，是个大问题。现在党内外、国内外很多人都赞成高举毛泽东思想旗帜。什么叫高举？怎么样高举？大家知道，有一种议论，叫做'两个凡是'，不是很出名吗？凡是毛泽东同志圈阅的文件都不能动，凡是毛泽东同志做过的、说过的都不能动。这是不是叫高举毛泽东思想的旗帜呢？不是！这样搞下去，要损害毛泽东思想。毛泽东思想的基本点是实事求是，就是把马列主义的普遍原理同中国革命的具体实践相结合。毛泽东同志在延安为中央党校题了'实事求是'四个大字，毛泽东思想的精髓就是这四个字。""我们现在要实现四个现代化，有好多条件，毛泽东同志在世的时候没有，现在有了。中央如果不根据现在的条件思考问题、下决心，很多问题就提不出来、解决不了。""如果只是毛泽东同志讲过的才能做，那我们现在怎么办？马克思主义要发展嘛！毛泽东思想也要发展嘛！否则就会僵化嘛！""根本问题还是我前边讲的那个问题，违反毛泽东同志实事求是的思想，违反辩证唯物主义、历史唯物主义的原理，实际上是唯心主义和形而上学的反映。"

几天之间，邓小平同志在东北所作的一次次精辟论述，具有极强的震撼力和号召力，在广袤的白山黑水之间掀起了思想解放运动的热潮。

9月27日，我们沈阳军区党委立即用4天时间召开全体委员会议，专题研究怎样贯彻邓小平重要指示的问题。驻东北地区陆、海、空部队的党委负责同志出席了这次会议。

我在会上说："在当前，思想要跟上形势，一个最根本的问题，就是要理解好邓副主席在全军政工会议和最近到东北提出的真正高举毛泽东思想伟大旗帜，坚持实事求是这个大问题。理论联系实际，一切从实际出发，实事求是，这本来是马列主义、毛泽东思想的一个根本观点，根本原则。我党过去在毛主席的教导下，在长期的革命斗争中，都是这样认识的，都是这样做的，特别经过延安整风运动，这种优良传统优良学风在全党非常深入人心。但是，这些年来，由于林彪、'四人帮'肆意歪曲、篡改马克思主义的基本原理，从根本上颠倒理论和实践的关系，践踏了我们党的实事求是的优良作风，把人们思想搞乱了，搞僵化了。造成我们许多同志在实际工作中照搬、照抄、照转上级指示和别人的经验，不敢从本单位实际出发，开动脑筋，提出问题，解决问题，认为只有书上写了、文件上有了、上级讲了，才算数。这样，就把思想框死了，工作没有创造性。"会议中间，大家的发言非常踊跃，一致表示要认真地学习贯彻邓小平副主席的指示，把思想路线搞端正。这次会议对军区部队影响很深，实际上为后来学习贯彻十一届三中全会精神做了很好的思想准备。

总之，拨乱反正的两年，是全党恢复实事求是思想路线的两年，是广大干部、党员解放思想的两年，这就为十一届三中全会的召开准备了充分的条件。

<h2 style="text-align:center">三</h2>

为了做好召开十一届三中全会的准备工作，中共中央于 1978 年 11 月 10 日在北京召开了中央工作会议。参加会议的有各省、市、自治区和各大军区的主要负责人及党政军各部门和群众团体的主要负责人 219 人，划分为东北、华北、西北、华东、中南、西南 6 个大组。我参加的是东北组。

中央工作会议开始时，主持人宣布了以发展经济为内容的三个议题，可是没有提到否定"两个凡是"的错误指导思想，开展实践是检验真理的唯一标准大讨论的问题。绝大多数与会者认为，如果按照这种指导思想召开三中全会，就不可能分清思想理论路线是非，纠正左倾错误，批判和否定"文化大革命"的错误理论、政策和实践，解决"文化大革命"发生的一些重大的政治事件及其以前遗留的有关重大历史问题，就不可能实现全面的彻底的正本清源、拨乱反正，把全党全军全国人民从左倾错误中解放出来。总之，就不可能实现具有伟大历史意义的工作重点的转移。

在此关键时刻，陈云、胡耀邦、聂荣臻、康克清等一大批坚定的马克思主义者，挺身而出，坦陈己见，强烈呼吁解决天安门事件，解决薄一波等 61 人所谓叛徒集团案，解决所谓的"二月逆流"案件，以及撤销过去关于"批邓、反击右倾翻案风"的文件，纠正过去为彭德怀、陶铸、杨尚昆等同志所作的错误结论等等重大问题，扭转了会议的方向，把原定的讨论经济工作的会议，变成了一次全面、系统的拨乱反正和恢复党的实事求是思想路线的会议。

会议中间，我先后作了四次发言，就开展实践是检验真理的唯一标准讨论的问题，发表了意见。我还以沈阳军区揭批"四人帮"运动和战备训练情况的实际，用具体事实，说明恢复实事求是思想路线的重大意义。

12月13日，邓小平同志对会议中正确的意见和建议给予了充分肯定和热烈赞扬，发表了《解放思想，实事求是，团结一致向前看》的著名讲话。他说：解放思想，开动脑筋，实事求是，团结一致向前看，首先是解放思想。只有思想解放了，我们才能正确地以马列主义、毛泽东思想为指导，解决过去遗留的问题，解决新出现的一系列问题，正确地改革同生产力迅速发展不相适应的生产关系和上层建筑；根据我国的实际情况，确定实现四个现代化的具体路线、方针、方法和措施。

接着，邓小平同志严肃地批评了党内存在"处在僵化或半僵化状态的"人和种种"怪现象"，指出：不打破僵化思想，不大大解放干部和群众的思想，四个现代化就没有希望。"一个党，一个国家，一个民族，如果一切从本本出发，思想僵化，迷信盛行，那它就不能前进，它的生机就停止了，就要亡党亡国。这是毛泽东同志在整风运动中反复讲过的。只有解放思想，坚持实事求是，一切从实际出发，理论联系实际，我们的社会主义现代化建设才能顺利进行，我们党的马列主义、毛泽东思想的理论也才能顺利发展。从这个意义上说，关于真理标准问题的争论，的确是个思想路线问题，是个政治问题，是个关系到党和国家的前途和命运的问题。"

邓小平同志的这篇重要讲话，是对历时36天的中央工作会议的精辟总结，也是为即将召开的中国共产党十一届三中全会提出了一个根本指导思想。1978年12月18日至22日，具有划时代里程碑意义的中共十一届三中全会胜利召开。这次盛会，是邓小平同志几年来积极倡导思想解放运动逻辑发展的必然结果，是实行改革开放，建设有中国特色社会主义四个现代化的最好开端！

（李德生，时任沈阳军区司令员）

（摘自：于光远等著《改变中国命运的41天——中央工作会议、十一届三中全会亲历记》，深圳·海天出版社1998年11月）

5 伟大的历史转折

江渭清

10月6日，中央一举粉碎江青反革命集团。接着，中央政治局召开"打招呼"会，宣布对王洪文、张春桥、江青、姚文元实行隔离审查的决定。江西是受林彪、"四人帮"直接插手破坏的重灾区，"内伤"和"外伤"都很惨重。林彪折戟沉沙，全省人民曾高兴过一阵，但"四人帮"仍在作祟，倒行逆施变本加厉。毛主席逝世后，大家对党和国家的前途忧心忡忡。现在听说粉碎"四人帮"，大街小巷，鞭炮齐鸣，人们欢呼雀跃，奔走相告。除"四人帮"在江西的帮派体系以外，党内党外无不额手称庆。在欢庆十月胜利的日子里，我更禁不住高兴地吟了一首小诗：

纵观"文革"不寻常，大地神州遍地霜。
奸贼乘机登宝座，忠良迫害下牢房。
国民经济临崩溃，传统精神几破光。
幸喜中流来砥柱，马列主义万年长！

粉碎"四人帮"后，我们遵照中央部署，着手清查江西同"四人帮"篡党夺权有牵连的人和事。"四人帮"在江西的帮派，盘根错节，自成体系，清查工作，到处遇到障碍。我们得到中央的支持，得到全省各级党委和广大干部群众的支持，坚决排除干扰，基本上把江西同"四人帮"有牵连的人和事查清了，一方面深入批判"四人帮"的反动帮派思想，使绝大多数因受欺骗蒙蔽而参加"造反派"的群众提高认识，重新回到正确的立场上来；一方面着手摧毁"四人帮"在江西的帮派体系，根据确凿的材料，坚决把参加林彪、江青反革命集团篡党夺权活动的骨干分子从各级领导机构中清除出去，对极少数罪行严重、民愤极大、触犯国家刑法的坏头头，如涂烈、万里浪则予以法办。对"文革"期间林彪、"四人帮"在江西一伙制造的大量冤假错案予以平反，同时为一大批受迫害的干部、知识分子落实了政策。

通过这些工作，江西又逐步恢复平静。"文革"之前，一些外宾因为向往中国的革命摇篮井冈山，常来江西参观。"文革"之中，外宾来江西中断了。现在又有许多外宾要到江西来参观访问。一方面，他们想来看看革命老根据地；另一方面，听说闽、浙、赣三省是受"四人帮"干扰破坏最严重的地方，他们也想看看到底是个什么情况。1977 年上半年，先后有 30 多个国家的驻华武官和夫人，80 多个国家的驻华大使和夫人以及外交官，60 多个国家的驻京记者，参观访问了井冈山和南昌。许多外宾参观访问后，热情称颂毛泽东等老一辈无产阶级革命家的伟大革命实践，称赞井冈山不愧是中国革命的发源地。他们还称赞南昌市，不仅是个英雄的城市，而且是个文明的城市。

大批外宾的到来，标志着江西又开始苏醒了。

1977 年 8 月 12 日至 18 日，中国共产党第十一次全国代表大会在北京召开。这次大会在揭发"四人帮"和动员全党建设社会主义现代化建设方面起了积极作用。会上，我被选为中共中央委员。

伟大的历史转折

1978 年 5 月 11 日，《光明日报》发表了《实践是检验真理的唯一标准》。这是一篇极其重要的文章，从理论上否定了当时主持中央工作的领导人提出"两个凡是"的错误方针，引起人们的广泛注意。由此围绕着真理标准问题开展了全国性的大讨论。成为粉碎"四人帮"以后，进入新的历史时期的一场伟大思想解放运动的开端，对于促进全党同志和全国人民解放思想，端正思想路线，具有重大的现实意义和深远的历史意义。

我们积极参加和部署了这场讨论。9月25日，我在省委党校干部读书班的开学典礼上作了《坚持实践第一观点，坚持实事求是作风》的报告，旗帜鲜明地支持《光明日报》这篇文章的观点，强调坚持实事求是，要"敢"字当头。敢于实事求是，这是无产阶级党性的表现。自己错了，不护短，不遮丑，敢于承担责任，勇于改正错误。对于错误的倾向，敢于揭露，敢于开展原则性的斗争；对于林彪、"四人帮"设置的"禁区"，敢于冲破；对于搞乱了的思想、理论、路线是非，敢于拨乱反正。这就是无产阶级彻底的无私无畏的唯物主义精神。同时，还强调坚持实事求是的思想路线，就是要按照事物的本来面目来认识事物，一就是一，二就是二，好的就是好的，坏的就是坏的，对了就是对了，错了就是错了。成绩不夸大，错误不隐瞒，不能弄虚作假。说假话的人，是不老实的人。如果不改，一害人民，二害自己，终究是要垮台的。

我这个报告，《人民日报》作了报道，《光明日报》摘要发表，并被收进了人民出版社出版的《坚持马克思主义的科学态度》这本小册子里。

1978年11月，我到北京参加了中央工作会议和党的十一届三中全会。中央工作会议先开了一个多月，接着于12月18日至22日，召开十一届三中全会。

十一届三中全会的召开，是我们党在建国以后的一个具有深远历史意义的伟大转折。在邓小平同志的指导下，全会高度评价了关于实践是检验真理的唯一标准的讨论，严正批评了"两个凡是"的错误，恢复和发扬了党内民主和党的实事求是、群众路线、批评和自我批评的优良作风，确定了"解放思想，开动脑筋，实事求是，团结一致向前看"的指导方针，果断地决定停止使用"以阶级斗争为纲"的口号，作出从1979年起把全党工作的重点转移到社会主义现代化建设上来的战略决策。在中央工作会议和三中全会期间，还解决了为1976年4月5日天安门事件彻底平反的问题，纠正了"文化大革命"中对部分老同志所作的错误结论，撤销了中央有关所谓"反击右倾翻案风"运动的错误文件。同时，确定了解决好这类问题的方针、政策。

参加这次中央工作会议和十一届三中全会，给我印象最深的是民主气氛浓。不少同志在会上敢讲真话，敢讲心里话，敢讲实在话，再也不是林彪、"四人帮"横行时，逼着表态，逼着讲假话、空话、大话，不许讲真话的情况了。许多同志敢于把问题摆出来，把矛盾揭开来，对中央一些领导同志和一些部门的缺点错误，指名道姓，直言不讳，摆到桌面上，公开进行批评。对于工作，不论是政治方面的、经济方面的或者是组织方面的，大家敢于提出意见和建议。党中央很民主，凡是正确的意见，都及时采纳了；一时不能办的，也都有个说法。比如，对一些历史遗留问题的处理和人事安排，就是集中了大家的意见，才作出决定的。会议开得生动活泼，大家畅所欲言，确实是党内生活的一个重大进步。

我参加党的十一届三中全会结束回南昌，已快到年底。

1979年1月，我主持召开省委常委扩大会议。会上，我传达了中央工作会议和党的十一届三中全会精神，研究和部署了贯彻意见。我协同省委常委一班人，在以后一些日子里围绕工作重点转移，主要抓了三件事：

第一件事，继续深入开展真理标准的讨论。江西受"两个凡是"的影响很深。粉碎"四人帮"后，虽然在全省开展过真理标准的讨论，但不广泛、不深入，地区之间、部门之间很不平衡。省委决定认真补上这一课，除作出专门部署，我在省委党校举办的第二期干部读书班上还作了长篇报告，反复动员，广泛深入地开展这一讨论。我和省委常委的一些同志，参加并且引导大家进行讨论。通过这次补课，对于帮助大家理解党的十一届三中全会精神，对于推动江西全党实行工作重点的转移，开始有了一个比较好的思想基础。

第二件事，拨乱反正，进一步落实党对各种人的政策，包括错划"右派"的改正，经过长期劳动已成为自食其力的地富成分的改订，等等，以及历史冤假错案的平反昭雪。江西大部分是老区，在苏维埃时期发生过多起冤假错案，如所谓"AB团"问题就造成了许多冤案。井冈山武装割据时期的袁文才、王佐同志一案，也是一起重大冤案。还有一些其他冤假错案，包括红军长征后留下来的基层干部、群众，被错误扣上种种政治帽子的，经查实以后，都一一平反昭雪。落实政策的工作，一直延续到党的十一届六中全会作出《关于建国以来党的若干历史问题的决议》之后，根据"决议"的精神，又对平反冤假错案作了一次复查，比较彻底地解决了这个问题。这样，就把江西全省人民进一步团结起来，为工作重点的转移，建立起群众基础。

第三件事，抓经济。按其重要性来说，这是第一位的工作。上面讲到的真理标准的讨论和冤假错案的平反，其基本目的都是为着解放思想，调动一切积极因素，投身于现代化建设。我初到江西工作，考虑最多的除了整顿，就是如何改变江西的经济面貌。因为处在"文革"之中，抓整顿虽有成效，但为时不久整顿就搞不下去了，无法集中精力搞建设。

粉碎"四人帮"的头两年，江西经济基本上仍处于徘徊的局面。党的十一届三中全会之后，省委、省政府才开始用比较多的精力去抓经济。

（摘自：江渭清著《江渭清回忆录——七十年征程》，江苏人民出版社1996年10月）

6 十一届三中全会前后的农村改革^①

万 里（吴 象 张广友 韩 钢记录整理）

党的十一届三中全会前后开始的农村第一步改革，也就是平常大家说的包产到户，……是成功的。当然，改革正在深化，需要解决的问题还很多，有些问题还很严重。但是，同人民公社的时代毕竟大不相同了，有了历史性的变化。

过去搞农业社特别是高级社，要求太急，步子太快，形式过于单一，农民不赞成，上面硬要搞，造成"左"倾错误。后来搞人民公社，更厉害了，简直是强迫农民，以至剥夺农民。农民怎么还会有积极性呢！毛主席是我们的伟大领袖，历史功勋永远不会磨灭。但是，他晚年犯了"反右派"（扩大化）、"三面红旗"、"文化大革命"三大错误，造成了灾难性的后果。你们可能还记得人民公社化后的三年困难时期，到处闹浮肿病，饿死人。据了解，光安徽省的所谓非正常死亡人口就有三四百万。冰冻三尺，非一日之寒，过去"左"了那么多年，几乎把农民的积极性打击完了。现在要翻过来，搞包产到户，把农民的积极性再提起来，提得比过去更高，这当然不可能那么容易，要有一个历史过程。

我认为这个历史过程，是同"左"倾错误斗争的过程，应当把纠正"左"倾错误作为主线来考虑。农村第一步改革首先就是突破学大寨的框框，坚持以生产为中心。大寨本来是个好典型。周总理专门总结过几条，

---

① 收录本书时，有所省略。

特别是自力更生、艰苦奋斗的精神，应当认真学习，发扬光大。但是，中国这么大，农村的条件千差万别，只学一个典型，只念大寨"一本经"，这本身就不科学，就不实事求是。何况这时学大寨，并不是学它如何搞农业生产，搞山区建设，而主要是学它如何把阶级斗争的弦绷紧，如何"大批促大干"。大寨也自我膨胀，以为自己事事正确，一切正确，一贯正确，把"左"倾错误恶性发展到登峰造极的地步，成为"四人帮"推行极"左"路线的工具。

我为什么会有这样看法呢？并不是因为我对大寨有什么成见，而是我到安徽工作以后，从农村的实际中逐渐体会到的。

1977年6月，党中央派我到安徽去当第一书记。安徽是个农业大省，又是"左"倾错误的重灾区。"四人帮"在安徽的代理人推行"学大寨"那一套"左"的东西特别积极，农村的问题特别严重，农民生活特别困难，我又不熟悉农村工作，所以一到任就先下去看农业、看农民，用三四个月的时间把全省大部分地区都跑到了。我这个长期在城市工作的干部，虽然不能说对农村的贫困毫无所闻，但是到农村一具体接触，还是非常受刺激。原来农民的生活水平这么低啊，吃不饱，穿不暖，住的房子不像个房子的样子。淮北、皖东有些穷村，门、窗都是泥土坯的，连桌子、凳子也是泥土坯的，找不到一件木器家具，真是家徒四壁呀。我真没料到，解放几十年了，不少农村还这么穷！我不能不问自己，这是什么原因？这能算是社会主义吗？人民公社到底有什么问题？为什么农民的积极性都没有啦？当然，人民公社是上了宪法的，我也不能乱说，但我心里已经认定，看来从安徽的实际情况出发，最重要的是怎么调动农民的积极性；否则连肚子也吃不饱，一切无从谈起。粉碎"四人帮"已经一年了，当时党中央的口号还是"抓纲治国"。抓什么纲，还不是以阶级斗争为纲，以粮为纲，人民公社一套"左"的东西变本加厉，"左"的错误恶性发展。

那几个月，我不开会，不作指示，不提口号，只是看、听、问。越看越听越问心情越沉重，越认定非另找出路不可。于是，回省城便找新调来的顾卓新、赵守一反复交换意见，共同研究解决办法。同时，决定派农委的周日礼他们再去作专题调查，起草对策。随即搞出了一份《关于目前农村经济政策几个问题的规定》（简称"省委六条"），常委讨论通过后，再下去征求意见修改。经过几上几下，拿出了一个正式"草案"。"六条"强调农村一切工作要以生产为中心；尊重生产队的自主权；允许农民搞正当的家庭副业，产品可以拿到集市上出售；生产队实行责任制，只需个别人完成的农活可以责任到人；等等。现在回头来看，这些都是理所当然，毫不足奇的。但是在"抓纲治国"的时期，这些也成了禁区，成了"唯生产力论"，成了"资本主义尾巴"，要批，要割，要砍。我们的办法是，强调毛主席教导的实事求是，从毛主席亲自主持制定的"六十条"中去找根据。按毛主席的指示办事，这总是应当允许的吧。我们当时的决心是，不管上面那些假、大、空的叫喊，一定要从安徽的实际情况出发，切切实实解决面临的许多严重问题。这样做，受到广大农民的热烈拥护。听传达的人数之多，情绪之高，为多年来所未有，而且奔走相告，连最偏僻角落里的农民也知道了。但"左"的影响确实是年深日久，有些干部满脑子"阶级斗争为纲"，听到"六条"的传达竟吓了一跳。他们忧心忡忡地说："怎么能以生产为中心呢？纲到哪里去了？不怕再批唯生产力论吗？"

就在1978年初，党中央决定召开全国"普及大寨县"的现场会议。实际上那时候我们已抛弃了"学大寨"的那一套，而且开始用行动批大寨了。我们认定，大寨那一套办法不能够调动农民的积极性，而是压制了农民的积极性，所以不能继续学大寨那一套，而必须改弦更张，用新的政策、新的办法去调动农民的积极性。当前的农业生产力主要是手工工具，靠农民的两只手，而手是脑子指挥的，农民思想不通，没有积极性，手怎么会勤快呢？生产怎么会提高呢？我们不能按全国这一套办，又不能到会上去说，说也没有用。怎么办才好呢？按通知，这个会应该由省委第一把手去，我找了个借口没有去，让书记赵守一代表我去。我对他说，你去了光听光看，什么也不要说。大寨这一套，安徽的农民不拥护，我们不能学，也学不起，当然我们也不能公开反对。你就是不发言、不吭气，回来以后也不必传达。总之，我们不能只看领导眼色行事，必须对本省人民负责，在我们权力范围内做我们自己应该做、能够做的事情，继续坚决贯彻"六条"。在这段时间，新闻界的一些同志比较深入实际。新华社记者、

《人民日报》记者为我们写"内参"、写通讯、宣传"六条"，《人民日报》还发了评论，这些都给了我们有力的支持。如果不反掉学大寨以阶级斗争为纲那一套，就不可能提出和坚持以生产为中心，这实际是最初也是最重要的拨乱反正。

安徽的"六条"是在全国学大寨、搞穷过渡的风浪中制定下发的。那年（1977）冬天，差不多与安徽"六条"发布的同一时间，中共中央发了个49号文件，提出今冬明春要把百分之十的生产队过渡到大队核算。而安徽的"六条"突出的却是：加强经营管理，建立生产责任制，可以组织作业组，可以责任到人；允许和鼓励社员经营自留地和家庭副业；尊重生产队自主权等。这些都是与"学大寨"和中央49号文件精神不一致的。特别是生产队的自主权，是当时农村工作中存在的一个大问题。强调尊重生产队的自主权，就是反对瞎指挥。这个问题对农业生产影响太大了。我曾经说过，只要尊重生产队自主权，除掉瞎指挥，就可以增产10%以上。这一点，原来在"六条"中经营管理那一条里只提了一句，后来我觉得这个问题太重要了，就建议把它分出来，单独写了一条。生产队的自主权包括：生产的自主权，分配的自主权，劳动力支配的自主权等。作为基本核算单位的生产队，它种什么，怎么种，都要由上面决定；生产的东西，甚至吃多少口粮，也要由上面来规定，那农民还有什么积极性？我感到人民公社实际上是把农民当做"奴隶"了，使他们失去了生产自主权，产品支配权，极大地压制了农民的积极性。我发现了这个问题，但当时不能公开说，因为人民公社是上了宪法的啊。实践是检验真理唯一标准的讨论后，我发表了点意见。我说，从安徽的实际情况来看，当前主要是如何调动农民积极性的问题，而不是什么机械化问题。这是个最重要的政策问题，农民没有积极性就没有了一切。"一大二公"、"穷过渡"、"大概分"这一套，不仅不能调动农民生产的积极性，相反，恰恰是打击、压制了农民的积极性。要充分调动农民的积极性，就必须在经济上使他们得到实惠，在政治上切实保证他们的民主权利，所以要特别强调尊重生产队的自主权。

"六条"下达后，安徽农村普遍加强经营管理，农业生产责任制有了迅速发展，从不联产到联系产量，于是就提出了联产承包的问题。不少地方开始划小核算单位，有些地方搞起了包产到组，凤阳县有的地方搞了大包干（到组）。这年秋收以后，许多地方搞了包产到组，极少数地方偷偷地搞了包产到户。群众普遍认为这种办法好，联产承包责任制发展很快。

悄然兴起的安徽农村改革，实际上面临着巨大压力。1978 年 11 月至 12 月，中央先后召开工作会议和十一届三中全会。为参加会议，会前，我就结合安徽农村的实际情况准备了一篇书面意见。这个意见提出各项农业生产活动都应普遍实行定额管理、定额计酬的办法，建议把生产责任制或劳动报酬同产量很好地联系起来。我在这个意见里还特别说道："目前实行这种办法也还有些思想顾虑，主要怕人家说是'三自一包'、'包产到户'、'复辟'、'倒退'等。……可见，实行这种办法还要做许多工作。"

中央工作会议和随即召开的十一届三中全会明确以经济建设为中心，使中国进入了改革开放的新时期。新的农业文件，即《中共中央关于加快农业发展若干问题的决定》，作为草案下发试行。这个文件总的说来是很好的，总结了七条经验教训，实际是批判"左"倾错误在农业方面的表现；又提出许多加快农业发展的政策措施，也是很好的。但是，文件并没有完全消除"左"的影响。在 1978 年 11 月中央工作会议讨论文件草稿时，我提出过不同意见。草稿中有"三个可以"、"两个不许"（编者注："三个可以"，即可以按定额记工分，可以按时记工分加评议，也可以在生产队统一核算和分配的前提下，包工到作业组，联系产量计算劳动报酬，实行超产奖励；"两个不许"，即不许分田单干，不许包产到户）。两个农业文件草稿的局限性，正是"左"的思想的反映。中央工作会议期间，在讨论农业文件草稿时，我提出过不同意见。11 月 16 日，我在华东组小组会上发言，主要谈了农业问题。我说：会议发的几个文件很有必要，缺点是"普通话"多，揭露矛盾少，不够集中有力。特别是对林彪、"四人帮"对农业的破坏和我们在农业上的经验教训，没有作出认真的分析。应当搞清问题，才好对症下药。我认为，把农业搞上去，最根本的是要把广大农民群众的积极性调动起来，这是当前加快农业发展的关键。我以安徽农村的情况说明："凡是生产增长年代，都是我们的工作比较实事求是，执行政策比较好，农民的积极性调动起来的时候；反之，生产停滞以至下降的年代，都是农村经济遭到破坏，干部作风脱离实际脱离群众，农民积极性受到严重挫折的时候。"关于如何加快农业发展，我提出了五个方面的建议，其中最主要的是头两条：第一，认真落实党在农村的各项经济政策，特别是要维护农民的正当经济利益，取消各种不合理负担，真正尊重生产队的自主权，认真实行定额管理和按劳分配。第二，坚持实事求是、群众路线，从实际出发，因地制宜，因时制宜，按经济规律办事。针对两个文件草稿中的"三个可以"、"两个不许"，我说，前面三个"可以"表现了解放思想，能放开农民的手脚，我赞成保留；后边两个"不许"不符合这个精神，应当不要。当时负责起草的领导人没有接受我的意见。第二年，在十一届四中全会讨论通过这一文件之前（1979 年 9 月），我又提出两个"不许"是不是可以不要，他们还是不肯听。我为此事去找过耀邦同志，郑重其事地向他提出："文件中不要'不许包产到户'了吧！"耀邦说："他们起草人都不同意。我再去做做工作。"据后来了解，文件正式公布前，紫阳同志根据我的意见，又考虑了反对方面的意见，把两个"不许"改成一个"不许"一个"不要"，即"不许分田单干，除某些副业生产的特殊需要和边远山区交通不便的单家独户外，也不要包产到户"。这一修改使两者有所区别，为包产到户开了个小口子，作为例外。这比原来发的"草案"当然是个进步，但矛盾并没有完全解决。

"不许"也罢，"不要"也罢，还都是不让搞，可是安徽已经搞起来了。因为在包产到组的同时，少数偏僻的地方已悄悄地搞了包产到户；凤阳在普遍大包干到组的同时，有的村也大包干到了户。对下面这些做法，我都没有表示反对，更没有加以制止，实际上是默许和支持了。1978 年夏秋，安徽发生了百年不遇的大旱，省委决定借地度荒，搞好秋种，诱发了农民对包产到户的积极性。肥西县山南公社群众自发搞了包产到户，省委机关议论纷纷。1979 年初，我让省农委派工作组去考察，专门开常委会讨论，决定作为试点，不制止，不宣传，不登报。后来我又两次亲自去山南公社考察，表示支持。至于凤阳小岗的包干到户，开始是悄悄搞的。县委书记陈庭元先发现，帮他们瞒上不瞒下，地委也不清楚。我后来知道了，也是睁一眼闭一眼，去考察过时还加以鼓励。安徽与别处不同，60 年代初在全省范围内搞过责任田，广大农民尝过包产到户的甜头，所以上面政策松一点，就发展得很快。在这种情况下，中央文件做了这样的决定，事情就不好办了。我们的这些做法既不符合宪法中规定的"三级所有，队为基础"；也不符合中央文件中的"也不要包产到户"，不得了呀。有些好心的同志向我反映说，有人批评我们既违背宪法，又违背党的决定。怎么办呢？我说，农民赞成，农民一定要搞，那只好硬着头皮顶着吧，反正已经干了，就这样子干吧。党的决定说不要搞包产到户，我不能公开表示反对，但我对他们说，是我同意你们干的，就这么干算了，出了什么问题我来顶着。安徽那一段就是这种"违法乱纪"的情况，实质上反映了农民发展生产力的要求和已不适应的旧的上层建筑、旧的规章制度之间的矛盾。

1980年初我到中央工作，进了书记处，分工管农业，这个难题可大了。当时解放思想的口号很响亮，人们的思想也很活跃，平反冤假错案使人们感到中国有了希望。但是，计划经济体制下形成的思想观念，还是很顽固的。从整个农村工作来看，农民要求改革，有些地区行动比较快，但是，上层领导机关基本上还是推行"农业学大寨"的那一套，对农村改革，特别是对包产到户，抵触情绪很大。我分管农业，依靠原来这套"机器"来开展工作怎么行呢？还有不少省的领导思想也不通。我跟耀邦讲，中央决定中规定不要包产到户，我们支持农民的正当要求，会始终被看做"违纪"、"违法"，这样不行啊！是不是先开一次省委书记会，大家通通思想。5月31日，小平同志作了重要讲话，热情赞扬肥西和凤阳的包产到户。此后情况有了好转，但还是吵吵嚷嚷，全国性的争论并没有停止，有些反对的人手里掌着权，他不同意你就干不成。于是，决定9月份开一次省委第一书记座谈会。

那时候，农业部门的一些领导，认为包产到户破坏了集体经济，阻碍了机械化、水利化，思想很不通。我兼农委主任，农委里思想转过来的也不多。我就抓了个杜润生，他是邓子恢时代农村工作部的秘书长，实际经验多，也有理论水平，又比较善于处理各方面的关系。我就请他来主持起草会议文件，对文件作解释、说明。我的意思是想把"不要包产到户"改为"可以包产到户"或"支持包产到户"。但是，会上争论很激烈，看来通不过。公开赞成比较突出的，一个是贵州的池必卿，一个是内蒙古的周惠，一个是辽宁的任仲夷，这是少数；多数表示沉默，有的还坚决反对。好在当时包产到户已见成效，有说服力的材料很多。经过反复讨论，终于通过一个妥协性的文件，即中共中央（1980）75 号文件《关于进一步加强和完善农业生产责任制的几个问题》。文件撇开包产到户姓社姓资的问题不谈，大讲包产到户的好处，特别指出："在那些边远山区和贫困落后的地方，长期吃粮靠返销、生产靠贷款、生活靠救济的生产队，群众对集体丧失信心，因而要求包产到户的，应当支持群众的要求，可以包产到户，也可以包干到户，并在一个较长的时间内保持稳定。"同时，文件也指出了包产到户可能出现的问题，强调要认真防止，及时解决。这个文件对广大农民是个很大的支持和鼓励。当时《人民日报》发了一篇长文章，题目叫《阳关道与独木桥》，就是阐述会议精神，为包产到户说好话的，很受农民欢迎。文件正式发下去以后，农民感到理直气壮了，不怕再说他们违背中央决定了。其实，什么叫贫困地区？很难有个标准，你划去吧。最主要的是人心所向，大势所趋，谁也挡不住的。实际上是不管贫困不贫困，都说自己是贫困地区，就都呼呼地搞起包产到户来了。从这里可以看到，人民群众的积极性是非常重要的。共产党的领导，没有群众观点，不了解群众的真正意愿，不尊重群众的要求，是不行的。就这样，包产到户逐渐成了全国性的改革浪潮。

（摘自：于光远等著《改变中国命运的 41 天——中央工作会议、十一届三中全会亲历记》，深圳·海天出版社 1998 年 11 月）

7 摆脱"左"倾思潮的束缚

薛暮桥

1976 年 10 月 6 日，中央政治局采取果断措施，粉碎"四人帮"；结束了"文化大革命"这场灾难。但是在 1977 年和 1978 年这两年，纠正错误路线的工作徘徊不前，遇到严重阻碍。当时担任党中央主席的华国锋同志在粉碎"四人帮"时是起了重要作用的。但在指导思想上继续搞"左"的一套。他坚持"凡是论"（即"凡是毛主席作出的决策，我们都坚决维护，凡是毛主席的指示，我们都始终不渝地遵循"），坚持"无产阶级专政条件下继续革命"的错误理论；拖延和阻挠恢复老干部工作和平反冤假错案的进程，拒绝许多同志请邓小平等被打倒和"靠边站"的一批老同志出来工作的要求；在经济工作方面则继承过去 20 多年的"左"倾错误，在建设上急于求成，再次追求不切实际的高速度，在生产关系处理上急于向"大"和"公"过渡。1977 年提出两个"大办"，一是要求全国在 3 年内基本实现农业机械化，二是要求全国在 3 年内普及大寨县，每年要有 1/3 的县建成大寨县，并向以大队为基本核算单位过渡，许多地方又刮起"穷过渡"之风。1978 年，经济建设上出现了一次冒进，基建投资比上年增长50%。总起来看，这两年我们党并没有从"左"倾思想束缚下解脱出来，还处在徘徊之中。直到 1978 年底党的十一届三中全会，才开始了伟大的转变，把工作重点转到社会主义现代化建设上来，从错误路线向正确路线转变。

在这两年中，领导上给我安排了工作，我把主要精力放在批评 20 多年来"左"倾错误、特别是经济政策的错误上面。由于我离开本职工作已经多年，迫切需要深入实际了解情况，以便提出恳切的意见，因此我决定从调查研究做起。

1976年秋，我和王向升（计委经济研究所副所长）等数人到山东省调查。那时杨波同志在山东省任计委主任，杨波抗战期间在山东解放区、建国后在统计局都同我一起工作。他陪同我们到烟台地区。10月上旬，他接到省委电话叫他立即回济南，临行前他告诉我"四人帮"解决了。当时中央还有一位部长在烟台，他的秘书星夜从北京赶来，带来了"四人帮"已经被抓起来的内部文件。我看了文件喜出望外，几年来一直压在心头的大石块落地了。

我在威海市（当时属烟台地区）调查时，市委向我们详细地报告了经济发展情况。威海面海背山，地区很小，那时市区只能容纳3万居民。因地势所迫，他们把工厂向附近农村扩散。我去参观一个办得很好的地毯厂，职工约100人，把地毯的编织扩散到农村去，共有两三千农家妇女在村里织地毯，织好后交工厂检验整修，一年盈利150万—160万元。厂内每一职工平均年净产值接近1.5万元，劳动生产率相当高。市委书记告诉我说农民织地毯后富起来了，每户都有几千元存款。我说你们只看到一头，还没有看到另一头。现在全国平均每一工厂职工所创净产值约3000多元，你们的地毯厂人均创造净产值近1.5万元，其中有一部分是农民为你们创造的，国家农民双方都得到好处，这应当成为你们工业的发展方向。市委特别重视我的意见，把这意见广为宣传。烟台市也是面海背山，当时只有15万人，听到这个消息，决定把工业向农村扩散，把这作为烟台工业的发展方向。此后几年烟台地区的乡村工业发展很快，1987年我再去时，参观了该地区的牟平县，他们由于发展乡村企业，资金雄厚，已能向烟台市投资办大企业，并向烟台招工。过去是农村人口向城市流，现在出现了城市职工争着到农村去的新现象。

当时烟台农村地区水产水果两业赚钱最多，要支援粮食生产，所以这两业归大队管，而一般农业生产则归生产队管。在我将要离开烟台的时候，市委召集各县负责人开会，准备响应"农业学大寨"的号召，统统升级为大队统一管理。我觉得不妥，向省委报告了自己的意见，得到省委同意。我劝他们不要急于过渡，市委接受了。但所有制"升级"的风声已经传出，有的生产队已把公积金分光，还准备处理其他公共财产。幸亏纠正及时，较快地挽回了影响。后来我再去烟台时，市委说我这个建议使烟台避免了很大的损失。

这时胡耀邦同志出任中央党校校长。我去见他，要求借几间房间，让我和徐禾、吴树青、余学本三位同志（都是中国人民大学教员）住在党校合写《中国社会主义经济问题》。耀邦同志很支持，我们在党校住了 3 个月，共同讨论，分工写作，批判的锋芒是针对"四人帮"的。这一稿援引经典著作较多，在理论上有所提高，但是所有经典著作都不能直接提供解决我国经济现存问题的答案。要解决我国经济现存的问题，必须到基层去，深入实际进行调查研究。写这本书的愿望只好暂时搁置下来，再次深入实际进行调查研究。

当时农业落后的严重性越来越明显。从 1957 年到 1977 年，粮食产量从 3900 亿斤增加到 5700 亿斤，21 年中粮食平均年增长速度只有 2%，与人口增长速度相等。我认为靠"农业学大寨"不能解决问题，关键是要改变政策，农业是否要走人民公社道路，还需要重新研究。

1978 年初夏，我又同王耕今、何建章、吴凯泰等 6 位同志到安徽、江苏去做调查。当时万里同志在安徽开始搞农村改革。我先到大别山老苏区的金寨县。这时金家寨已经变成水库，每人平均只有二分地，但有七亩山。过去"以粮为纲"，专在二分地上下工夫，山区堆积着丰富的资源，公社不管，也不准社员把满山的树枝、笋壳等林产品运出去卖。前年我在山东烟台附近的长岛也曾看到，这里全是小岛，岛上耕地少，但有辽阔的海面，有丰富的水产资源，由于要"以粮为纲"，不重视利用水面。我曾提出要"靠山吃山、靠水吃水"，重视多种经营，但被有些同志认为这是违背党的"以粮为纲"的基本方针的。这次看到了大别山区的情况后，更坚定了我的认识。回合肥后我召开座谈会，讨论如何利用山区资源。省供销合作社主任说，解放前农村的小土产由小商小贩运到城里去，满足城市人民的需要。现在小商小贩被消灭了，供销合作社连完成国家计划收购的产品都很困难，顾不上小土产。每年春天报纸动员农民种葵花子、蓖麻籽等土产，秋天没有人来收购，烂在山上，运出去的比解放前少了70%—80%。他感慨地说，"让小土产烂在山上是社会主义，让农民把它们运到城市去销售是资本主义，我想不通"。这话对我很有启发以后我到处鼓吹应当准许商贩长途贩运，以搞活农村经济。

我们从合肥南下到达泾县后，我重访了新四军皖南军部旧址，回想我1938年投笔从军来到云岭，时间已过去40年了，感慨万分，赋诗一首：

> 回首当年炮声隆，
> 八省健儿赴江东。
> 桃李数千半捐躯，
> 血染江山遍地红。
> 千古奇冤今已雪，
> 更喜铁帚除四凶。
> 几经风霜存傲骨，
> 暮年犹望立新功。

之后我们又回到滁县地区。陪同我们调查的省委和地委政研室主任一路上再三向我们反映，农村应当试验"包产到户"。60年代这里实行"包产到户"，对农业的发展起了推动作用，但后来受到批判，被迫放弃，农业生产又停滞不前。他们说农民欢迎"包产到户"，应当允许试验。我认为实际工作同志在实践中提出的意见很好。我看到万里同志在安徽的改革试验，认为这很可能是农业生产力的一次新的解放，我很赞成。

到滁县调查时，地方同志告诉我，江苏省常在苏皖边区高价收购安徽的农产品，把价钱提高了，他们对此很反感。我想到"文革"前在南京郊区看到江苏大量收购安徽的农产品，有名的"南京花生米"就是靠安徽运来的花生来保证敞开供应的。我对他们说，要奖励输出土特产品，这对输出和输入地区都有好处。要奖励农产品的地区交流，让安徽农民多赚点钱，我看没有什么不好，应当鼓励。

离开滁县后我到江苏去，王耕今等则继续去凤阳调查。凤阳是"四人帮"影响下破坏很严重的地方，当时农民很穷，连口粮也有一半要靠国家供应。农民没钱买口粮，靠银行贷款，有借无还。凤阳产高粱，向来农民靠用高粱秆扎扫把赚几个钱，"四人帮"说这是"资本主义的尾巴"，村干部把扎扫把的工具都没收了。王耕今劝县委把工具发还农民，让农民赚点钱还银行贷款。县委不敢，说恐怕到冬天又会受批判，说是"刘少奇又回来了"。看来纠正"左"倾错误，落实党的政策，实在是迫切需要。

1977年我在中央党校时，江苏省委汪海粟同志曾来看我，邀请我回家乡调查。我离开安徽来到苏南地区，这里同安徽相比是另一番天地，不但还有农村副业，而且社队企业已经相当发展，比烟台也早走了一步。江苏是首先试行财政承包责任制的，在完成财政承包任务以后，多余部分归省所有，因而大大提高了增加财政收入的积极性。省委请我研究这个问题。我邀苏、锡、常三个市、县负责干部开会，他们说省里已实行承包制，为什么不让市、县承包？省的积极性要调动，市、县的积极性为什么不调动呢？此话听起来也有道理。接着我又邀请十几个大厂厂长座谈，他们齐声说，每次权力下放，总是下放到各级地方政府，从来没有人想到要下放到企业。现在企业利润全部上缴，连折旧费也上缴一半，工厂要造一个厕所也要申请政府投资，一点自主权都没有，计划规定企业只准简单再生产，不准扩大再生产，后者要经上级批准。企业未经上级批准，不能进行技术更新，试制新产品也必须经上级批准拨款。管得这样死，经济怎能发展起来？这些意见使我深受启发，看来要搞活企业，必须解决企业经营自主权问题。在1979年我研究经济体制改革问题时，把这些意见吸收进去了。

苏南地区社队工业（现称乡镇企业）发展较早，原因是这里靠近上海，许多人到上海去当产业工人，各乡都有上海退休的老工人，成为社队工业的技术骨干。特别是无锡，解放前上海的机械工人是"无锡帮"，所以这时无锡乡村机械工业发展很快，制造各种大机械工厂不愿生产的小机器、小设备以及零配件。社队工厂接受各部门、各地区的订货，所需钢材由订货户供应，还可以节省一点来装备自己。无锡社队工厂的机械设备，几乎全是他们自己生产的。社队工业除有退休老工人作技术骨干外，他们还与上海各工厂有密切联系，常常到上海去找订货，采购所需要的原材料。这些乡镇企业搞得很活，因而发展速度远远高于国营工业。但是1978年国家计委提出要把社队工业也纳入国家计划，由江苏计委统一安排订货计划。这个主观主义的要求，使大家迷惑惊惶，乡镇企业靠省里的订货怎能吃饱肚子呢？我出了一个主意，说你们接受各部、各地区包括上海在内的订货，报告省计委，就算是纳入国家计划了。省计委也苦于无法安排社队工业的生产计划，同意了我的意见。一场瞎指挥的灾难总算避免了。

这时苏州市与吴县、无锡市与无锡县、常州市与武进县各自独立，各县受苏南专区领导，与市分立，市、县之间常有矛盾。吴县在苏州市的自来水水源地办一个小化肥厂，污染水源，发生种种矛盾无法解决。我建议市、县合并，但是要把吴县、无锡县、武进县三块肥肉割出去，专区又不愿意。后来江苏省委决定取消专区、地市合并，由市管县，苏、锡、常三个市不但管自己的县，还管几个邻近的县。如无锡市除管无锡县外，还管江阴、宜兴两县。在无锡市支持下，不但无锡县发展很快，江阴、宜兴两县也先后发展起来了。苏州、常州两市也是如此。

苏南地区向来同上海的经济联系特别密切，超过它们同南京的联系，农村许多手工业品，过去是由上海收购出口的。但是由于实行块块分割的计划管理制度，有一时期江苏要把这些手工业品自己收购出口，上海就在上海的市属县另辟出口产品的生产基地，使苏南受到损失。我建议经济区划要同行政区划分开，在经济上，可以建立以上海为中心，包括苏南、浙北（杭、嘉、甬）的大上海经济区，自愿结合，发展横向经济联系，不设行政管理机构。后来我的建议被采纳了，并且扩大为以上海为中心，包括江苏、浙江、安徽、江西四省的更大范围的大上海经济区。可以定期开会交换意见，不设行政管理机构。过了两年，我提出建议，主张全国以大城市为中心，通过中小城市横向联合，建立不同层次的经济网络，用来代替过去的条条分割和块块分割的计划管理体制。

这时农村改革尚未开始，生产队对农业生产没有自主权，如何耕种都由上级统一规定。无锡县的一个生产队长对我说，"无锡县只有一个生产队长，就是县委书记，什么事都由他说了才算"。后来我问县委书记，他说："我也只是半个生产队长，像种百分之百的双季稻，农民都反对，我也不赞成，但省委坚持种，我也无法改变。"回南京后我向汪海粟同志建议种一半双季稻，以免抢收抢种时劳动力过于紧张。汪说不行，江苏粮食外调任务很重，苏南不种双季稻就无法完成。我知道在江苏许多地方种双季稻不会增产，只会增加成本，特别是劳动力投入。几年后在农村实行家庭联产承包责任制，没有什么人再种双季稻，亩产量和总产量都没有减少，成本、特别是劳动力却大大节省了。

调查研究使我对实际情况了解得更深入了。我自己的思想也从"左"倾思潮的束缚下逐渐解放出来。我深深感到，林彪、"四人帮"的罪行必须彻底揭露批判；但是，只揭露批判林彪、"四人帮"是不够的，还必须纠正过去20多年的"左"倾错误，否则我国社会主义现代化建设是不能走上正确轨道的。所以，为了真正做到"拨乱反正"，必须进一步总结20多年来经济工作中的经验教训，下决心批判多年来占统治地位的"左"倾指导思想，纠正错误政策，并且改革过分集中的经济管理体制。

（摘自：薛暮桥著《薛暮桥回忆录》，天津人民出版社 1996 年版）

8 在"拨乱反正"中前进

张 震

粉碎"四人帮"后,按照中央的统一部署,我和总后党委其他领导同志一起,以很大的精力,投入了揭批"四人帮"的斗争。这场斗争,关系党和国家的命运、前途,必须坚决按照中央的部署,贯彻党的方针政策,精心指导。

"四人帮"横行时,对总后多方插手,情况比较复杂。开始时,一些有牵连的同志遮遮掩掩,不愿讲出真实情况;也有一些同志急于联系总后的实际,有的还进行人身攻击。

面对这种情况,我曾向党委建议,首先要组织机关和所属单位很好地学习中央有关文件,按照中央和军委的部署,将群众发动起来,集中揭露"四人帮"篡党夺权和反军乱军的罪行,认清他们的反动实质,当时称之为揭批"四人帮"的第一、第二战役。同时,我还认为,"四人帮"在理论上散布了种种谬论,只有从理论上划清界限,才能彻底认清他们的反动本质,肃清其流毒。在此基础上,再联系总后的实际,清查与"四人帮"有牵连的人和事,就会比较顺利。我在总后党委会上多次讲过,清查工作一要旗帜鲜明,态度坚决,不留隐患;二要掌握政策,与人为善,不留后遗症。我的意见,得到了党委多数同志的支持。

1977 年 3 月 5 日,中央军委决定:在张宗逊部长生病期间,由我主持总后的工作。

同年 8 月,党的第十一次全国代表大会在北京召开。在这次会议上,我当选为中央候补委员。

8月25日，中央发出通知，公布第十一届中央军事委员会由63人组成。主席是华国锋，副主席为叶剑英、邓小平、刘伯承、徐向前、聂荣臻，军委常委为李先念、汪东兴、陈锡联、韦国清、苏振华、张廷发、粟裕、罗瑞卿，军委秘书长由罗瑞卿兼任。杨勇、梁必业和我为列席常委。1979年11月，军委建立了办公会议制度，在军委常委的领导下，负责处理军委日常工作。三总部均有人参加军委办公会议，列席常委即予取消。后又组成三总部联席会议，我为召集人。

党的十一大之后，我的担子重了，心里很是着急，下决心集中精力去抓揭批查工作，想尽快分清总后的路线是非，甩掉历史包袱，轻装前进，同时全力抓好全军的后勤建设。因为当时叶帅讲过一句话，说总后处在"百废待兴"的局面。

总后确实是"文革"中的重灾区。林彪一伙在这里干了许多坏事，仅在总后机关，他们炮制出的所谓"反党集团"、"特务集团"、"特务叛国外逃集团"、"现行反革命集团"等大大小小的冤假错案就有35个，3500多人被立案审查，其中被打死、逼死的就有143人之多。总后副部长汤平和总后卫生部第一副部长傅连暲等被迫害致死。和上述问题有牵连的一些人，后来又多和"四人帮"的活动有联系。

1975年，小平同志对总后的整顿问题，有过专门指示。总后党委也曾作出决定，要调整16名追随林彪反革命集团、犯有严重错误的干部的工作。刚刚行动，"四人帮"就公开插手，为这些人翻案，使问题拖了下来。我强烈地意识到，从总后的实际出发，不联系林彪反革命集团的问题，不彻底揭批林彪一伙对总后建设的破坏，就不可能把揭批"四人帮"的斗争引向深入。两者应当结合起来进行。但是，这一想法对不对？我也没有很大的把握，因为中央的部署，是集中力量揭批"四人帮"。我同个别同志交换过意见，看法也不完全一致。特别是有人得知我有上述想法，说我是"两箭齐发"，"另搞一套"。

经过反复考虑，我决定给小平同志写信，汇报总后的情况和我的想法。为什么向小平同志写信呢？因为在1977年7月间召开的党的十届三中全会上，他已经恢复了工作，在党的十一届一中全会上，继续被选为中央副主席和中央军委副主席。还在复出之前，6月29日，小平同志曾找我谈过一次话，主要是了解总后的情况。谈话间，他对总后工作作了许多重要指示。他要求，在揭批"四人帮"的斗争中，要从广大干部中找积极分子，对有错误的班子要坚决改组，对有问题的人一个也不留，既要把运动搞好，但也要有一定时限。要抓紧工作，把业务搞上去；要重视干部训练，加强学校领导，挑好教员，编好教材，选好学员，把各级领导班子搞得更年轻一些。最后，小平同志还语重心长地对我说：要用5年时间把军队建设好，成为一支有战斗力的部队。我感到，小平同志很了解总后的情况，所作的指示也很有针对性。回来后，我即向常委作了传达，研究贯彻意见。所以，我想这次也能得到他的明确指示。

1977年12月1日，我代表总后党委常委，给小平同志写了一封信，汇报总后揭批查运动的情况，分析问题的症结所在，建议在揭批"四人帮"反革命集团的基础上，同时解决在与林彪反革命集团斗争中遗留下来的问题，并对如何解决这些问题提出了建议。我认为，只有这样做，才能真正发动群众，把路线是非搞清楚，从而甩掉总后"老大难"的帽子。

这封信，小平同志收阅后很重视，第二天即12月2日上午就作了重要批示："我已电话复同意。总后多年来一直解决不了问题。不再这样办，不能解决问题，甚至建立一个较好的班子，都不可能。"并将我的信批转国锋、剑英、先念和东兴同志一阅。为了不耽误工作，小平同志还让秘书王瑞林同志打来电话，表示"先这样办"。我的信，中央其他领导同志后来也都圈阅，表示同意小平同志的批示。

有了小平同志和其他中央领导的支持，更增添了我做好工作的信心。我立即主持召开总后党委会，传达、学习小平同志的重要批示。大家都表示完全赞成，决心认真贯彻、落实。可以说，小平同志的这一重要批示，是把总后揭批四人帮斗争引向深入的重要转折点。

那个时候，总后的领导班子不够健全。部长张宗逊因病停止了工作。原政委郭林祥于1975年8月调到乌鲁木齐军区工作后政治委员就一直空缺着。党的十一大前小平同志曾同我谈过，说军委正在考虑总后政委的人选，其中一位是王平，想听听我的意见。我表示服从军委的决定，如果征求我的意见，王平同志能来更好些。因为他政治上，有丰富的工作经验，作风民主，而且我俩共事多年，完全可以配合好。

关于部长的人选，听说军委也在考虑。我得知，50年代总后的老部长洪学智同志在庐山会议后受到牵连降职到吉林省当副厅长，现已落实政策，回到北京，等待重新分配工作。于是，8月下旬，我给小平同志写了一封信，经杨勇副总参谋长转递。信中表示："洪学智同志到后勤工作是适宜的。他有抗美援朝后勤工作经验与以后后勤建设经验，建议军委予以考虑。"至于我个人，愿意"仍回武汉军区协助军区领导做部分军事工作"。在信中我还对总后副职干部的调整提出了建议。后来，中央和军委研究决定：洪学智到国防工业办公室任主任。

1977年12月，中央军委任命王平为总后勤部政治委员。次年2月，中央军委又任命我为总后勤部部长。在党内，王平同志任总后党委第一书记，我为第二书记。

总后领导班子经过这次调整，党委的思想更加统一，领导力量明显加强。我们召开党委会议，分析形势，确定要继续贯彻小平同志的重要批示精神，在继续抓好揭批"四人帮"斗争的同时，解决在与林彪反革命集团斗争中遗留的问题，分清是非，团结同志，彻底摘掉总后"老大难"的帽子。

为了深入发动群众，我们先后召开了4次万人大会，摆事实，讲道理，广泛宣传要把林彪和"四人帮"捆在一起批，要把两个反革命集团的重大问题串在一起查。同时，采取必要的组织措施，对那些与两个反革命集团阴谋活动有牵连的干部，根据其问题大小、态度好坏，区别对待。有的停职审查，有的停止工作、交代问题，有的暂不参加党委领导。这样，消除了群众的顾虑，有利于尽快把问题查清楚。

对于一些问题较多的单位，我们集中力量，排除干扰，扫除障碍，解决问题。比如解放军总医院，由于它的特殊性，林彪、"四人帮"都曾竭力插手，成了"文革"中的"重灾户"，问题比较多，也比较复杂。我们根据叶帅的指示，派出一位副部长和一位副政委，带领20多人的工作组，深入总医院，查清了个别人按照林彪一伙的旨意，利用医疗手段迫害高级干部的问题和其他一些重大问题。主要问题搞清了、解决了，总医院的揭批查工作进行得比较顺利，很快就改变了形势，工作面貌也起了很大的变化。

在揭批查运动中，遇到的一个比较难办的事，就是如何处理总后领导班子内个别同志的问题。这位同志在我党同"四人帮"的斗争中确有错误。当时，上面对他的问题看得比较重，说他的核心问题是一屁股坐在某人一边，并且不断催我们报材料。但是，根据掌握的情况，我认为还是属于人民内部矛盾。对于这位同志的错误，既要严肃地进行批评、帮助，但又不能匆忙戴帽子、定调子，同时还要全面地历史地看待一个干部。因而，我在总后工作期间，一直没有对他的问题作结论，经我审阅、上报的有关材料，也只是摆事实，用事实来说明问题。这样，上面曾批评我上送的材料，是"披头散发"，看不出重点。我总觉得，这样处理问题，是从党的利益出发，是对同志负责。后来的实践也证明，这样做对党的事业较为有利。

对于下面干部的处理，我们同样注意政策，坚持团结大多数。由于"文革"中总后的情况比较复杂，清查与林彪、"四人帮"有牵连的人和事，涉及的干部比较多，有3000余人。我们严格区分两类不同性质的矛盾，对于绝大多数人，只要讲清了问题，吸取了教训，就及时予以解脱。到了运动后期，受到党纪、政纪处分的，只是极少数。另外，我们边清查、边调整，选拔了一批政治表现好、年富力强、有一定工作能力的同志进入军、师两级领导班子。总后的揭批查工作，得到了党中央、中央军委的充分肯定。

由于林彪、"四人帮"一伙"文革"中在总后制造了大量的冤假错案，粉碎"四人帮"之后，落实政策的任务就格外繁重。有段时间，我天天都收到大量要求平反的信件，天天都有来访的干部、群众。有时，我在大院里走着，突然就有人跪在面前，高声喊冤，申诉自己或亲人遭受迫害的情况。"文革"中，王平政委和我都受过磨难，对这些同志的不幸遭遇深表同情。为了尽快为受迫害的同志平反，总后专门成立了甄别平反办公室，集中审理，大大加快了平反冤假错案的进程。在总后党委领导下，总后所属单位分别给 2754 名同志和 113 个假集团案平了反。

1978 年 11 月 22 日，我们在首都体育馆隆重召开了平反昭雪大会。参加大会的，不仅有总后机关和驻京单位的干部、战士、职工、家属，还有京外单位的领导和受迫害同志的代表，共 1.3 万多人。大会由我主持，张元培副部长宣读总后党委决定，王平政委讲话。在这次大会上，公开宣布为李聚奎、洪学智、饶正锡、贺诚、汤平、彭嘉庆、李耀、李雪三、傅连暲、卢南樵、张汝光、阎捷三、喻缦云等 829 名同志平反昭雪。大会后，各单位组织座谈讨论，反响十分强烈。特别是那些遭受迫害的同志，更是悲喜交集、热泪盈眶，纷纷表示：是党给了自己第二次政治生命，一定要努力为党工作，为后勤建设再立新功。

另外，根据中共中央和中央军委的有关文件精神，我们还对 1957 年反右派斗争和 1959 年反右倾斗争中被错划、错定的同志，进行了复查和改正。对他们的生活和工作，尽可能地做了妥善安排。

回顾总后揭批查和平反冤假错案的工作，我们在军委的直接领导下，采取的步骤是正确的，掌握政策是稳妥的，进展也是顺利的。我们查清了林彪、"四人帮"两个反革命集团在总后的阴谋活动，查清了与之有牵连的人和事，也教育、挽救了一些犯错误的同志。事情过去 20 多年了，今天来看，这样处理问题比较稳妥，经受住了历史的检验。同时，调整了各级领导班子，端正了组织路线，激发了广大官兵献身四化建设的积极性，为我军后勤建设的发展，打下了良好的基础。

如果说，揭批查和平反冤假错案是从组织路线上进行拨乱反正，那么，真理标准的讨论则是从思想路线上进行拨乱反正，两者紧密相连、互相促进。从某种意义上讲，后者的意义更为深远。

1978 年 5 月 11 日，《光明日报》刊登了特约评论员文章——《实践是检验真理的唯一标准》。围绕这篇文章，党内出现了尖锐争论，并由此引发了关于真理标准问题的讨论，引起了我的关注。我仔细阅读了这篇文章，觉得它阐述的观点是对的。我认为，既然是马克思主义者，是彻底的唯物主义者，就不怕接受实践的检验。我和王平政委就此交换过看法，一致持赞成的态度，表示要出来讲话，支持真理标准的讨论。在总后党委常委会议上，我们多次表明了这一立场。

从当时总后机关、部队的思想状况看，有些同志受"两个凡是"的束缚，对实事求是地修正毛主席晚年的一些错误观点，改正毛主席晚年所做的某些不符合客观实际的决定，有些想不通，个别人甚至有抵触情绪。于是，我和王平政委在总后党委召开的多次会议上，针对干部队伍的上述思想状况，反复讲清真理标准讨论的重大意义，要求各级领导干部要旗帜鲜明地支持真理标准的讨论，带头坚持实践是检验真理的唯一标准，解放思想，实事求是，转变作风，深入基层，做好工作。这在全军大单位中是比较早的。因此，王平同志逝世后，在经中央军委审定的《王平同志生平》中，专门写上了这件事。

1978年11月10日，中央工作会议在北京召开。我和王平被分在东北组。陈云同志也编在这个组。召集人是王恩茂、任仲夷、萧克和杨勇。我们讨论得很热烈。

11月12日，也就是小组讨论的第二天，陈云同志发言。他首先阐述了毛泽东同志历来主张实事求是，有错必纠的思想。接着，他提出：薄一波等61人的所谓"叛徒集团"案，陶铸、彭德怀的冤案，天安门事件的性质，都应该平反。最后，他又指出：康生在"文革"中所犯的错误是严重的，中央应当对其所犯的错误给予批评。陈云同志的发言时间不长，言简意赅，讲的都是党内政治生活中的大事，都是我们想说又不敢说，或者也说不大清楚的问题，赢得了大家的热烈掌声。东北组的全体同志一致拥护陈云同志的这一重要发言。

陈云同志的发言印成简报后，得到了与会绝大多数同志的拥护。这样一来，中央工作会议冲破了原定议题，民主气氛更浓了。大家纷纷敞开思想，畅所欲言。在小组会上，我也多次发言，表明自己的态度和立场。

随着会期的延续，对问题的思考也逐步加深。我一直在想：我们党这10多年出现了许多失误，教训究竟在哪里？在11月23日的小组会上，我谈了自己的初步认识。我认为，经验教训主要有4点：一是要加强党的民主集中制，没有真正的民主就不会有真正的集中。"文化大革命"这样大规模的政治运动，不经过中央全会的认真讨论，一下就在全国轰开了，其教训十分深刻。二是应该加强党的领导。我们取得的一切胜利，都是靠党的领导。党的领导，包括各级党委的集体领导。不能像"文革"中那样，群众可以随便宣布停止党委的领导。三是政策要稳定，多变失信于民。四是要健全法制。我们这么大的国家，没有法制不行。我建议中央要认真总结这些方面的教训，以便把今后的工作搞得更好些。我的发言要点，记入了当天的会议简报。

12月4日的小组会上，我再次谈了自己对真理标准讨论的认识。我认为，我们跟随毛主席南征北战几十年，对毛主席有着极其深厚的感情，在革命实践中深切地认识到，毛主席是伟大的马列主义者，他的历史功绩是不可磨灭的。但并不是说毛主席没有缺点和错误，我们不能要求他的每条指示都百分之百的正确。在战争年代，毛主席作出战略决策，从来都是根据实际来决定的。当情况发生变化时，他总是及时改变决心，修改计划，作出合乎客观实际情况的决定。就是在社会主义建设时期，毛主席发现自己的决定与实际情况不相符合时，也能够及时改变。这样的例子也不少。

为了说明这个观点，我结合自己的经历，专门讲了1948年毛主席决定组成东南野战军第1兵团，以及随后是不是马上打过长江去的讨论。其经过，在本回忆录第四章已有比较详细的记述。这段历史，在1978年知道的人还是不多的。提及它，目的是为了说明，"两个凡是"的观点不符合毛泽东思想。

小组发言中，同志们都谈到如何高举毛主席旗帜的问题，我也谈了自己的看法。我认为，坚持实践是检验真理的唯一标准，结合具体情况，一切从实际出发，才是真正高举毛主席的伟大旗帜。要高举毛主席的伟大旗帜，就必须完整地、准确地学好用好毛泽东思想。"两个凡是"，是违反辩证唯物主义观点的，也是违背马列主义、毛泽东思想的，不管是在理论上还是在实践中，都站不住脚。如果按"两个凡是"的观点办，"文革"中的冤假错案就不能平反，毛泽东思想也就不能向前发展了。

12月12日，也就是中央工作会议分组讨论将要结束的时候，我和王平、甘渭汉同志联合发言，对即将召开的理论务虚会提出建议，希望讨论问题要把理论与实践结合起来，从理论上、实践上分清是非，不要从概念到概念去争，这样有利于全党工作重心的战略转移。我们还建议，应该尽快总结、研究，写出我国的政治经济学，以利于团结全党、全军和全国人民，同心协力地进行社会主义现代化建设。

中央工作会议期间，由杨勇同志带头，出席会议的军队同志联名给中央写了一封信，建议对滕海清同志60年代后期在内蒙古工作中所犯错误作出客观的分析。所谓"内人党"的问题，主要责任在康生，主意都是他出的，滕海清是执行者。后来，中央在处理这一问题时，考虑了军队同志的意见。

12月13日，小平同志在中央工作会议闭幕会上作了题为《解放思想，实事求是，团结一致向前看》的重要讲话。这一讲话，既是对中央工作会议的总结，又为即将召开的党的十一届三中全会明确了方向，成为邓小平理论宝库中的一篇重要文献。

由于这次中央工作会议讨论、解决的问题太重要了，会期又比较长，我和王平同志商量，不能用以往的办法，等到会议结束后再集中传达，要及时地把会议精神给大家吹吹风。于是，我们利用会议间隙，几次召集总后领导开会，传达会议进展情况，使大家有个思想准备，能适应政治形势的发展变化。

中央工作会议结束之后，紧接着召开了党的十一届三中全会。全会高度评价了关于真理标准问题的讨论。公报指出："这场讨论对于促进全党同志和全国人民解放思想，端正思想路线，具有深远的历史意义。一个党，一个国家，一个民族，如果一切从本本出发，思想僵化，那它就不能前进，它的生机就停止了，就要亡党亡国。"全会作出了从1979年起，把全党工作重点转移到社会主义现代化建设上来的战略决策。

参加这两次会议，就我个人来讲，很有收获。对小平、陈云等同志在党的重要历史转折关头敢于坚持真理、开拓前进，有了更深的体会；对如何树立正确的思想路线、贯彻党的民主集中制原则，以及如何处理党内矛盾，等等，也有了新的认识。真是一次思想大解放，精神大振奋。我由衷地拥护会议作出的各项决定，深切感受到：按照党的十一届三中全会确定的路线去做，我们的党，我们的国家，我们的军队，就会大有希望。

（摘自：张震著《张震回忆录》，解放军出版社 2003 年 11 月版）

9 新的考验与挑战

洪学智

1977 年 8 月，在北京召开了中共十一大。8 月 18 日，长春市统一组织庆祝大游行，各行业、各单位的群众都出来了，队伍浩浩荡荡，处处喜气洋洋。我们石化局的全体同志再次加入到这心花怒放、欢庆胜利的游行队伍中。

游行到上午 11 点左右，突然有人找到我，对我说："你不要参加游行了，赶快回去，简单收拾一下东西，马上回北京，有新的工作，中央派来的飞机正在机场等着呢！"

我怎么也不能相信，问："是真的？"来人回答："中央组织部通知的。"

我说："已经到了吃饭时间，吃了饭再走。"

那个同志说："飞机上准备了饭，在飞机上吃。"

就这样，我回家简单收拾了一下生活用品，就随前来接我的同志急急忙忙地赶到长春机场，登上正等候在那里的一架军用飞机。

此时，我心潮起伏，久久不能平静。

从 1960 年 5 月到 1977 年 8 月，我在东北 17 年。这 17 年中，我们国家经历了多少风风雨雨啊！从我个人来讲，经历了多少艰难的考验，接触了多少新的行业，结交了多少新的朋友，学到了多少新的东西，又饱尝了多少酸甜苦辣呀！

……

飞机降落时的起伏颠簸，把我从深沉的思考中拉了回来。这时北京到了，飞机降落在西郊机场。

下了飞机，中央组织部的一位处长对我说："从现在起，你归军队了，不归地方了。"

他指指总政治部干部部的同志，让我跟总政的同志一块儿走。

我点点头，什么也没说。我从参加革命成为一名军人，工作不知变动了多少次，哪一次都坚决服从组织决定和安排。被提拔重用也好，受牵连被免职下放也好，只要有工作干，我就心满意足了。

我和总政的同志直接到了京西宾馆。原来，在党的十一大会议上，我被选为军委委员，让我来参加军委会议的。因我没有具体任职，会议分组我被编入"其他"类了。

在这里，我见到了一些多年未见的老同志。一次又一次的政治运动，使大家天各一方，不通音信，有时一晃就是十几年未曾相见。许多同志苍老了许多，有的看上去很憔悴。历经磨难，老友重逢，有的禁不住泪水涟涟，酸甜苦辣一齐涌上心头，如同做了一场噩梦刚刚醒来。

军委领导告诉我，经过研究，决定要我重新回到军队工作。第二天要合影，其他同志都有军衣，我还穿着老百姓衣服。我对军委领导同志说："没有军装没关系，我站在后排，军民结合。"

军委领导说："那怎么行，赶快找一套军衣来，马上换。"好在那时没有军衔，找一套合体的"四个兜"干部服来，缀上领章、帽徽，就算重新成为一个军人了。

这样，开了会，合了影，我就算正式回到军队工作了。

会后，我到叶剑英副主席家里看望。叶副主席问我："这些年你受了不少委屈，生活得怎么样？"

我说："对'文化大革命'感到很不理解，也识别人，也考验人，最后能活着就是胜利！"

叶帅说："这样的'政治大革命'，以后再也不能搞了，把我们党搞乱了，把国家搞乱了，把人民也搞乱了，真正是一场内乱，伤害了多少好同志呀！"

我知道，粉碎"四人帮"，结束"文化大革命"，叶帅是立了大功的，可以说是力挽狂澜，挽救了革命，挽救了党。如果没有叶帅等老一辈革命家的筹划和支持，没有强大的人民和军队支撑，果断、痛快地粉碎"四人帮"是根本无法想象的。这件事再次证明，人民军队作为一支坚强的武装力量，对于巩固人民政权是多么重要。从这个意义上说，军委决定我回军队工作，是对我的最大信任。

最后，叶帅对我说："你对后勤工作有经验，现在后勤这个摊子很大，大约有 60 多万人，'文革'中受干扰破坏很严重，你回到后勤，很好地整顿一下，把组织搞健全，把工作关系理顺。你回去以后，找罗瑞卿秘书长讲一下我的意见。"

第二天罗秘书长请我到他家吃早饭，我对他说："叶副主席让我转告您，说让我回总后工作。"

罗秘书长说："经与邓副主席商量，准备让你到国防工办去当主任。现在要准备自卫反击作战，急需生产一些武器弹药。考虑你在东北抓了十几年的工业，有组织工业生产的经验，到国防工办能很快抓出成效来。这件事还未来得及向叶帅报告。"

说完，罗秘书长就拨了电话，向叶帅汇报了这一情况。

罗秘书长挂了电话，对我讲："你先赶快回吉林把工作交接一下，把家搬回来，等你回来，是到国防工办，还是到后勤，也就能最后定下来了。"

我说："到哪工作都可以，我听军委的安排。"

这样，党中央、中央军委实际上为我平了反。1980 年 3 月，总政治部下发了经中央、军委批准的《关于洪学智同志问题的复查结论》，决定为洪学智"彻底平反，推倒一切诬蔑不实之词，恢复名誉，消除影响"，指出 1959 年对洪学智的批斗、免职、审查都是错误的，"是一起冤案"。

在国防工办奋斗的两年

当我从长春偕全家回到北京，军委领导已决定让我到国务院国防工业办公室当主任。

这个工作，对我来说是一项全新的工作。虽说前些年，在东北管过一些工业，但那是一般的民用工业，而且是一个省的范围，如今要在国务院领导下做全国性的军事工业的领导工作，感觉担子沉重。

军委秘书长罗瑞卿同志问我有什么意见。我说："服从军委的安排，明天就上班。"

1977年9月18日，我到国防工办上任。

按常规先和局以上干部见面，由王震副总理主持开会向到会人员作了介绍。同时宣布了一个重要决定：国务院国防工业办公室正式列入军队序列，由军委领导，政治工作归总政治部管，后勤工作归总后勤部总管，武器装备的发展，由军委决定。10月，又恢复了中国人民解放军对军工厂的驻厂军代表制度。罗瑞卿同志还特地向国务院有关部门宣布，国防工办与各部的关系是领导关系，以后办事，就按这个领导关系办。这样，我就成了穿军装的地方干部。领导体制的这种改变，对当时国防工业部门的拨乱反正和整顿是一个极有力的保证。

我领会，军委领导再三考虑最后让我到国防工办工作，一是战备形势需要；二是国防工业口子急需整顿恢复生产，提高质量。最终目的还是为了战备。那时"四人帮"粉碎刚一年，动乱余波还在一些地方存在；国际上也很不平静，我国周边特别是西南边陲经常受到袭扰。形势逼着要把战备抓上去。当时协助邓小平同志抓总参全面工作的副总参谋长杨勇同志对我说："国防工业这一摊子全部交给你了。"军委领导对我的期望越高，我感到自己的担子越重。我文化不高，国防科技知之更少，面对科技密集型的军事工业，只有依靠国务院和军委的领导，依靠各部领导同志和科技人员和广大工人。

既然国防工业列入了军队序列，我就拿出治军的办法，大刀阔斧，迎难而上，对上坚决执行国务院和军委领导的指示和命令，对下属干部充分信任他们，放手让他们工作，委以重任强调加强党的领导，服从大局，为战备抓生产，抓质量。谁工作抓不好，生产抓不上去，我就追究谁的责任，不管是谁，是哪一级干部，如果闹派性坚持不改，影响正常生产，就以误国误军论处，就把他撤下来。在进行思想教育的同时，抓组织制度的健全，采取果断措施调整领导班子，把各部部长和关键领导干部配齐、配强，从有关部门和省市选优拔尖充实干部队伍。

记得我上任两个月后的 12 月 5 日这一天，邓小平同志同时宣布任命了三位新部长，而且当场交代"马上到职"，要他们立即研究如何把飞机搞上去，如何把常规武器、军舰搞好，如何把海、陆、空三军的装备搞上去。听了邓小平同志讲话，我们更增强了责任感和紧迫感。

事情真是千头万绪，我只能马不停蹄，哪里需要到哪里去，调查研究，蹲点跑面，上上下下，忙得不亦乐乎，做了很多工作，难以一一叙说，但仔细想来，还有几件比较成块成条的大事，值得回顾。

要拨乱反正，还得先从整顿入手，先治乱。首先是把国防工办本身抓好，领导班子调整配好了就抓工作秩序，把制度健全起来，开会、汇报、请示、报告，都要求定人按时到位，岗位职责分明。有一次开会，通知各部部长参加，有一位部长说他有事要请假，能否叫副部长来开会。我让秘书告诉他，今天要求是叫部长来开会的，请他考虑一下，是工办的事重要还是你那里的事重要。这位部长听了，还是按时到了会。办公时间我也经常到各办公室，检查办公情况。我上班那阵子，事情又多，情况又不熟悉，一切都得从头学起，要多调查研究，多听部属意见，所以相当长一段时间，我回不了家，吃在办公室，睡在办公室。夫人张文说："老头儿战争年代那股子劲又上来了，又不顾身体了。"

……

在我看来，你把工作抓起来，把生产抓上去了，比什么都强。我就是抓这个关键，而且每抓一件工作，总是一抓到底，有头有尾、有结果。派出去，干什么，回来要汇报，有总结，丝毫不能马虎。国防工办本身的工作上去了，领导机关为基层、为战备服务的思想落到了实处，上边稳定了，下边的事就好办了。

说到基层，情况更乱，工厂多，有些大厂子好几千人，有的还在打派仗，不能正常生产，不少产品质量过不了关，出废品。有个制造坦克的厂子，上百辆坦克开不动，趴在大院里，原因是零件不行。有个厂子为谁当厂长两派争执不下，生产都停了。中央领导同志多次指示，军工企业首要的工作是整顿，把"文革"造成的混乱局面整顿好。要建立岗位责任制，要恢复总工程师等行之有效的制度。我们经过实际的调查，根据中央领导指示的精神，部署了对军工企业的全面整顿。

各军工企业的整顿，一般都首先整顿各级领导班子，落实干部政策，平反冤假错案，使一批有实践经验的干部回到各级领导岗位上来。第二是落实知识分子政策，稳定人才，让有真才实学的技术人员担任重要的技术任务。第三按照"革命化、年轻化、知识化、专业化"的标准，培养和选拔德才兼备的年轻干部。还有，按照《工业三十条》普遍建立各项规章制度，加强各级领导和技术管理，建立岗位责任制，强化企业管理。

……

（1979 年）3 月 25 日，我亲自去广西前线看望（对越）战后的部队和装备。这次到前线还出了个小插曲。

我平时下部队、下基层，就不喜欢声张，习惯于轻车简从。这回去广西是上前线，更要简单了，只带了一个秘书，乘坐的是中央慰问团的便机，事先没有通知当地政府，也没有告诉驻军，只打电话通知在东线的王辉副主任，让他到机场接我一下。王辉在机场左等右等，前看后看，就是没见到我的踪影，心里正在着急，在慰问团走完以后，发现了我自己拎着一个小公文包，漫步走出机场。王辉同志急忙上前迎接。问我，怎么不通知自治区政府派人接你呢？我说，慰问团是中央派来的，人多事多，地方接待任务很重，我们就不必惊动他们了。我们是检查武器在战争中使用情况的，就直接到前线回来的部队去吧。于是，我们就直接去了某军军部。王辉还是感到过意不去。我对他说，这不很好嘛！一样把事情办了。领导下基层，要尽量少给下边添麻烦。这是我们在战争年代养成的习惯。

……

抓民品，以民养军，为四化建设服务。这是我上任后面临的又一个问题。早在 1957 年中央就提出"平战结合，军民结合，以军为主，寓军于民"的国防工业建设方针。但由于体制等主客观原因，我国国防工业长期实行的是按指令性计划，单一生产军品的经营方式。这种机制在和平时期，暴露了很多弊端，十年动乱中生产更是混乱。党的十一届三中全会后，中央军委调整了战略方针，开始裁减兵员，压缩武器装备的需求量。1977 年 9 月我一上任，就听到各部和企业领导反映，说现在订货不足，开工不足，有的甚至面临停产的境地。这些情况不断地反映到了中央。

中央领导同志十分重视。1977 年 12 月，邓小平同志在接见国防工业各部负责人时指出，有些工厂可以接受民品生产任务。1978 年 7 月 1 日，国防工办和各部部长向邓小平同志汇报时，邓小平同志指示五机部至少要拿出一半人搞民品，要搞军民结合，要搞民用产品，并要建立民品生产线。1979 年 4 月，李先念同志在中央工作会议上指出："军工企业要认真执行'军民结合，平战结合，以军为主，以民养军'的方针，充分挖掘现有潜力，在保证按质按量完成军品的前提下，尽可能地多生产一些价廉物美的市场需要的民用产品。"

有了中央领导同志的指示，有了中央的方针，国防工办和所属各部及军工企业就大胆探索实践，纷纷进行市场调查，开发民品生产。……

有名的嘉陵摩托车就是在兵工大上民品中诞生的，开始是由重庆 451 厂生产。这个厂原来生产大口径炮弹，为抗美援朝战争的胜利作出过很大贡献。可是后来军品生产逐年减少，连年亏损。1978 年我去重庆等地军工厂视察时，表扬了该厂在"文革"中排除干扰，坚持生产和科研，并鼓励他们在军民结合的方针指引下，大胆上民品。1979 年 5 月，嘉陵机器厂试制出第一辆摩托车，10 月又试制成 5 辆。部里和国防工办都很高兴，觉得大有希望。1980 年初，部里拨给该厂 10 万美元，向日本本田公司购进 20 辆摩托车，组织试生产，很快成功了，当年就生产了 2500 辆。随即召开西南一片的现场会，推广该厂的经验。以后，他们走上了专业化社会化大生产的道路，首创了中国摩托车行业第一个经济联合体——重庆嘉陵牌摩托车经济联合体。

……

国防工业集中了许多技术密集型产业，很多先进的尖端技术，往往首先用于国防工业上。正由于国防科技工业的这种特殊性，它在自力更生的基础上，必须通过广泛的国际交流与合作才能迅速发展。但是这种交流在

"文革"中基本上被中断了，直到十一届三中全会后才有了根本的改变。

……

开拓军队后勤工作新局面

1980年1月，我从国防工办主任调任总后勤部部长。（1982年任中央军委副秘书长兼总后勤部长，1985年又兼任总后勤部政委。）这是我第二次出任总后勤部部长，又回到了20多年前的工作岗位上。

这次回总后，我内心十分激动。我深深知道，这不是一般意义上的工作变动。"庐山会议"受牵连，"文革"中遭磨难，我认认真真地对待自己的工作，不怨恨，不沉沦，不见风使舵，不做违背党性原则、个人良心的事，可以说经受住了错综复杂斗争的考验。也正因为这样，党中央、中央军委才再次让我回总后任部长。在一个人的政治生涯中，还有什么比被理解和信任更宝贵的呢！

说到干后勤，也许我这辈子与后勤工作"有缘"。我深深感到肩上这副担子的重量。

……

总后机关在"文化大革命"中派性非常严重，成为"文革"重灾区之一。我回总后工作后发现，尽管粉碎"四人帮"已经3年多时间了，中央也明确宣布"文化大革命"已经结束，但"文革"中的两派，所谓"反邱派"（邱会作，总后勤部原部长）和"保邱派"仍在明争暗斗，相互不服气，直接影响平反工作和干部政策的落实，严重影响对全军后勤工作的领导。

当时不少人认为"保邱派"是错误的，"反邱派"是正确的。我认为，两派是在"文革"这一特定历史条件下产生的，不能简单地说哪一派是正确的，哪一派是错误的。看是否正确、错误，要具体情况具体分析，不能"以人划线"。从参加"文化大革命"闹派性、打派仗、引起社会动乱的角度讲，两派都是错误的，也可以说都是"文化大革命"的受害者。如果继续你争我斗，恩恩怨怨何时了，什么时候才能恢复安定团结的局面呢？我们要消除派性，讲党性，讲原则，把精力放在工作上。

在一次总后党委会上，我明确提出首先要在总后机关消除派性，不搞"以人划线"，受到错误处理的要平反，并落实政策，恢复工作，但不能再从两派的角度相互纠缠。

1981 年 6 月党的十一届六中全会通过了《关于建国以来党的若干历史问题的决议》，对"文化大革命"等一系列重大历史事件作出了正确科学的结论，对"文革"进行了彻底的否定。我参加了这次中央全会，听取了中央领导同志的讲话。

1982 年初，在总后干部大会上我又明确提出：搞派性就是不对，"文革"中的两派都是错误的，总后机关的两派也都是错误的，不论哪一派，都应认真吸取"文革"的教训，摒弃前嫌，消除派性，努力做好各项后勤工作。

但在当时，有些派性严重的同志，认为我的这种提法混淆了路线是非，甚至说是不讲原则、和稀泥。有的甚至公开散布对我的不满，还有的向上告我的状。不少同志为我担心，说我捅了"马蜂窝"。

不久，总政治部余秋里主任也讲"文革"中的两派都是错误的。胡耀邦总书记不久也讲了这样的话。1983 年初，中央在整党指示中明确指出："'文化大革命'中的两派都是错误的"。

在总后机关消除派性，拨乱反正，思想认识逐步统一的基础上，我和总后的其他领导同志都分别带领工作组，到总后直属单位宣传中央指示精神，努力消除"文化大革命"的影响，认真解决历史遗留的问题，实现安定团结的大好局面，使各项工作很快走上了正轨。

（摘自：洪学智著《洪学智回忆录》，解放军出版社 2002 年 10 月）

10 教育部和教育工作的"拨乱反正"

张承先

粉碎"四人帮"后,我从邯郸地委书记调任河北省委常委、省革委会副主任。1978年调国家科学技术委员会任副主任。党的十一届三中全会后不久,我又被调到教育部任副部长、党组副书记,1982年后任部党组书记。这一时期的教育工作,主要是拨乱反正,恢复在"文革"中被搞乱的教育方针和教学秩序,重点抓了以下两项工作。

(一) 拨乱反正,推倒"两个估计",狠抓落实知识分子政策

我1979年3月到教育部工作时,教育部正在贯彻十一届三中全会精神,总结历史经验。当时,"两个估计"虽已被推倒,但是整个教育战线仍受"两个凡是"的影响,有很多禁区没有突破,思想没有真正解放,干部中身有余毒、心有余悸的状况还很严重,拨乱反正问题仍需下大力气解决。我在1979年3月全国招生工作会议上提出,当前教育战线上的主要问题,还是受"两个凡是"的束缚,思想上不够解放。我们要继续努力,按照邓小平同志的要求,克服思想僵化和半僵化状态。要坚持实践是检验真理的唯一标准,打破"两个凡是"的思想禁锢,彻底推倒"两个估计"的错误论断。要开展真理标准的讨论,否定毛泽东同志的个别错误论断,把毛泽东思想的科学体系与个别错误论断区别开来。要完整地、准确地掌握毛泽东科学思想体系,研究新情况,解决新问题。在这次会议上,我提出

要深入批判 1971 年全教会的"纪要"（"两个估计"），批判"朝农经验"、马振扶公社中学事件以及张铁生的"白卷"事件，肃清林彪、"四人帮"的流毒。要认真整顿领导班子，使教育工作适应建设社会主义现代化强国的要求。教育战线要继续深入开展"实践是检验真理的唯一标准"的学习和讨论，进行学习和补课，突破禁区，肃清林彪、"四人帮"极"左"路线的流毒，把大家的思想真正统一到十一届三中全会的精神上来。后来我又在全国第一次教育科学规划会上，代表部党组对过去被批判的"心理学"及"母爱教育"作了平反，解除了教育理论界的思想顾虑。

在教育部领导的推动下，真理标准的讨论在教育界深入开展起来。1979年 9 月 15 日，我在教育部党组扩大会议上讲话，同意蒋南翔部长作的关于真理标准问题学习讨论补课的动员报告，并对拨乱反正工作所取得的成绩作了概括，指出：在粉碎"四人帮"后，教育战线在党中央的领导下，特别是由于邓小平同志亲自抓教育工作，不断冲破"两个凡是"的禁区，拨乱反正，取得了很大的成就：①撤销了"四人帮"炮制的"全教会纪要"，批判了"两个估计"，推倒了压在广大教育工作者头上的两座大山；②改革了招生制度，学校学习空气空前高涨，社会风气也为之改变；③批判了"文革"中的"开门不办学"，以及"四人帮"所说的"宁要没有文化的劳动者，不要有文化的精神贵族"等谬论，建立了正常的教学秩序；④正确评价知识分子，摘掉了"资产阶级知识分子"的帽子，明确知识分子绝大部分是工人阶级的一部分，落实了知识分子政策；⑤平反了一系列冤、假、错案，因之教育战线出现了全新的面貌。同时我还指出要进一步打破"两个凡是"的思想禁锢，深入研究我国教育的性质、体制等深层次的问题。

在开展真理标准讨论中，有不少问题涉及毛泽东同志在"文革"中对教育工作的某些论断，比如"学制要缩短"、"教育要革命"、"资产阶级知识分子统治学校的现象再也不能继续下去了"、"阶级斗争是主课"，等等。要坚持实践是检验真理的标准，就要打破"两个凡是"的束缚，敢于纠正毛泽东同志在某些论断上的错误。毛泽东思想的精髓是坚持马列主义的普遍真理与中国革命和建设的实际相结合。我们高举毛泽东思想的旗帜，就要抓住这个精髓，完整、准确地掌握毛泽东思想的科学体系，并不断丰富和发展毛泽东思想。总之，经过真理标准问题的学习讨论，教育战线出现了新气象，广大教育工作者欢欣鼓舞，思想上得到了大解放。

......

（二）正确分析形势，确定教育发展方针。改变了不切实际的"大发展、大提高"的高要求，认真贯彻中央提出的"调整、改革、整顿、提高"八字方针

拨乱反正，推倒"两个估计"，落实一系列政策，恢复高考，所有这些极大地提高了广大教职工的积极性。当时教育战线面临一个突出的问题是采取什么样的发展方针。在向科学进军，加快实现"四个现代化"的热潮鼓舞下，当时有的同志曾提出高等教育要"大发展、大提高"的要求。实现社会主义的"四个现代化"，科技是关键，教育是基础，需要多出人才，快出人才。但教育的生产周期比较长，实现大发展必须有一个较长的准备时期，不能急于求成。这就要求我们把工作做在前面。当时，广大群众特别是广大青年要求学习的积极性很高，希望教育快一点儿搞上去，教育战线确实是形势逼人，而教育面临的困难也确实很大。首先，国民经济被林彪、"四人帮"破坏得到了崩溃的边缘，陷入严重的比例失调，正在调整、整顿之中。我们要求在国民经济计划中把教育摆在应有的地位，在拨款投资的比例上有较大的提高，从全局来看确有困难。教育的发展受到经济基础的制约。其次，从教育工作的本身来看，十多年来受到林彪、"四人帮"的破坏是灾难性的，学校的校舍年久失修，被其他部门占用得很多；仪器设备被破坏，剩下的也很陈旧；教师队伍青黄不接，合格教师比例很低。教育战线的情况是元气大伤，欠账很多，客观需要与实际情况形成尖锐的矛盾。教育部党组在1979年春的招生工作会议上冷静地分析了这种情况，认为教育战线也必须认真贯彻中央提出的"调整、改革、整顿、提高"的八字方针。从当时的实际情况出发，经过探索，在教育战线贯彻八字方针的办法逐步具体化，概括起来就是："充实加强小学，整顿提高初中，调整改革高中，大力发展职业技术教育和成人业余教育，恢复、调整、整顿、提高高等教育，办好重点学校，带动一般。"在整个教育工作中，要抓好三大基本建设：教材建设、教师队伍建设和改善办学条件。

关于充实加强小学 邓小平同志强调教育要从娃娃抓起。小学教育是整个教育的基础。当时教育部对小学教育抓了充实、加强工作。所谓充实、加强小学，主要是将一些有名无实、不具备条件的"戴帽"初中摘帽，将从小学拔上来的初中教师放回小学，先把小学办好，打好基础。

……

关于整顿提高初中 压缩了一些不够条件的初中，甚至压缩了一些不够条件的高中，集中力量办好初中。

关于调整、改革高中和大力发展职业教育、成人教育 "文革"中批判刘少奇同志倡导的"两种教育制度和两种劳动制度"，称之为"资产阶级的双轨制"，使农业中学和职业中学一扫而光，致使教育结构单一化。在调整、改革中，在适当发展高中教育的同时，大力地发展职业教育和成人教育，恢复和发展了职业中学和农业中学，恢复了半工半读和半农半读学校，适当地发展了中等技术学校、技工学校、职工学校，加强了业余教育。这样既适应满足了经济建设和社会发展的需要，也有利于中学毕业生的分流和就业，减轻了升高校的压力。

关于恢复、调整、整顿、提高高等教育 主要是调整改革高校的专业设置，以适应经济建设和社会发展的需要，如高等学校中财经、政法方面的学科太少，需要充实发展。此外，当时高校经过"文革"中林彪、"四人帮"的破坏，有个恢复、整顿、提高的过程；新发展的高等学校多是在过去办得较好的老中专基础上升级办成的，也有个充实、提高的问题。

……

这一时期，在教育工作中强调要办好重点带动一般，这是根据邓小平同志的指示作出的重要决定。小平同志在1978年的全教会上提出："为了加速造就人才和带动整个教育水平的提高，必须考虑集中力量加强重点大学和重点中小学的建设，尽快提高它们的教学水平和教学质量。"

……

教育部在贯彻八字方针中，还抓了三大基本建设：

一是加强教材建设　根据邓小平同志指示，从中国实际出发，吸收世界新的科研成果，编出一套新的教材。剔除过去"文革"教材中极"左"的内容，增加建设"四化"的新的内容。

二是加强教师队伍建设　在林彪、"四人帮"横行的十年，教师受到残酷的迫害，在大反所谓"师道尊严"的蛊惑下，教师特别是小学教师连最起码的人身尊严也受到野蛮的践踏，尊师的社会风尚荡然无存。在粉碎"四人帮"后，由于党中央的倡导，邓小平同志的关怀，平反了教师中的冤假错案，落实了知识分子政策，使尊重教师的风气逐渐恢复。各级党政和教育部门，关心中小学教师的生活待遇和工作条件，逐步提高公办教师的工资，对民办教师国家给予补贴。为了提高教师的素质，加强了对教师的培训，提高了教师的合格率。国家还逐年拿出一定的指标，将考核合格的民办教师逐渐转为公办教师，并对没有培养前途的民办教师进行精简，另行安排工作。此外，由当时的国家副主席王震任理事长，成立了中国中小学幼儿教师奖励基金会，奖励优秀的教师。

三是加强办学条件的建设　那时中小学校舍危房很多，危房改造的任务很大，在国家经济困难条件下不可能由国家全部包下来。当时推广了吉林省实行三结合的办法解决危房改造等问题的经验，即采取国家补助一点儿、勤工俭学自筹一点儿和发动群众集资的办法，解决了"一无二有"（即无危房，有教室，有课桌凳）的问题。后来又推广了山东老区临沂的依靠人民办教育、解决"一无二有三配套（三配套指围墙、操场、实验室等配套）"的经验。这对各地是个很大的鼓舞，在全国掀起了中小学校舍改造的高潮，不少的农村出现了最好的房子是校舍的局面。

总之，通过贯彻八字方针，进行调整和改革，我国教育从纵的方面看，克服了头重脚轻、层层欠账、层层补课的局面，解决了虚肿和虚假的现象，教育质量、教育效率有所提高；从横的方面看，解决了教育的单一化，建立了一个比较合理的教育结构。这就为后来的教育发展和改革打下了一个比较坚实的基础。

（摘自张承先著《张承先回忆录：我亲历的党的宣传和教育工作》，人民教育出版社 2003 年 6 月）

11 《教育战线的一场大论战》发表的前前后后
——推翻"四人帮"的"两个估计"亲历记

吉伟青

1977 年 11 月 18 日《人民日报》和《红旗》杂志同年第 12 期以及《人民教育》第 11 期同时刊登了一篇批判"四人帮"炮制的"两个估计"的重要文章：教育部大批判组撰写的《教育战线的一场大论战》。这是粉碎"四人帮"后第一篇拨乱反正的檄文，是推翻"四人帮"制造的黑线专政论的头一炮，也是批判"两个凡是"的一个突破口，影响所及，不仅在教育战线，而且在全国各条战线，尤其是文艺战线引发了推翻"四人帮"黑线专政论的波涛大潮，为彻底批判和肃清"四人帮"的流毒，起了不可估量的推动作用。现将撰写这篇文章和文章发表的前前后后，作一简要回忆。

（一）"两个估计"是怎么回事

在 1971 年全国教育工作会议上，"四人帮"经过密谋策划，炮制了所谓"两个估计"。这个文件由迟群找人起草，张春桥、姚文元修改定稿，塞到"全教会纪要"中，用中央的红头文件，印发全党全国，流毒极为严重。

第一个估计，是说从全国解放到"文革"这"十七年来，毛主席的无产阶级教育路线基本上没有得到贯彻执行。教育战线资产阶级专了无产阶级的政"。原稿说，"由于刘少奇一伙网罗一小撮叛徒、特务、走资派把持教育部门的领导权，疯狂推行反革命修正主义教育路线，毛主席的无产阶级教育路线基本上没有得到贯彻执行"。这还不够，张春桥在改稿上又加上了"无产阶级对教育部门的领导权，还没有从根本上解决"。原稿还全盘否定毛泽东和周恩来早就肯定的高教 60 条。他们在文件中写道："高教六十条，使教授治校、教育第一、业务挂帅等反革命黑货更加系统化，加紧推行修正主义路线达到十分猖狂的程度。"

第二个估计，是说"文化大革命"前 17 年，我国广大知识分子的大多数在政治上、思想上不是有了"显著的进步"，而只是"不同程度的进步"。张春桥还在改稿上，加上了"知识分子的大多数……世界观基本上是资产阶级的"。这样一改，"文化大革命"前 17 年，广大知识分子在党的领导下，在三大革命运动中所取得的显著进步都不见了。

"四人帮"炮制的两个估计的基本内容，总的说来就是，毛主席的革命路线，解放以来至"文革"前 17 年，在教育战线不占主导地位。他们以中央的名义，用 1971 年全教会纪要的形式，将这两个估计发到全党全国各条战线，一直到各类学校，搞起"教育战线黑线专政论"。他们污蔑知识分子，尤其是高级知识分子是"臭老九"，散布"读书无用论"，反对大学招生（反对高中毕业生考大学），污蔑普通大学是封资修的大染缸，举办所谓"五七大学"、"七二一"大学，与普通大学混淆在一起。"四人帮"在辽宁的死党宣称"解放以来的十七年的教育，自然是没有资本家的资产阶级教育"。以同 17 年对着干为主要内容的所谓"朝农经验"，"白卷英雄"张铁生，就是推行"两个估计"的产物。"两个估计"在教育战线造成的危害极为严重。

（二）小平同志决定彻底否定"两个估计"

1977 年，虽然"四人帮"被粉碎了，但极"左"思潮还远远没有肃清，人们的思想还受"两个凡是"的束缚，没有人敢于触动"四人帮"用中央名义下发的《纪要》中的"两个估计"。正在此时，邓小平同志第三次复出了。复出后他主动提出分管教育和科技。1977 年 8 月 8 日，邓小平同志在北京饭店召开了有学者、教授和专家参加的教育和科技工作者座谈会。会上小平同志首先对大家最关心的"两个估计"问题发表了重要讲话。他明确地说：17年执行的是社会主义教育路线，不是修正主义路线，知识分子绝大多数都是工人阶级知识分子。对"两个估计"必须马上组织写作力量进行彻底批判。他还就招生问题提出，立即恢复高考。

1977年9月3日，人民日报记者穆扬将"两个估计"出台背景，以《情况汇编》的形式上报中央。这个材料很快得到了邓小平的批复。他还专门就这份材料召集教育部领导同志进行谈话，提出要彻底否定"两个估计"，立即恢复高考。当年9月19日，小平同志又召集教育部主要负责同志谈话。谈话中他批评教育部领导行动迟缓，再一次明确要否定"两个估计"。他说，所谓"两个估计"是不符合实际的，是错误的。《纪要》是毛主席画了圈的，不等于里面就没有是非问题。《纪要》塞进了不少"四人帮"的东西，对这个《纪要》要进行批判，划清是非界限。我们要准确地完整地理解毛泽东思想体系。同时提出立即恢复废除10年的高考制度，从高中毕业生中招收大学生。最后他说，教育要狠狠抓一下，一直抓它十年八年。教育部要思想解放，争取主动，不要成为阻力，要敢于大胆讲话。你们管教育的，不为广大知识分子说话，还背着"两个估计"的包袱，将来要摔筋斗的。要心中有数，要敢于大胆讲话。不抓科学教育，四个现代化就没有希望，就成为一句空话。教育部首要的问题是思想一致，赞成中央方针的就干，不赞成的就改行。

（三）教育部组织班子起草批判文章

小平同志在1977年9月19日对教育部的批评，提高到是否赞成中央方针的高度，教育部党组十分重视，于1977年9月底，一方面立即安排大学招生事宜，准备召开第二次全国教育会议。另一方面，党组决定由教育部党组副组长、副部长李琦同志挂帅，抽调专人组织写作班子。当时，从教育部抽调罗劲柏、姚介厚、黄展鹏、魏一樵、章学新等同志，并从《红旗》杂志社借调张炯，从南京工学院借调刘仰昭，又把我抽调出来（我当时任《人民教育》杂志总编辑），这样一共十余人，脱离原单位，住进百万庄新疆驻京办事处，组成临时写作班子，筹划写批判"两个估计"的文章。写作组的日常工作，李琦同志指定由我负责。

批"两个估计"，实际上是批1971年全教会《纪要》这个经毛主席圈阅过的中央文件。这在当时是个棘手的，而且从未遇到过的问题。虽然李琦同志传达了邓小平同志关于彻底否定"两个估计"的讲话精神，我和罗劲柏对批毛主席圈阅过的红头文件（即1971年"全教会纪要"）这种"太岁头上动土"的事，仍心有疑虑。在李琦同志多次耐心解释和指导下，写作组拟定了撰写这篇文章的指导思想和文章的框架，并暂定题目为《教育战线的一场大论战》（下简称《论战》），同时，还议定写这篇文章的四条基本原则。

1. 这篇文章是批"四人帮"谬论的头一篇文章，是教育战线拨乱反正的第一篇文章，应该有气势，应该"高屋见瓴"、立论正确、是非严明，能经得起历史的检验。

2. 酝酿和写作的过程，就是解放思想，转变观念的过程，消除思想顾虑，放开胆量去收集资料和思考问题，以事实为根据，以正确的论据辨是非，用毛主席的革命路线在教育领域占主导地位的大量事实，彻底揭穿"四人帮"篡改历史、污蔑教育战线是黑线专政的罪行。

3. 运用历史唯物主义观点去分析解放以来至"文革"前17年的各个历史时期，教育战线克服种种困难，力图奋进，随着社会主义革命和建设的发展而取得的伟大成就，并作出符合当时历史条件下教育工作的发展和知识分子状况的公正的评价。

4. 写作组既是撰稿者，又是组织者，要做好这篇文章，就要走群众路线，就要集思广益，不能只关在饭店里闭门造车，并强调多征求有关领导和教育战线上的专家学者的意见，使这篇文章成为发挥集体智慧，有战斗力和说服力的佳作。

在《论战》起草过程中，教育部党组由党组书记刘西尧主持，前后举行过五次有雍文涛、李琦、刘凯风、刘雪初等副部长和高教司、普教司主要负责同志参加的党组扩大会议，由我宣读《论战》草稿，然后大家逐段逐句地进行讨论推敲，提出修改意见。在此期间，写作组还专门请何东昌（当时任清华大学党委书记）、龚育之（当时在毛泽东著作编辑出版委员会办公室工作）、方玄初（又名敢峰，当时任《人民教育》副总编辑）、王通讯（《人民教育》总编室主任）、孙长江（《人民教育》编辑组长）以及《人民日报》记者保育筠等同志，对草稿的结构和各章节的资料使用、论据阐述等，提出了许多很宝贵的意见。同时，《人民教育》编辑部的连健生（当时任办公室主任）、翟福英等同志，提供了许多有关教育方面的资料。所有这些，都为写好《论战》起了很好的作用。

（四）1971年全教会期间毛泽东关于教育工作指示被偶然发现

在《论战》写作的后期，正当写作组和部领导感到稿子显得有点平淡，批判的力度还不够深刻的时候，偶然发现，毛主席在1971年全教会期间，对教育工作问题曾同"四人帮"部分成员谈过一次话，针对"两个估计"发出了重要指示。可是，"四人帮"严密封锁了这个指示，一直未向与会同志传达，只在"四人帮"分管科教工作的极少数骨干和亲信中作过传达。首先发现这条线索的是《人民教育》编辑组长孙长江，他当时是审查"四人帮"在教育部的余党骨干分子薛玉山的专案组组长。他在查看薛的笔记本时，发现笔记本上有记录不全的毛主席指示，立即向李琦同志作了汇报。教育部党组随即请示中央审查办，请求查看迟群、谢静宜（迟群、谢静宜当时是"四人帮"在教育战线的亲信，任科教组长、副组长）的笔记本。由孙长江同志负责审阅核对他们笔记本中关于毛主席1971年全教会期间对教育工作指示的记录。整理后，经写作组研究建议，报教育部党组请示乔木同志同意，决定写进稿中，用毛主席对教育战线和知识分子的评价，有针对性地驳斥"四人帮"炮制的"两个估计"的谬论。

（五）《论战》草稿三次送乔木同志审阅修改定稿后报请邓小平同志核审发表

李琦同志曾三次将《论战》草稿送请乔木同志审阅修改。乔木同志看得很仔细，并将修改后的第一稿送请小平同志审阅。10 月 31 日，小平同志批示"此稿写的不算很好，但还可以用"。在审查第二稿时，乔木同志对草稿中引录的毛主席 1971 年全教会期间关于教育问题的指示之前，加上了两段我们曾经连想都不敢想，然而又极端重要的震撼人心的话：

这里，我们受权向全党和全国人民郑重地宣告：就在一九七一年夏季，"四人帮"把十七年抹得一团漆黑的时候，我们的伟大领袖和导师毛主席针锋相对地批驳了他们的谬论，毛主席指示的精神是：

1. 十七年的估计不要讲得过分。

在无产阶级专政下执行了错误路线，不是大多数人，是一少部分人。

2. 多数知识分子还是拥护社会主义制度。执行封、资、修路线的还是少数人。

"一年土、二年洋、三年不认爹和娘"还是认得的，就是爱面子，当人的面不认，背地还是认的，只不过有资产阶级思想，过后还是要认的。

3. 高教六十条。总的还是有它对的地方嘛，难道没有一点对的地方嘛，错误的要批，批它错误的东西。

毛主席还说，人家是教师，还要尊重他嘛，一讲不对就批评，哪能都讲对呀！讲不对没关系，讲错了没关系，大家共同研究，怎么能一下子都讲对，不可能嘛。

毛主席的指示是多么好啊！这就是毛主席关于教育战线形势和知识分子状况的根本估计。非常明显，毛主席的估计和"四人帮"的"估计"完全对立，这种对立是两个阶级、两条路线尖锐斗争的反映。我们要高举毛主席的旗帜，就必须大力宣传毛主席的估计，彻底粉碎"四人帮"的反革命"估计"。（注：关于毛主席 1971 年关于教育工作的指示，因到中办和中央档案馆都没查到原文，故发表时称作是"毛主席指示精神"。）

乔木同志在毛主席指示全文前后增加的这两段话，使"论战"稿的政治水平极大地提高了。

他还把草稿中一些不确切、不恰当的提法做了多处修改，包括标点符号。文中凡是引用马克思、恩格斯、列宁、毛主席的语录，一律改为黑体字。

乔木同志审阅修改后定稿的草稿清样，由他于 11 月 13 日直接报送小平同志审核。11 月 17 日上午，稿子退回。小平同志批示："此稿可以发。"得到这一消息，全教育部都沉浸在欢腾的气氛中。乔木同志还批示，《论战》可用教育部大批判组的名义发表，并通知《人民日报》、《红旗》杂志同时发表（1977 年 11 月 18 日《人民日报》刊登在第 1 版全版，1977年第 12 期《红旗》杂志全文刊载），同时通知新华社向全国发通稿，全国各省市自治区的报纸均于 1977 年 11 月 19 日至 20 日前后全文登载。中央人民广播电台全文广播。人民出版社也于 1977 年 11 月出版了《论战》单行本，书中还收录了《人民日报》记者写的《"两个估计"是怎么炮制出来的?》一文。《人民教育》杂志也在 1977 年第 11 期上全文刊载。历时两个半月，在李琦同志直接领导和策划下，经教育部党组多次讨论修改，写作组日夜奋战以及广泛征求意见修改补充，经乔木同志三次审改报请小平同志批准发表的《教育战线的一场大论战》——批判"四人帮"的第一篇文章就这样面世了。

　　[作者简介] 吉伟青，男，1919 年生，山东临沂人。曾任教育部《人民教育》杂志总编辑，中共北京市委宣传部常务副部长。

（摘自《党的文献》2002 年第 1 期）

12 为邓小平起草全国科学大会讲话稿始末

吴明瑜口述 孙伟林 孟 玮采访整理

邓小平决定以科技界作为改革开放的突破口

记者：1978 年 3 月 18 日召开的全国科学大会，是邓小平同志推进改革开放的重要举措。您参加和见证了全国科学大会的筹备、召开的整个过程，请问这次大会是在什么样的背景下召开的？

吴明瑜：邓小平说过，拨乱反正是从 1975 年开始的，所以《邓小平文选》第二卷是从 1975 年编起，就是从军队要整顿开始。从《邓小平文选》来看，1976 年 10 月粉碎"四人帮"以后到科学大会，再到 1978 年底三中全会这段时间，小平同志是围绕着以下三个问题进行思考的。

第一个问题，中国的道路到底如何走，走向何方。过去一直在说，我们在搞社会主义，但 28 年过去了，很多人的温饱还不能解决，生活质量很差，所以邓小平认为，我们搞的是"不合格的社会主义"。后来他说得更明确了，"贫穷不是社会主义"。那么，中国的社会主义怎么建设呢？

从这个问题出发，自然引出第二个问题：既然要改变过去的路线，就要有勇气对过去的错误做正确的分析。毛泽东为我们的党、为我们的国家建设制定的路线到底对不对？为什么"文革"结束时，经济濒临崩溃？所以，要对毛泽东有个全面、完整的分析。邓小平不同意"两个凡是"的提法。

第三个问题，作为国家新一代领导人，要改变原来的路子，应当从何处入手？突破口在哪里？邓小平讲要从科学技术着手。所以他多次谈话，强调要尊重知识、尊重人才。

1977年5月，小平同志再次复出，5月12日他就约了方毅和李昌谈话；5月24日，他和王震、邓力群、于光远谈话。两次谈话的内容基本上是一样的，就是强调实现现代化的关键是科学技术，发展科技必须抓教育，一定要在党内营造尊重知识、尊重人才的空气。小平同志说，"我自告奋勇管科教方面的工作"。他觉得，中国要走现代化建设之路，要改革，就必须寻找突破口，这个突破口就是科学技术。

当时，小平同志与诺贝尔奖获得者、美籍华人丁肇中教授谈话时说，我们的"文化大革命"，工业、农业都受到损失，但是损失最严重的是科学和教育，科学和教育损失了、耽误了十一二年。那时候宣传"读书无用"论，"知识越多越反动"，这些口号甚嚣尘上，损失惨重。要搞建设，没有人才、没有科学知识怎么搞，所以小平同志当时是心急如焚啊！

"文化大革命"对科学事业的破坏极其严重

记者：当时中国科学院的情况如何？

吴明瑜：科学领域成为改革的突破口，是有其前因的。早在1975年小平同志抓整顿时，就非常明确要建设四个现代化，关键是科学技术的现代化。1975年，胡耀邦来中国科学院搞整顿。他是7月18日受命，7月22日来到科学院，11月19日在"批邓打招呼会"上被停止工作，前后只有120天。但是就在这120天里，胡耀邦在中科院雷厉风行地进行拨乱反正，给科技界留下了极其深刻和久远的印象。

胡耀邦在科学院深得人心，一是因为他的人格魅力，更主要的是因为历史潮流。历史的潮流是非常重要的。"文化大革命"，流不完的泪，站不完的队，家家有怨气，造反派批别人，自己也被别人批，今天你批他，明天他批你。千千万万的家庭，上到国家主席，下到普通农民，从今人到古人，都是翻过来倒过去地折腾。老百姓都厌烦了，都希望安定，希望重新回到正常的工作学习岗位上去。

十年动乱的风风雨雨，国家的前途渺茫，个人的前途渺茫，科学的前途渺茫。"文化大革命"期间，中国科学院实在是惨不忍睹！当时中国科学院在北京地区有一百八十多位高级科研人员，80%的人受到各种批判，而且是非常严厉的批判、打击、迫害。被迫害致死的著名科学家有十几人。像赵九章，中国第一个提出搞人造卫星的科学家，著名的地球物理学家；又如叶渚沛，冶金学家，在国际上有很高的声誉，都被迫害死了。这还是在北京，外地科研院所的人员受迫害更严重，比如在长春的中国科学院光学精密机械研究所，几乎80%的人都被打成"特务"，逼死了十几条人命（邓小平同志知道这个事情后非常生气，在复出后立即要求吉林省委处理该所当时的军管会主任）。中科院"文革"前有一百多个研究所，到"文革"后期只剩下22个所。"文化大革命"十年对科学事业的破坏极其严重。

胡耀邦的 120 天

记者：胡耀邦采取了什么措施？

吴明瑜：针对"以阶级斗争为纲"的政治路线，耀邦在科学院搞整顿时说，我们一定要把科学搞上去，政治和政治工作是不一样的，政治是挂帅的，政治工作是为中心工作服务的，政治工作如果不能推动科学的发展，就是失败的。如果破坏了科学工作的发展，那就是反动的政治工作。当时能把话讲到这样的程度，人们觉得真正是至理名言。他在120天中主持制定了科学院《汇报提纲》，提出了一系列将科学工作引入正轨的措施。

1975年10月25日，科学院召开了"纪念长征胜利四十周年"大会。耀邦在会上深情地说，搞四个现代化，科学是中间的一个。三大革命运动，科学有三分之一，科学极其重要，四个现代化没有科学现代化，就不会有其他的三化。所以，我们要做这么一个奋斗。他说，他们在延安的时候，就点个小油灯，在灯下看书学习，现在是什么条件，虽然还是很困难，但还是有电灯啊，要抓紧时间。最后这25年的时间，就是赌咒、发誓，也要把中国的科学技术搞上去！他建议到 2000 年，再到这里开个大会，来庆祝我们这个长征胜利——"新长征"的胜利。他的讲话非常感人。他说："我今年是 60 岁，不知道我能不能活到那个时候，那个时候应该是年轻人上来讲话了，不是我们这些人上来讲话了，如果我能挣挣扎扎活到那个时候，我就让我的小孙子用手推车把我推到台前边坐着，我抽支烟，看你们在台上讲演，庆祝这个长征的胜利，我也分享这个快乐。"他讲到这里的时候，我看到台下成千的人都在流眼泪，唏嘘之声不断。

1975 年底，"四人帮"精心策划北京科技界的批邓大会，作为他们批"三株大毒草"（《论总纲》、《工业二十一条》、《关于科技工作的几个问题（汇报提纲）》）的第一个战役。首先从批科学院《汇报提纲》开始，因为他们认为这是邓小平"复辟"的先锋，胡耀邦是主要批判对象。批判大会是在首都体育馆开的，"四人帮"为了壮声势，搞了万人大会。胡耀邦当时因病住院，由李昌到会接受批判。当主持人宣布揭批邓小平的右倾翻案风大会开始后，不知台下谁给递了个条子，说大家都不认识这次会议的批判对象胡耀邦、李昌。会议主持人也没多想，就说，"李昌你站起来，下去走一圈，让大家看一看"。本来是要揪出来示众的，但李昌一站起来，全场爆发出热烈的掌声，李昌绕场一圈，一路走下去，走到哪里，哪里就热烈鼓掌！

当时场内安排了一百多位记者和摄影录像的人员，新闻制片厂等单位都来了人，这都是姚文元布置好的。预定《人民日报》第二天的头版留半个版面，报道这次会议，结果一开始就碰到了这么"煞风景"的事。批判会开始后，会场上的人就往外跑，万人会场，最后稀稀拉拉。拍电视的走到哪里，大家都用手来挡，所以电视片也拍不下来。造反派的头头着急了，看人都往场外跑，就叫人把首都体育馆的大门紧紧锁住，结果锁住也没用，人们跑到休息室不进会场。"批判会"开得一塌糊涂，这是"文革"以来前所未有的。人心所向，那时已看得很清楚了。

耀邦同志在中国科学院的 120 天，为粉碎"四人帮"之后振兴科学奠定了很好的思想基础，这也可以说是全国科学大会的前奏。

科学大会前的准备工作

记者：全国科学大会的筹备和召开，发生在中共十一届三中全会之前，可以说是改革开放的攻坚战，听说当时也遇到了许多阻力和干扰？

吴明瑜：科学大会在会前充分地做了酝酿和发动工作。翻开《邓小平文选》，可以看到小平同志在这个时期的一系列讲话：《"两个凡是"不符合马克思主义》、《尊重知识，尊重人才》、《完整地准确地理解毛泽东思想》、《关于科学和教育的几点意见》、《教育战线的拨乱反正问题》。在开会之前，先以中共中央的名义发出召开科学大会的预备通知，1977 年 9 月 17 日中共中央政治局会议通过，9 月 18 日发出，半年之后 1978 年 3 月 18 日开会。通知上有很多很重要的思想，最重要的是肯定二十多年来我们科学工作的路线、方针和我们的科技人员的努力，同时提出来要恢复研究生制度，恢复职称制度，等等。因此，这个文件发下以后，很多地方特别是知识分子荟萃的地方，已经被充分发动起来了。

为邓小平起草大会文件

记者：请您谈一谈起草大会文件的情况。

吴明瑜：我们当时成立了一个文件小组，由童大林负责，负责四个大会文件，第一个文件是邓小平的讲话，第二个文件是华国锋的讲话，第三个文件是方毅的报告，第四个文件是郭沫若的讲话，就是后来发表的《科学的春天》，收到中学语文课本里去了。

四个讲话文件中，最重要的是邓小平和华国锋的稿子，因为政策声明都在这两个稿子里，由我和林自新负责起草。我们是这样想的，邓小平的讲话是从他作为科学教育主管领导人的角度来讲党的科学工作的政策和知识分子政策。讲话稿中的很多重要观点，都来源于小平同志当时一系列讲话的精神。邓小平在 1977 年作过很有名的"8 月 8 日讲话"，对科学、教育问题作了一系列论述，并鲜明地提出：无论是从事科研工作的，还是从事教育工作的，都是劳动者。他特别强调，要把这个问题讲清楚，因为它同调动知识分子的积极性有关。知识分子问题不仅是科学界、教育界的问题，而且是整个国家的重大政策问题。我们在起草讲话稿时还查阅了"马恩全集"中有关知识分子的论述，马克思在《剩余价值论》中有一段关于知识分子的非常生动的分析，他认为一般的工程技术人员也参与创造剩余价值。学校中的教师也是生产剩余价值的"生产工人"。这也是知识分子"是工人阶级自己的一部分"论点的理论依据。

华国锋讲话稿的起草

记者：华国锋的讲话稿是怎么起草的呢？

吴明瑜：华国锋的稿子，因为他当时是国家最高领导人，要从更宏观的角度来讲。我和林自新商量之后，决定去征求一下胡耀邦的意见，当时耀邦同志在中央党校工作，但非常关心科学工作。胡耀邦建议华国锋的讲话讲一讲科教兴国或者叫科教建国。他说，旧社会有很多企业家、科学家、教育家提出了工业救国、实业救国、科学救国、教育救国，都不成功，为什么？因为政治没有改变，政权还在反动分子手上，它根本不会去推动科学工作的发展，更不可能来搞教育兴国。现在有条件了，我们应该提出一个新的口号，叫科教兴国或者科教建国。我们一听，觉得这个设想非常好，和邓小平当时讲话的精神是一致的。邓小平明确指出，我们国家要赶上世界先进水平，要从科学和教育着手。就是说要科教兴国，要搞四个现代化，突破口就是科学技术，而科学技术的基础在于教育，要培养人才。所以，我们接受耀邦同志的建议，回来后就把两个稿子这么起草了。

邓小平对讲话稿很满意

记者：邓小平看了讲话稿后有什么意见？

吴明瑜：这两个稿子写完以后，同时送上去。小平同志很快有了回音。因为讲话稿体现了小平同志的改革思想和多次讲话精神，他只调整了个别段落和字句。据《邓小平年谱》记载，邓小平看后说：科委给我起草的讲话稿，我看写得很好，文字也很流畅，多半都是我讲过的话。

小平同志的讲话稿一共有三个部分，第一部分有两个主要论点：科学技术是生产力；知识分子"是工人阶级自己的一部分"。关于"科学技术是生产力"，引用了马克思的话"生产力中也包括科学"，并作了进一步的分析和阐述。第二部分讲科技队伍建设。第三部分是科技工作的一些实质性的措施，包括党如何领导科学技术工作，科学工作中如何配备干部，怎么选拔人才，学术上坚持"百家争鸣"方针等具体内容。

小平同志认为第三部分也很重要，他有一次跟外国人讲，"我在科学大会上的发言，讲的第三部分不为很多人注意，大家没有注意，其实很重要，我愿意当大家的后勤部长"。邓小平对"科学技术是生产力"这句话非常喜爱。1989 年他会见外宾的时候又说了一段话，他说："过去说，马克思认为科学技术是生产力，现在看来不够了，科学技术是第一生产力。"后来我们在学习讨论中认为，邓小平讲"第一"这两个字不仅仅是个序列问题，他讲的是"第一重要"，是重要的生产力，因为科学推动了其他的生产力。1992 年邓小平视察南方时又说，要提倡科学，靠科学才有希望。他在生命最后的十几年，看到了世界的变化，越来越感到科学技术的重要性。

邓小平同志坚持"一字也不要改"

记者：在当时的环境下，这个讲话稿有没有碰到阻力？

吴明瑜：稿子当时在社科院内部没有遇到任何阻碍，阻力来自上层。当时，中共中央主管宣传工作的一位副主席在政治局会议讨论稿子时说，"我看这个稿子马克思主义水平不高，关于科学工作和知识分子的问题，毛主席讲了那么多，为什么不引用？"他特别列举了"对知识分子要团结、教育、改造"这一条，质问我们为什么没有写。会后方毅同志和我们请示邓小平，小平同志说："一个字也不要改。"

知识分子"是工人阶级自己的一部分"这句话，具有极其重要的意义。过去毛主席讲过的"团结、教育、改造"，是不同阶级之间的关系，划定知识分子属于"资产阶级知识分子"，而邓小平的论断明确了知识分子是自己人。大会开幕的前一天，宣传口的一位负责人打电话来，又提了两条意见：第一条意见，建议修改一个标点符号；第二条意见，关于知识分子"是工人阶级自己的一部分"，建议修改成"我们已经有了一支工人阶级的又红又专的知识分子队伍"。这个意见与邓小平同志讲稿里的意思有着根本的区别。因为知识分子"是工人阶级自己的一部分"这是一个全称，是指知识分子的整体队伍。说"有了一支"，是多大的比例呢？我们与方毅同志讨论时明确提出了这个看法，方毅同志立即向小平汇报。小平同志说，第一条意见接受，标点符号你们改一改；第二条意见不改，维持原样。

为华国锋起草的讲话稿却一直没有回复，直到大会开幕，邓小平讲完话了，仍然没有。我们很着急，方毅更着急。突然之间华国锋讲话稿送下来了，是另外找人写的，我们起草的稿子废弃不用了。科教兴国的思想在新的讲话稿里没有反映出来。华国锋在讲话中还是强调，对大多数知识分子来说，要帮助和教育他们树立无产阶级的世界观。只说"有了一支又红又专的知识分子队伍"，就是不从整体上肯定知识分子的地位。这反映出在知识分子问题上，长期以来在我们党内高层领导上两种思想的斗争。经邓小平讲话和改革开放的推进后，"科学技术是生产力"、"知识分子是工人阶级的一部分"才逐步成为共识。

邓小平讲话后，反应非常热烈。南京天文台的台长张钰哲，那时候七十多岁了，听了小平同志的讲话，老泪纵横。确实，过去都把知识分子当做异端，现在成为领导阶级的一部分，成为自己人了。农科院院长金善宝激动地说，我今年82岁了，但此时此刻，我心中充满了青春的活力，在新长征的道路上，我要把82岁当成28岁来过。上海生理所所长冯德培就讲，听了小平同志的讲话以后，过去很多争论都解决了，这样大家都可以放手放心干事情了。聂荣臻和邓小平都接见了陈景润，当时还照了一张很有名的合影，影响很大。会议还表彰了一大批科学工作者。参加科学大会的有五千多名正式代表，加上有关单位列席的，共有七千多人，这个会议影响很大很深。当时的会议简报，反映了会场上很多动人的场景和气氛。

记者：您觉得1978年的全国科学大会，对我们今天有什么启示？

吴明瑜：科学大会最重要的意义有两条：第一，振奋人心，改变了知识界的命运，从而迎来了科学的春天，迎来了新中国的春天。郭老的那篇讲话为什么感人呢？很重要的一条就是"科学的春天"这个概念，一下子解放了中国千千万万的知识分子。本来每个人头上都有一个紧箍咒，说你是资产阶级知识分子，就要挨批判挨整，谁受得了？现在"是工人阶级自己的一部分"，而且是工人阶级里面的优秀部分。科学技术人员是新的生产力的开拓者，开拓新生产力的人不就是优秀分子吗？这是功莫大焉。科学大会从整体上改变了社会风气，使人们都去追求知识、追求科学，我觉得这是科学大会最重要的意义。

第二，科学大会把科学技术提高到一个空前的地位。现在我们说"科学技术是第一生产力"，大家都觉得是轻而易举的一句话，但是不知道这句话有千斤重。知识分子问题现在已经不成问题了，现在有人说把知识分子说成"是工人阶级自己的一部分"，好像太低了吧？但是他不知道当初提出这个问题的重要性，当时把知识分子当成工人阶级的一部分，是自己人，这是极其重要的，这在当时是翻天覆地的变化，调动了千千万万知识分子的积极性，这才有了新时期人才辈出的局面。

（吴明瑜曾任国家科委副主任、国务院发展研究中心副主任）

（摘自《新华文摘》2008年第10期，原载：2008年3月20日《南方周末》）

13 1978 年全国科学大会的前前后后①

陈 磊

"'老九'是香的不是臭的"

1977 年 8 月 4 日，人民大会堂。吴文俊、邹承鲁、马大猷、王大珩、周培源、苏步青等科教界 30 多位专家从全国各地赶到这里，参加由邓小平亲自提议召开并主持的全国科教工作座谈会。

这是邓小平恢复职务后首抓科教做的第一件事。

会场上，大家很随意，不分尊卑，围坐一圈，畅所欲言，邓小平不时插话。

与会者欣喜地发现，5 天会议，邓小平一次不落出席了全部议程；他们更不曾想到，这个七嘴八舌的"情况收集会"会成为半年之后召开的全国科学大会思想的滥觞。

"如果说 1978 年的全国科学大会预示着科学春天的到来，那么这次会议就是春天前的惊雷。"原国家科委副主任吴明瑜如此评价。

在中科院原副院长李昌的秘书明廷华看来，"文革"是从学术文化界和知识分子开刀的，科教领域则是损失最惨重、恢复最困难的"重灾区"。

知识分子受到严重摧残，源于"两个估计"。1971 年 8 月 13 日，《全

---

① 原题为《30 年前，全国科学大会的前前后后》。

国教育工作会议纲要》宣称，在1966年"文革"开始以前的17年间，教育战线是资产阶级专了无产阶级的政，是"黑线专政"；大多数知识分子的世界观基本上是资产阶级的，是资产阶级知识分子。

这就是所谓的"两个估计"，它成为压在知识分子心头上的两座大山，套在知识分子脖子上的两把枷锁，捆住知识分子手脚的两道紧箍咒。

"臭老九"成了知识分子共同的称谓，意即在中国这块土地上，作为专政改造的对象，除地、富、反、坏、右、叛徒、特务、走资派八种人外，还要将知识分子列入第九类，这与古代"七娼八盗九儒十丐"，将人分成三六九等的做法别无二致。

"文革"兴起，一出出骇人听闻的悲剧、荒唐无比的闹剧在科技教育界轮番上演。

国家科委、全国科协、中国科学院先后被"砸烂"，虽然1970年中科院与国家科委合并，组成新的中科院，对外活动仍用全国科协的名义，"三科合一"，但仍处于混乱之中。

到1968年底，中科院仅在北京的171位高级研究人员中，就有131位先后被列为打倒和审查对象，全院被迫害致死的达229名。上海在科技界制造的一个特务案，株连了14个研究单位，1000多人。受逼供、拷打等残酷迫害的科技人员和干部达607人，活活打死2人，6人被迫自杀。

除了被立案审查或打倒以外，大批科技人员和干部被下放到"五七"干校，在"牛棚"接受改造。著名科学家童第周被指派打扫厕所，被人形象地称为"斯文扫地"。

全国科技工作一直处于混乱瘫痪状态。陈伯达竟提出"要把牛顿、爱因斯坦远远抛在后面"，批爱因斯坦的相对论。为此，中科院革委会专门组织了"相对论批判办公室"，出版刊物；"上海市科技革命大批判写作组"把爱因斯坦说成是"自然科学中最大的资产阶级反动学术权威"，"是自觉地充当资产阶级恶毒攻击马克思主义的'科学喉舌'"。

像"知识越多越反动"、"卫星上天，红旗落地"、"科技系统知识分子中的特务不像果树上的苹果是一个一个的，而是像香蕉一样是一串一串的"、"科技界有六多：知识分子多，统战对象多，进口货多，特务多，集团案件多，现行反革命多"等不可理喻的谬论，作为至理名言甚嚣尘上。

邓小平对此痛心疾首。1975年复出后，他就提出对中科院进行整顿。这次整顿是对全国科技工作领导机构进行整顿，重点是对知识分子政策和科技政策进行调整。

后来由胡耀邦主导形成的《科学院工作汇报提纲》，贯穿了邓小平整顿科学、整顿教育的指导思想。

虽然后来这份文件因"批邓——反击右倾翻案风""胎死腹中"，但也吹皱了一池春水。

正所谓春天到来之前，乍暖还寒。

镜头还是拉回到这次座谈会。

在场的科学家没想到，自己大胆建言献策，如提高教学质量、改革招生制度。恢复高考；尊重知识、尊重人才，恢复知识分子名誉；保证5/6的时间搞科研，改变用非所学等建议均得到了邓小平的当场拍板。

会议期间，邓小平还亲自过问童第周，通知让他参加会议，并说："让他扫地是糟蹋圣人。"

8月8日上午，邓小平在座谈会结束时发表讲话，对17年估计、调动积极性、体制、教育制度、后勤工作及学风六个问题作了重要指示，即著名的"八八讲话"。

吴明瑜不仅是《科学院汇报提纲》的执笔人，还是这次科教座谈会纪录的整理者。在他看来，"'八八讲话'没有讲稿，它是小平同志长期深思熟虑的结果"。

"人们谈起这次座谈会多强调其在恢复高考中所起的作用。其实，会议的内容和意义远不止于此。"参加这次会议的著名物理学家、北大原副校长沈克琦认为："科教座谈会实现了两个突破：在思想上突破了'两个凡是'，在科教战线上突破了'两个估计'。假如没有这两个突破，科教战线的拨乱反正就不可能。"

至今，让许多与会者感到最温暖的，仍津津乐道的还是小平同志的那句话："毛泽东同志说，'老九不能走'，说明知识分子是香的不是臭的。"

一次由党中央筹备了九个月的大会

"四人帮"虽已粉碎，但整个国民经济到了崩溃的边缘，国运茫茫，中国走向何方？

一场声势浩大的思想解放运动正在中国大地上酝酿。

要打破禁区，改革创新，科技教育成了最好的突破口。所以邓小平1977年复出后自告奋勇抓科教，数月后，中央决定召开全国科学大会。

9个月的筹备工作紧锣密鼓地展开。

1977年6月6日，成立了由方毅、李昌、武衡、张爱萍等16人组成的全国科学大会筹备工作领导小组。

领导小组成立后，抓了以下工作：起草会议的主要文件；编印《简报》；审定100多份典型材料；评选先进集体814个，先进科学技术工作者1158人，优秀成果7000多项；筹办了民口和国防口两个科研成果展览会；还安排了接待、保卫、组织和会务方面的工作。

1977年9月5日至15日，全国科学大会预备会议在北京前门饭店召开，会议印发了叶剑英元帅的诗《攻关》："攻城不怕坚，攻书莫畏难。科学有险阻，苦战能过关。"大会召开前两天，聂荣臻元帅赋诗《攀高峰争朝夕》祝贺，大会召开后，叶剑英元帅抑制不住内心的激动之情，也泼墨挥毫写下一首新词《祝科学大会——调寄忆秦娥》。

"科学大会的召开是中央一系列会议联动的结果"。科学大会文件起草组成员、原科技日报社社长林自新认为，自中央决定召开大会后，在思想和理论问题上做了一系列准备，召开了一系列筹备会议和两次科学规划会议。同时，叶帅、聂帅为科学大会做诗赋词，表明了中央高层和部队的多数领导与邓小平达成了共识。

1977年9月18日，中共中央发出了《关于召开全国科学大会的通知》。9月21日，中科院在北京首都体育馆召开万人大会传达《通知》和全国科学大会预备会议的精神。9月23日，《通知》在电台、报纸全文广播和刊登公布，直接同全国人民见面。

这篇长达 12 页的《通知》明确指出，"要抓紧落实党的知识分子政策"，"应当恢复技术职称，建立考核制度"，"保证科学研究人员每周至少必须有 5/6 的业务工作时间"。其中，保证 5/6 的时间搞科研，在今天看来，简直是再正常不过了的事情。但是，在那个"政治可以冲击一切"的年月，谁抓业务就给谁扣上破坏革命的大帽子，他们甚至把用业务时间去看样板戏也当做政治任务。这套做法，闹得科研人员"欲干不能，欲罢不忍"，浪费了大量宝贵时间。

邓小平对此问题予以高度重视。

早在科教座谈会期间，有人提出要保证 5/6 的科研时间，邓小平插话说，前边要加上"至少"两个字。这一点不仅写进了召开科学大会的通知，也写进了科学大会开幕式的讲话中。

制定全国科学技术发展规划也是全国科学大会的重要任务之一。自中央发出召开大会的《通知》后，相继召开了全国自然科学学科规划会议和全国科学技术规划会议，制定了 1978—1985 年全国科学技术发展规划（草案）。

各省、直辖市、自治区和国务院各部门都很重视这次大会的召开，积极推选了大会代表和特邀代表；大力推荐先进典型和优秀科技成果；制定科学技术发展规划；整顿和充实科研单位的领导班子，建立和健全党委领导下的分工负责制；落实党的知识分子政策。恢复技术职称，提升了一批研究员、教授和工程师。例如安徽省委对 5000 多名用非所学的科技人员，进行合理调整，努力做到人尽其才，各得其所；上海等地一些遭受"四人帮"迫害的科技人员冤案得以昭雪；上海、广东等地都召开了科学大会，表彰科学技术先进单位和先进工作者，科技战线呈现了新面貌。

科学大会通知发布以来，各地出现了向科技部门写信、提建议、献成果、荐人才的热潮，仅中科院每天就收到人民来信二三百封。

一家三院士重聚大会堂

1978 年 3 月 18 日，这一天注定要被历史铭记。

全国科学大会开幕。

会场内红旗飘扬，主席台上悬挂着郭沫若为大会题写的"全国科学大会"的横幅。

5000 余名代表相继来到会场。

在主席台就座的除了各部委、解放军各总部和国防科委的负责人、大会领导小组成员、各代表团团长之外，还有老中青科学家：马大猷、王大珩、王淦昌、叶笃正、朱光亚、华罗庚、严济慈、苏步青、吴征镒、汪德昭、张光斗、陈景润、茅以升、林巧稚、侯祥麟、钱三强、钱学森、高士其、黄昆、童第周……这些已入古稀或耄耋之年的老朋友，相隔多年之后，劫后余生，会上重逢，恍如隔世，百感交集，不觉老泪纵横，激动不已。他们有诉不完的苦，说不完的话。他们时而声泪俱下，时而开怀大笑。吴征镒、吴征铠、吴征铿三兄弟，"文革"期间分散各地，这次会上，度尽劫波，得以相见，重见天日。这三位著名科学家（均为院士，被称为"一家三院士"）共赴科学大会，一时传为美谈。许多科学家们彼此握着手，顿生大难不死喜相逢的感慨，"哽咽不能语，唯有泪千行"。

出席大会的有包括台湾省在内的 30 个省市自治区，中直和国家机关，以及解放军和国防工业部门，共 32 个代表团。参加这次空前盛会的代表中，有 820 个先进集体代表和 1189 个先进个人。他们当中有来自科研机构、高等院校、工厂、农村、部队、医院的科技人员 3478 人，占代表总数的 62.3%。其中，副研究员、副教授、副总工程师以上的有 978 人，包括中科院学部委员 117 人，各学会理事长 54 人。35 岁以下的青年有 159 人，约占 2.9%，36 岁至 55 岁的中年 3732 人，占 66.8%；56 岁以上的老年 1695 人，占 30.3%。其中，年纪最轻的只有 22 岁，80 岁以上的有 31 人，年纪最大的 90 岁。这位 90 岁高龄的就是我国地质学界的老前辈何杰教授。他早年创建了北京大学地质系，后来又在 9 所大学连续任教几十年，他曾和著名的地质学家李四光一起，培养了许多地质科学工作者，桃李满天下。参加大会的地质工作者，就有 12 位是何杰的学生。

成都地质学院 59 岁的罗蛰潭教授，在会上一看到他的老师、比他年长 31 岁的何杰，马上前去伸出双手，扶着老师走进了休息室。他们已经阔别

23 年了，今天师生俩相依而坐，倾诉衷肠：

"党中央召开全国科学大会，给了我们见面的机会；要是在前几年……"

"别看我老了，我还没有退休，还要为地质工作做贡献，不久前我还为国家写了一份发展我国矿业科研的意见书。我希望能亲眼看到 2000 年祖国的四个现代化。"

科学大会的召开，如春风送暖，激发了中青年科学家的报国情怀，也搏动了暮年科学家老骥伏枥的不已壮心，"狂来欲碎玻璃镜，还我青春火样红……"

30 年后，当年亲眼所见、亲耳所闻这一情景的吴明瑜，发出了这样的感叹："我们中国那一代的知识分子是最廉价，也是最可爱的，56 块钱的工资一拿就是几十年，'文革'受尽了非人的折磨，一旦我们的党进行了拨乱反正，向他们发出召唤，最后还是一心向着党、向着祖国、向着科学。"

"解放的不仅是人，还有智慧"

1978 年 3 月 18 日下午 3 时，大会开幕。邓副主席操着那口熟悉的四川口音，作了重要讲话。

这次会上他明确提出"四个现代化关键是科学技术的现代化"、"科学技术是生产力"、"知识分子是工人阶级一部分"等著名论断……

这席讲话在人民大会堂，在神州大地引发了深远而持久的历史回响。

"粉碎'四人帮'后，中国经济到了崩溃的边缘，这是大家的共识。但是科教领域落后的严重性是邓小平讲话后才明确提出的。这个讲话就是针对和回应了当时政治界和社会热烈争论的问题。"林自新说。

在大会的小组讨论中，中国社科院哲学研究所查汝强如是评价："小平同志进一步阐明科学是生产力这一原理，我们党关于科学技术的一系列政策、方针就将奠定在一个更加坚实的理论基础上，也就彻底驳倒了'四人帮'炮制的所谓'自然科学是上层建筑'这一反动理论观点。"

"在科学大会之前，中国所有大大小小的政治运动都是以知识分子为对象，科学大会是改弦更张的大会，彻底改变了知识分子的地位。"吴明瑜认为。

虽然早在 1962 年广州会议上，周恩来重新肯定了我国绝大多数知识分子是属于劳动人民的知识分子。"知识分子是劳动人民的一部分"，当时的知识分子听来已经很是感动了。陈毅则更加干脆，说要给知识分子"脱帽加冕"，脱资产阶级之帽，加无产阶级之冕。

然而，知识分子并没有就此摆脱作为批判对象的厄运，一到了阶级斗争年年讲、月月讲、日日讲的时候，知识分子就被推上祭坛成为锋芒所向的活靶子，尤其是"文革"期间，更达到登峰造极的地步……

曾经担任"九院"副院长的核物理专家高潮回忆起那段往事，仍感慨不已。当时，许多大牌科学家都被迫承认自己是"资产阶级知识分子"。但是高潮却怎么也想不通。自己 15 岁参加革命，然后到苏联学习，怎么现在成了"资产阶级知识分子"。一个老工人负责高潮的"思想教育"，后来苦苦"求"他："老高，大家都承认了，你不承认，我这儿也交不了差。"最后，高潮承认"受过资产阶级知识分子和修正主义教育"，算是过关了。

那一年春天，有关方面用军用飞机专程把高潮接到北京，参加全国科学大会。

"开了科学大会，回来就发现研究所的气氛非常热烈。解放了！解放了！我们组织'科技苦战能过关'，大家从早到晚干活，好像都不知道累一样。"高潮回忆说，"解放的不仅是人，还有智慧！"

大会间休息时，休息厅里一片欢乐，笑声盈盈。多年的战友喜相逢，昔日的师生重会面。

继续开会的时间到了，有两位代表还在谈心。他们是广东汕头超声电子研究所所长姚锦钟和一机部科技局副局长陶亨咸。姚锦钟说："大会叫人坐不住啊！回去以后，我要尽力把无损检验技术搞上去。"陶亨咸一边啧啧称赞，一边说："我愿尽力为你创造条件。"他俩的脸上，都露出了会心的笑容。

71 岁的著名科学家王淦昌说得好，"四人帮"时期我们有压力，那是令人窒息的政治压力；现在也有压力，但这是鼓舞人心的革命压力，这种压力将产生巨大的推动力量。

散会后，代表们走出大会堂，十里长街已是万盏灯火。这是一个欢乐的夜晚，兴奋得令人难以入眠的夜晚。……

"我愿意当大家的后勤部长"

邓小平在科学大会讲话的第三部分中，着重阐明了：科学技术部门的各个研究所怎样实现党委领导下的所长负责制。

他以党中央副主席的身份，向科学家们诚恳地表白："我愿意当大家的后勤部长，愿意同各级党委的领导同志一起，做好这方面的工作。"讲到这里，会场上出现又一个动人情景：暴风雨般的掌声中断了邓小平的讲话，经久不息。

这句话，说到了科学家们的心坎里，也为各级科技单位和部门党委领导人，给出了一个最准确的定位和示范。

他说，能不能把我国的科学技术尽快地搞上去，关键在于我们党是不是善于领导科学技术工作。

"为了适应我国社会主义革命和社会主义建设的新的发展时期的需要，我们党的工作重点、工作作风也都应当有相应的转变。"

邓小平指的转变是针对当时科研单位用非所学，外行领导内行的现象提出的。

早在科教座谈会上，邓小平就明确主张科研院所应该配备"三套马车"：一个党委书记，热心科学和教育，多半是外行，当然找内行更好；一个研究所所长，能组织领导科研工作，是管业务的，这应当是内行；再一个是管后勤的，即后勤部长。当时，他就提出自己来当后勤部长。

"陈景润效应"

3月27日，大会4位代表发言，中科院数学研究所研究员陈景润作了题为《科学有险阻苦战能过关》的发言。

然而，最让他家喻户晓的还是那篇《哥德巴赫猜想》。

1978年1月，《人民文学》杂志发表了作家徐迟的报告文学《哥德巴赫猜想》，之后《人民日报》、《光明日报》同时转载了这篇文章。《人民日报》用三大版的篇幅转载一篇文学作品，是新中国成立以来未有的。

一时间，洛阳纸贵。

一时间，陈景润，这个已过不惑之年，瘦弱多病的数学家，成为全国青年男女的偶像。

内向的性格，加上病弱的体质，陈景润这个曾经被批判为只搞科研不关心政治，走"白专道路"的书呆子，证明了《哥德巴赫猜想》中的（1+2），摘取了"数学皇冠上的明珠"，成为最接近猜想的第一人。

而这一切，都是在中关村88号集体宿舍三楼，一间六平方米的锅炉房里完成的。屋里除了一张床和一个小桌子之外，别无他物。

但是，薄薄的门墙却无法替它的主人挡住外来的风暴：白痴、寄生虫、剥削者、修正主义苗子，无数帽子扣向陈景润。

于是他把所有的玻璃窗糊上纸，躲在里面偷偷摸摸搞科研。演算纸上面放着《毛泽东选集》，只要有人进来，就拿起"毛选"盖上。

在拳脚和辱骂声中，他用7年的时间简化完善了他原来的论证，使厚厚的几堆演算纸变成了薄薄的十几页。1973年，论文在《中国科学》发表，国内外数学界为之震动。

他的际遇引起了邓小平的高度重视，这位科技界最大的"后勤部长"发话了："少数人秘密搞，像犯罪一样。陈景润是秘密搞的，这些人还有点成绩。陈景润究竟算红专还是白专？中国有一千人就了不得。"

邓小平曾多次过问陈景润的身体状况，并指示有关部门解决了他生活的实际问题，改善其科研环境。

几乎在陈景润获取成果的同时，1977年2月25日，中国科学院数学研究所实习研究员杨乐和张广厚，在世界上第一次找到了函数值分布理论中的两个主要概念——亏值和奇异方向之间的有机联系，推动了函数理论的发展，轰动了国际数学界，被称之为"杨张定理"。

1977 年，中央决定将陈景润从助理研究员提升为研究员，杨乐和张广厚从实习研究员提升为副研究员。这意味着恢复职称评定制度，是当时中国进入"科学的春天"的举措之一。

当时年仅 38 岁的杨乐，也成为当时青年心目中攀登科学高峰的偶像人物，并参加了这次大会。

陈景润则作为中国知识分子的优秀代表，和老师华罗庚一起坐上了会议主席台。更让他兴奋的是，邓小平、聂荣臻专门接见了包括他在内的一些著名的科学家代表。

当他伸出双手，握住邓小平的手时，不善表达的他深深鞠了一躬。

"咔嚓"，历史在这一瞬间定格。千言万语，尽在这无声一握之中。

在大会期间，除了陈景润，还有一大批科技专家作了大会发言，如物理学家周培源、生物农学家金善宝、吉林大学教授唐敖庆、大庆总地质师闵豫、冶金部钢铁研究院物理室主任陈篯、成都工具研究所工程师黄潼年、第七机械工业部第五研究院孙家栋等。

当时，孙家栋作了关于我国空间事业发展的发言；30 年后，作为绕月探测工程总设计师，他实现了郭沫若在《科学的春天》中所说的"嫦娥奔月"的设想。

他回忆说，虽然"文革"期间，他所在的航天领域得到一定的保护，但当时整个社会风气对科学、对知识的态度是扭曲的。20 世纪 70 年代，刚经过"文革"浩劫的中国，科学和教育饱受摧残，"读书无用论"甚嚣尘上。"四人帮"竟然提出，"知识分子从小到大所学的知识统统忘了还好些，全国都成了文盲也是一个胜利"。

但这次大会彻底改变了这种观念。

这次科学大会上，1192 名先进科技工作者和 7657 项优秀科研成果的完成单位和个人在大会上受到表彰。

在全国科学大会召开的日子里，大会秘书处先后收到各地区、各部门向大会献礼的科技成果 1319 项；收到贺电、贺信、建议、其他来信共 2 万多件。

会后，全国上下奋起直追、争分夺秒，大家发誓"学习陈景润，为实现四个现代化攀登科学高峰"，"把被'文革'耽误的时间抢回来！"

据报载，当时有的科研人员周日也不休息，陪来北京的亲戚逛半天颐和园，还为"浪费"半天时间心疼得流下眼泪。

1978 年全国科技大会后，科技报纸和科普版面增加，有的地方科技报的发行量甚至超过了百万份。

科学家一夜之间成为最美好的理想、最时髦的职业。孩子在被问到"长大后做什么时"，都会铿锵有力地回答："长大要当科学家！"当时报纸说的完美男人都是科学家、工程师。一时间，城市的女孩子都在找科技人员当丈夫。陈景润就收到了从全国各地寄来的近千封情书。

一篇《哥德巴赫猜想》，唤醒了一代人。

一次科学大会，开创了一个科技发展的崭新时代。

《科学的春天》诞生记

3 月 31 日大会闭幕时，86 岁高龄的中国科学院院长郭沫若发表了书面讲话《科学的春天》："我的这个发言，与其说是一个老科学工作者的心声，毋宁说是对一部巨著的期望。这部伟大的历史巨著，正待我们全体科学工作者和全国各族人民来共同努力，继续创造。它不是写在有限的纸上，而是写在无限的宇宙之间。"

这篇讲话由著名播音员虹云当场朗读，声音抑扬顿挫，饱含深情，掷地有声，会场上顿时响起一阵阵春雷般的掌声。

其实，《科学的春天》背后还有一段鲜为人知的故事。

大会开得火红热烈，进展顺利，前景鼓舞人心。会议组织者在 3 月 25 日碰头商议时，提出进一步完善大会闭幕式的构想，请文件组为郭沫若院长起草一篇讲话稿，给大家再鼓鼓劲，把拨乱反正、思想解放推向高潮。

郭沫若时任中国科学院院长，又是人大副委员长，同时又是诗人，这个身份来讲话很合适。

距离会议闭幕的日子不足一周了。但此时，郭沫若仍卧病在床。会议开幕式时，他就是从医院直接来到主席台就座的，而且未能久坐。由他亲笔写讲话稿已经不可能，那么谁来代为起草呢?

简报组的胡平建议请徐迟来写，说徐迟和郭沫若都是诗人，有相通之处，而且徐迟刚发表了《哥德巴赫猜想》，一时间名满天下。

徐迟欣然命笔，但最后草拟的文稿过于浪漫、分散，诗人味道太浓，在大型庄重的会议上宣读不太适宜。

距离大会还有三四天时间，再另找他人执笔已经来不及了。于是，起草讲话稿的重任落到了40多岁的胡平头上。

胡平推托不了，只好答应，并请假回家创作。

在回家的路上，坐公交汽车的胡平看到路边的柳枝已经饱含绿色，吐出嫩叶，不禁感慨：前些天在宾馆里忙于会务，浑然不知春天已经到来，而且春分已过，又一个清明将要来临。他突然产生了联想：春天来了，这不仅仅是大自然的春天！科学的春天已经来临了，那就让我们迎接科学的春天吧！他激动了，文章的题目已跃然纸上，这就是《科学的春天》。

由于在路上他基本打好了腹稿，回家后，胡平把自己关在小书房里开始动笔了。他认为，既然是为郭沫若写讲话稿，讲话稿就要符合郭老的身份：政务活动家，科学家（考古学家、历史学家），诗人（文学家），这三种身份是融为一体的。

胡平首先写"四人帮"迫害科学事业那种情景一去不复返，总的政治形势现在已经明朗。他引用了叶剑英的诗句"老夫喜作黄昏颂，满目青山夕照明"，作为此时讲话者心情的写照。

第二部分讲中国要建设，一定要有人才，主要是知识分子问题。胡平引用了恩格斯对文艺复兴的一个评语"那是一个需要巨人而且产生了巨人的时代"。突出人才文化，只有有了巨人，国家才有希望。接下来，胡平将吴明瑜的建议发挥出来：科学是讲求实际的。同时，科学也需要创造，需要幻想。他想起了电影传记片《哥白尼》中主人公的一句台词"人的天职在勇于探索真理"。胡平感到，科学需要有这样一种精神：既异想天开，又脚踏实地。于是，他写道："让我们在无穷的宇宙长河中去探索无穷的真理吧！"该写结尾了，胡平觉得还需要一个高潮。他采用了徐迟原拟稿中的12个字"春分刚刚过去，清明即将到来"。接着，胡平联想到唐代大诗人白居易描写春天的诗句"日出江花红胜火，春来江水绿如蓝"。他挥笔写来，把前面写实了的东西虚写一番，表现出科学家和诗人的意境和愿望。

胡平一夜激情如潮，文思奔涌。《科学的春天》就这样诞生了。

第二天，童大林、吴明瑜看过稿子，一致肯定，提笔略做一些字句的修改，立即发排。第二天，公务人员将稿子送给卧病在床的郭沫若。据回忆，郭沫若在病榻上看完稿子，走下床来，在文中加了四个字，然后提笔签写了自己的名字，表示同意。

后来，这篇书面讲稿收录了教科书，成为中国科学发展史上的耳熟能详的名篇力作。

《科学的春天》也由此成为许多老一辈科研人员最温暖的记忆，成为新中国科技发展史上最具有转折意义的标志性符号。

此后，改革开放拉开了序幕。

30 年后的今天，"提高自主创新能力、建设创新型国家"的号角又已吹起，《国家中长期科技发展规划纲要》正在进一步落实。

"好雨知时节，当春乃发生"，春天的故事还在继续……

（摘自《科技日报》2008 年 3 月 17 日）

14 外交部的"拨乱反正"

　　1976 年对中国来说是极不寻常的一年。我们敬爱的周总理、朱德总司令和毛主席相继去世，全国人民沉浸在一片哀思之中。"文化大革命"进行了十年，人妖颠倒，鬼魅横行，生产停滞，百业凋敝，经济到了崩溃的边缘。1976 年 9 月 9 日毛主席去世后，"四人帮"认为时机已到，加紧篡夺党和国家的最高领导权的活动。以华国锋、叶剑英为首的政治局常委征得政治局许多委员和老同志的同意后决定采取断然措施，对"四人帮"及部分骨干实行隔离审查。这一行动代表了全党和全国人民的热切愿望，一举粉碎了"四人帮"的凶险阴谋，挽救了中国革命的前途。"文化大革命"随之结束。"四人帮"被逮捕的消息一公布，举国欢庆，全国几百个大小城市和各地农村的亿万人民自动走上街头，连续三天举行庆祝游行。我们在纽约代表团里也聚餐饮酒，庆祝打倒"四人帮"的胜利。

　　12 月 1 日，我接到中央的调令，要我在十天内完成辞行拜会并回国。当时我的下腰椎病急性发作，只好用电话向联合国秘书长德奎利亚尔、安理会各常任理事国常驻代表、各友好国家大使、美国朋友和华人朋友道别，于 12 日回到北京。

　　我抵达北京机场后，一下飞机，就看到外交部全体副部长如徐以新、韩念龙、何英、仲曦东、王海容等都来接机。我还没有来得及询问，王海容告诉我说，中央决定让我担任外交部长。……外交部是周总理和陈毅副总理兼外交部长长期领导的重要部门，绝大多数干部对"文革"有自己的看法，始终对"四人帮"及其追随者有抵制和斗争。江青一伙为抢班夺权，自然不能放过这一要害部门，对外交部的"文化革命"插手很深，使外交部成了文革的重灾区，"文革"一开始几乎所有驻外使馆的大使和参赞被调回国，当做"走资本主义道路的当权派"挨整被斗。"四人帮"使用卑鄙的手段蒙骗广大群众，企图打倒周恩来和陈毅，再次打倒复出不久的邓小平。在"四人帮"的指使下，外交部曾开会批判周总理，诬蔑他执行"三降一灭"（即"投降帝国主义，修正主义和各国反动派，消灭民族解放斗争"）的外交路线。江青掌握的中央文革领导小组曾派员到外交部，煽动夺权。随后，外交部的政治部被夺权，部领导瘫痪，使外交大权旁落达一个多月之久。在极"左"思潮影响下，发生了万人围攻人民大会堂、火烧英国驻华代办处等事件，造成恶劣的国际影响。1975年夏，外交部内一小撮人贴出大字报批判邓小平搞卖国外交。

我回京后第二天，应邀去见中共中央政治局委员李先念，他对我说："政治局要你回来主持外交部的工作。"过后，我去看了叶剑英副主席，他对我简单地介绍了打倒"四人帮"的过程。这时我才知道，为革命多次建功立业的叶剑英同志在我国命运的关键时刻采取果断措施，又一次为国家和人民立下了不朽的功勋。叶帅一贯抵制江青一伙在"文化大革命"中的倒行逆施，因此被"四人帮"视为眼中钉，对叶帅横加迫害，监视他的一言一行。记得1976年6月，我从纽约回国述职，去看望叶帅，他为防止窃听，把客厅的收音机的声音放得很大，但我们两人的交谈也无法进行了。于是叶帅建议我们到当时奉江青之命不对群众开放的北海公园去。我们在仿膳饭店门前的湖边，坐在两把椅子上喝着一壶清茶谈话，他的秘书警卫则四散去附近钓鱼。叶帅对国内局势异常担忧和不满，不过他对老干部和军队很有信心，并认为广大群众也只是对"四人帮"敢怒不敢言而已。果然，不到半年之后，"四人帮"垮台，全国欢腾，中国开始了一个新的局面。

……

1977年，全国掀起揭批"四人帮"的高潮，进一步揭露他们的罪行。

我与乔冠华在外交部共事多年，他的前妻龚澎同志是我在燕大的校友。龚澎是一二·九学生运动的骨干，业务能力和政治思想都很强，是女干部中的杰出人才。在重庆时期，外事工作方面她是周恩来的得力助手。我对她一向敬重，可惜她在"文革"中过于紧张劳累，英年早逝。我在干校劳动时闻此噩耗，深为痛惜。

因为看到"文革"时期外交部的工作严重耽误，我深感目前应抓紧恢复工作，把失去的时间夺回来，这也是外交部同志们普遍的急切心愿。但是，外交部内部的极"左"残余和派性仍表现顽固，工作秩序还没有走上正轨。

1978年，小平同志提出解放思想，实事求是，使全党和全国人民在精神上取得解放。为了切实拨乱反正，全党全国开展了关于"实践是检验真理的唯一标准"的大辩论和批判"两个凡是"的错误思想。外交部也以这种精神对工作存在的问题进行了清理，使正气上升，整个集体走上团结奋力的轨道。

正确的干部政策是外交工作的重要保证。我回部不久即陆续恢复了那些被无端地靠边站的德才兼备的干部的职务，调整了部和司的建制，并把分散在五个省的"五七"干校劳动的四千多名干部陆续调回外交部和部属单位，充实了国内和各驻外使领馆的干部队伍。

外交部长的工作是繁重的。首先作为中央在对外政策方面的执行机构和参谋部，外交部各地区司和业务司忙于办案、调研，上呈请示、建议和对策，组团出访和出席国际会议，接待各国官方代表团的访问，参加有关重大问题的谈判和交涉，向中央政治局和全国人大常委会就重要外交事务作出报告。在我任职期间，根据中央指示，我们完成了中、日和平友好条约的签订，中、美建交，处理美售台武器的八一七联合公报的谈判和发表，就香港回归问题做前期准备，开始改善同印度和苏联的关系，陪同中央领导同志或率团对亚、非、拉、欧、美五十二个国家进行正式友好访问，参与和同多位来访的外交部长或国家领导人会谈。

在办公室和住所，每天要阅批大量的文件。周总理生前常教育我们说，外交工作，授权有限。外事无小事。我理解，凡是政策性和对外表态的口径，甚至说词，负责人应亲自过目。我们尤其注意请示报告，主动取得中央的领导和指示，避免发生任何差错。外交部工作的特点是急电多，尤其是我常驻联合国代表团发来的急电或特急提前电报多，而且往往是傍晚发来，限在午夜之前批复，以便我常驻代表团能在纽约时间次日上午及时发言表态或投票。好在纽约和北京有十二小时的时差，这为代表团的请示赢得时间。有时一些特急电报从纽约发到外交部送到我住处阅批，有的由机要通信员立等并即刻送请小平同志审批。那时小平同志听力还好，有时就在电话里向他请示。

（摘自：黄华著《亲历与见闻——黄华回忆录》，世界知识出版社2007年8月版）

15 忆述刘少奇"头号冤案"平反

王光美

1969 年,少奇蒙难河南开封,我们家破人亡,我也是九死一生。1977年我从监狱出来,以后的几年,我一直未向中央提出少奇的平反问题。我知道,少奇的问题并不是我们家庭的事情,这是党和国家的一件大事,是中央考虑的问题,无须我多言。

粉碎"四人帮"以后,许多同志都平反了,但少奇的事情迟迟没有解决。许多热心的同志都让我向中央申诉,我没办。我相信少奇对我说的一句话:好在历史是人民写的。人民会作出公论,小平同志也会操心这个问题。果然不出我所料,少奇的平反正是小平直接关心的。这项工作搞了很长时间,因为在"九大"上,给少奇戴了三顶帽子,网罗了大量材料,这需要一件一件地澄清。所以,到 1980 年前,主要是复查,没有明确结论。

这期间,小平对我们全家很关心,有两件事我印象极深。一是 1978年,我儿子刘源想报考大学,但政审不合格,被取消资格。这时,少奇平反尚未提出,所以他四处奔走交涉都没有结果。后来,他抱着试试看的心情背着我给邓叔叔写了封信,诉说理由,希望他能帮助说句话。未想到小平果真在这封信上作了亲笔批示。这样,刘源才得以破例在报考期已过的情况下参加了高考,并被录取。我们全家都感激他,在那个时候能这样做是很不容易的。第二件是十一届三中全会后,我分配了工作,又当了政协委员,这也是小平、耀邦的关照。我出来后,因少奇问题没解决,也不便过多露面。一次政协开会,华国锋、小平等都在主席台上,散会时,我想我应该去和他们打个招呼，我向主席台走去。小平看见了我，显得很激动，老远就站了起来。他一站起来，主席台上的人也都站起来，全场爆发一片掌声。当时我心里很激动，因为少奇的平反阻力很大，涉及对"文革"的根本否定。小平这样做，实际上是表示了一种姿态，发出一个信号，是对少奇平反的促动。

在小平的推动下，十一届五中全会终于撤销了强加给少奇的种种罪名，恢复了他作为伟大的马克思主义者的名誉，这起共和国历史上最大的冤案得以昭雪。

（摘自：《新华文摘》2004 年第 18 期，原摘自《邓小平与现代中国》，现代中国出版社 1997 年 3 月版）

16 第一个平反的"右派"

温济泽

一夜之间

1978年1月末的一天,"四人帮"已经被粉碎一年多了,"文化大革命"结束也已经一年多了,一天晚上,突然近邻一位同志找我,说胡乔木打电话到他家,要我去接电话。我自从被错划为右派后,搬过四次家,这时已经从那间墙缝长草的土房子搬到了广播局新盖的一座简易宿舍楼。这还是李强(原广播局第一任局长)帮的忙。

李强早已调任外贸部部长,"文革"中,别的部的部长差不多都被打倒,因为他担任援外、特别是援越的任务,才被周总理特别"保护"下来。

李强在上海做地下工作时,他的一位工人邻居是我们的党刊《向导》的发行人,这位工人在"文革"中被打成叛徒,每天被迫坐在广播局办公楼的楼道上,墙上贴着"大叛徒"三个字,备受侮辱。我们住在一个宿舍,我行动自由一点后,彼此也不敢说话,一次,在去电车站的路上,我们谈了几句。他想找李强,我说可以,你完全是冤枉的。他找到李强后顺便介绍了我的情况,李强听后马上找到广播局局长刘建功(军代表),对我的住房提出意见,我家才搬到简易楼。

我急忙跑到这位邻居家,电话中传来乔木的熟悉的声音,他问我:

"我现在中国社会科学院工作，急需调些同志你愿意来吗?"我回答:"愿意。不过我正在要求解决党籍问题，等解决了再调可以吗?"他说:"我们不能等，你先调来，说不定调到这里能够较快地解决你的党籍。"他说他去找张香山同志商量调我的问题，要我等着。

张香山是耿飚调来做局长的，我听廖公说过，张香山就任后曾经找过他，请他推荐一个能帮助他工作的人，廖公推荐了我，说"只怕你一时还不好让他担任这样的工作"。因此，我一直希望新局长能解决我的党籍问题。

过了大约两个星期，乔木又打电话给我，说他找张香山谈了三次，张香山终于答应了。乔木说:"既然谈定了，你明天就来吧。"我犹豫了一会儿说:"能不能跟你先谈一次话? 我现在不是党员，怕去了做不了多少事，还给你添麻烦。"他说:"不会的，我了解你，这里不少同志也了解你，你明天就来，来了再谈。"我再次表示先谈再去，他再次表示"我这里不能等"，我只好答应了。当时乔木的妹妹方铭正在他的身旁，后来她告诉我:"乔木挂上电话后，转身对她说:'我已把温济泽同志调到社科院来了。'他可高兴啦!"

第二天一早，我如约在七点半钟以前赶到乔木家，他要我坐上他的专车，到了社科院。在他的办公室同我谈了两个多钟头。谈中国社会科学院的前身（中国科学院的哲学社会科学学部）在"文革"中是怎样分成两派，又是怎样闹派性的，两派是怎样在悼念周总理逝世时开始联合的;邓小平复出后是怎样要他和于光远、邓力群来整顿，把学部改组成社会科学院的（1977年组成，他任院长，于光远和邓力群任副院长），又谈到了当前全院的状况和近期的打算，最后说:"院部新成立了科研组织局，局长刘仰峤，副局长有一位，是刘导生，你也担任副局长。"我听到这里，连忙推辞说:"我20年没有做过领导工作了，现在还不是党员，我不要担任领导职务，只求当好普通一兵。"乔木说:"这是党组的决定，于光远、邓力群也了解你，已经在科研组织局宣布了，现在你就去上班吧。"

真是"赶着鸭子上架"，怎么一夜之间，我从"摘帽右派"一变而成了副局长呢? 既觉得20年的冤屈终于吐了一口气，又未免有诚惶诚恐之感，但是到上班的地方一看，秘书于淑兰已为我布置好一间办公室，放了大玻璃板的大办公桌后面还有一把皮转椅，同志们都对我表示欢迎。我深深地感到乔木对我的同志情，"同志"这两个字是多么可贵啊！

我在皮转椅上坐下，第一个念头就想，我还不是党员，总不能一上班就要求解决党籍问题吧，做一阵子工作再说。

当时，社会科学院是"文革"的重灾区，"文革"期间，全院人员都被"下放"到农村，所有老专家也都"连锅端"地下了乡，年老的实在不能劳动的，也要他们坐在田边上"向贫下中农学习"。幸亏周总理让他们集体下去，又集体回来，才得以保持住一个完整的集体，没有散伙。"文革"后回城，不论年轻的还是年老的，都长了好几岁。我们在一、二楼办公，三楼就是研究室兼宿舍，家家户户门口都支着炉灶，做饭炒菜时，烟熏火燎，咳嗽声不断，这怎么做科研工作？宿舍楼也是这么乱，有些一层楼只有一个自来水管。我到三楼和别的宿舍看过，家属提的意见尽是生活问题。

这时社会科学院有 14 个研究所，我们科研局要加强同这些所的联系，又接受了乔木筹建新闻研究所的任务。科研局有局长、两个副局长和十几个工作人员，还是整天忙得团团转。重灾之后百废待兴，有什么办法呢？我已经 64 岁，常常白天下所，夜晚就住在办公室，夜以继日地工作，有时夜里睡五六个钟头，天亮又起来干，大家上班时，我已经工作一两个小时了。

乔木很多时间在中央书记处工作，社科院的日常工作由邓力群主持。有一天，他找我谈话说："有同志反映，你像火山爆发一样拼命地工作，还是应该注意劳逸结合，保重身体才好。"乔木和其他同志也关心我，我很感谢，但是我不这样工作，怎样才能把 20 年损失的时间找回来呢？何况我们当时的任务的确很重很重。

3 月 18 日，中共中央召开全国科学大会，我又临时接受一个任务。

几天前，邓力群找我，说社科院得到中央通知，要派一个代表团参加全国科学大会，我院派 10 个人，要我担任团长。我说，我还不是党员，请你指定一个党员担任团长吧。他知道我在延安时做过一些科普工作，说由我担任最合适。我推辞不了，只好硬着头皮接受了。开会的前一天，我同另外9个同志一起到人民大会堂报到，那9位同志是（以姓氏笔画为序）：王珉灿、仇启华、邝日安、刘涌泉、邢贲思、朱寨、陈山、查汝强和黎澍。

参加这次全国科学大会的共有32个代表团，代表5586人。我们团属于中直和国家机关代表团，是第七分团。参加大会的科技专家和科技人员共3478人，占总人数的62.3%，全国平均近100个科技专家人员中只有1个代表，副研究员、副教授、副总工程师以上的978人。年龄最大的90岁，是地质学界的老前辈何杰教授，他在9个高等院校担任过教授，年龄最小的21岁。

3月18日下午，大会开幕。华国锋、叶剑英、邓小平、李先念和其他领导人走上主席台。郭沫若带病从医院来出席，罗瑞卿被搀扶着来参加，高士其坐着手推车被推上主席台。全场许多人见到此情此景，掌声雷鸣，热泪盈眶。多少年科学界没有开过这样盛大的会了。奏《国歌》时，不少人激动得流泪。

在开幕式上，邓小平作了重要讲话，他在讲话中，拨乱反正，首先针对"四人帮"胡说什么"卫星上天，红旗落地"，"四个现代化就是资本主义化"，"四个现代化实现之日，就是资本主义复辟之时"，"只要阶级斗争搞好了，就是颗粒无收也没有关系"等的胡言乱语和倒行逆施，指出"四个现代化是毛主席在1964年就提出的，周总理在1975年四届人大会议上又重申的"，邓小平说："'四人帮'的所作所为，从反面使我们更加深刻地认识到……不搞现代化，科学技术水平不提高，社会生产力不发达，国家的实力得不到加强，人民的物质文化生活得不到改善……我们国家的安全就没有可靠的保障。"他的讲话又突出阐述了"科学是生产力"的观点，认为科学不仅能转化为生产力，而且通过生产的发展必然成为社会发展的推动力。

他的讲话还对知识分子、科技队伍重新作了估价，对红和专的关系作了阐述，他指出，现在的知识分子，"他们的绝大多数已经是工人阶级和劳动人民自己的知识分子，因此也可以说，已经是工人阶级自己的一部分。他们与体力劳动者的区别，只是社会分工的不同。从事体力劳动的，从事脑力劳动的，都是社会主义社会的劳动者……体力劳动会不断减少，脑力劳动会不断增加，并且，越来越要求有更多的人从事科学研究工作，造就更宏大的科学技术队伍。"他讲到红和专的关系时说："一个人，如果爱我们社会主义祖国，自觉自愿地为社会主义服务，为工农兵服务，应该说这表示他初步确立了无产阶级世界观，按政治标准来说，就不能说他是白，而应该说是红了。""白是政治概念。只有政治上反动，反党反社会主义的，才能说是白。怎么能把努力钻研业务和白扯到一起呢！"他在讲话中还讲到改善和加强党的领导，他批判"四人帮"破坏了我们的党，丢掉了一些好传统，他说能不能把我们的科学技术尽快地搞上去，关键在于我们党是不是善于领导科学技术工作。"中央规定，科学研究机构要建立技术责任制，实行党委领导下的所长负责制。""党委的领导主要是政治的领导……同时是通过计划来领导，要抓好科研计划，要知人善任，把力量组织好，为了实现科学研究计划，为了把科学技术工作搞上去，还必须做好后勤保证工作，为科学技术人员创造好必要的工作条件……我愿当大家的后勤部长，愿意同各级党委的领导同志一起做好这方面的工作。""使每个科学技术人员都了解他所从事的科学技术工作同实现四个现代化的伟大目标的关系，鼓舞和推动他们以革命的精神同舟共济，大力协同，努力攻克科学堡垒，攀登科学高峰。"

小平同志的讲话不时被热烈的掌声打断，有些话更令人感动得流下泪来。大会还听取了华国锋、方毅的报告，郭沫若在闭幕式上发表了题为《科学的春天》的书面讲话，令人感到科学的春天、祖国的春天来到了。

大会上有15位代表发言，各小组会举行了15次，发言异常踊跃，农林科学院院长、老专家金善宝说："我今年已经82岁了，此时此刻我心中充满了青春的活力，在新长征的道路上，我要把82岁当成28岁来过。"冶金部钢铁研究院物理室主任、患甲状腺癌已到晚期的陈篪说："敬爱的周总理为党鞠躬尽瘁直到生命的最后一刻，我要学习他的光辉榜样，在有生之年跟着大家一起开始新的长征。"

在3月31日闭幕式上，还举行了隆重的授奖仪式，有826个先进集体、1192 名先进工作者和 7657 项优秀成果的完成单位和个人获奖，我们社科院中国近代史研究所和科学院地球物理研究所的合作成果《中国历史地震年表》也得了奖，使我们受到莫大的鼓舞。

这次大会主要谈的是自然科学和技术科学，在大会上、小组会上和个别交谈中也谈到了社会科学。小平在教育问题座谈会上也说过，"科学当然包括社会科学"。大会期间，我见到了科学界的一些老朋友，如严济慈、钱三强、马大猷等都已一二十年没见了。"文革"中我与钱三强见过一面，那是在西单菜场，我排队时看到前面一个人穿了一件旧棉袄，腰间系着一根草绳，身影似乎很熟悉，这人掉过头来，我认出是钱三强。现在他西装革履、精神焕发。朋友们都握着我的手说："向科学现代化进军，你们要走在前头。"新闻界不少记者也认识我，《光明日报》记者在大会期间采访了我，还拍了一张照片，登在报上配合报道，使很多人都知道我"出来"了。

大会结束之后，我向社科院党组作了汇报，邓力群要我在 4 月 8 日召开的全院人员大会上再作汇报。我有 20 年没有参加过这样的大会了，参加这样的盛会既感光荣，又觉伤痛。我在大会期间，大会、小组会都参加了，但是每次开党员会议我都不能出席，什么时候才能回到党内呢？这是这次大会引发我的一个更迫切要求解决的问题。乔木还没有出院，我只好再等待。

"纠正"就纠正：第一个平反的"右派"

4 月中，乔木出院了。我见到他就问："我的党籍怎样才能解决呢？"他理解我的迫切心情，说："你写个报告吧！我再写封信，一起交给我院的政治部转给中央组织部。"我抓紧时间写好报告送到政治部。很快，政治部一位处长高凯找我谈话说："乔木已经把你的报告交给我们了，他自己也写了一封信，要我们一起送到组织部。据我们所知，你是中央机关第一个要求甄别平反的干部。你能再找几个人证明把你划成右派是冤假错案吗？我们想，多几个人证明也许更容易解决。"我说了廖承志、熊复、吴冷西三位的名字，高凯很快请他们写了信，又找我说，"当年把你划为右派的梅益，知情的周扬，都已经调到我院来了，我找梅益，他不愿意写，你自己能不能找一下周扬呢？"我说试试看吧。周扬没写，他说过去的事已经记不起来了。我告诉高凯，她便将我的报告和乔木、廖承志、熊复、吴冷西写的四封信送到中央组织部。

5月5日，中央组织部部长胡耀邦收到我的报告和所附的四封信后，随即找到中组部的一位局级调研员唐佩荣（后调社科院研究生院当秘书长），要他查查过去毛主席批过的党的文件中，有没有关于搞错了的右派分子甄别平反的批件，唐佩荣遍查了1957年以来的中央文件，查到有一件中提到，个别确实搞错了的右派分子可以"纠正"。耀邦说："'纠正'就纠正。"并且要唐佩荣打电话告诉广播局党组，温济泽写的报告和乔木等四同志的信，中组部正准备批准，征求一下他们的意见，要求他们当天就答复。广播局党组答复同意，中组部很快就批了下来。

5月26日，院党组要科研局召集会议，由政治部一位同志传达《中共中央组织部（78）干审字63号文件》：

中国社会科学院党组：

同意你们5月5日关于温济泽同志问题的报告，根据廖承志、胡乔木、吴冷西、熊复等有关同志证明，并征求了中央广播事业局党组意见，一致认为，1958年定温济泽同志为右派分子的主要依据是不正当的，温在思想、工作上有错误，但不属反党反社会主义性质。因此，按照中发（78）十一号文件精神，对广播局机关党委原《关于开除右派分子温济泽党籍的决定》应给予纠正，恢复温济泽同志的党籍和组织生活，恢复原级别。

中共中央组织部

1978年5月26日

我在会上表示：20年来我始终对党忠心耿耿，无怨无悔，自从被开除党籍的那一天开始，我就相信总有一天会回到党内来的。感谢中组部批准恢复我的党籍，我没有想到的是竟然等待了20年，今后我当更加努力地做好党分配给我的一切工作。

第二天，我向政治部交了积存 20 年的党费。后来邓力群找我谈话说，你已经在努力工作，但要注意身体。你补交的党费已经由机关党委收下了，不准备公布，怕使其他错划右派得到纠正的同志为难，也不补发你的工资。

中组部在发出（78）干审字 63 号文件后，随即转告广播局党组，广播局党组于同年 6 月 2 日作出决定："因邹晓青、张纪明同志与温系同案人，中组部对温济泽同志的批复精神亦适用于邹晓青、张纪明二同志。党组决定，撤销原广播局机关党委对邹晓青、张纪明同志的党纪处分，行政上恢复原级别。"

邹晓青、张纪明，原来受的处分是"留党察看两年，行政上撤销职务和降级"。

从 5 月 5 日中央组织部长胡耀邦收到我的报告，到 5 月 26 日发出 63 号文件，前后只 20 天时间，就为我这个当了 20 年的"右派"平了反！很快我的错划右派问题得到纠正的消息传开了。因为我是中央机关得到平反的第一个"右派"，有些人称我为"春风第一燕"，我既感快慰：像一只燕子又飞出来报春了，又感痛楚：我这一只燕子的翅膀被砍伤了 20 年才复原。后来我知道全国被错划成右派的有 55 万多人，这对党和国家造成的损失也太大了。

在我的消息传开后的几天内，就有好几个人来看望我。

最早来的是广播局错划为右派的万淑玲，她原是中央人民广播台的播音员，因为对播音组领导提了些意见被错划成右派，我被发配到渤海边劳动的时候，她也在那里，曾同我一起抬过土。广播局在那里罚劳役的错划右派分子有 70 多人，只有几个人摘帽子后调回北京，大部摘了帽子后都分配到外省、外地，万淑玲摘帽子后就分配在沧县。她像一个农村姑娘，挎着一篮子鸡蛋，找到我的办公室。我说，你送东西多不好啊。她说，这是她自己养的鸡下的，她来问我怎么得到平反的。我说，中央的政策变了，被错划右派的人都会得到纠正，你等着吧，大概快了，不要着急。

接着，是从上海来的一位不速之客罗自平，是我的一位亲戚介绍她来找我的。她个子不高，稍胖，从面容和谈吐看显得聪明机灵和诚朴。她只有初中文化，但刻苦自学了高中和大学的课程，并且考上了科学院生物化学研究所的研究生。她是为她父母平反的事来的。她的父亲 1957 年被划为右派，在强迫劳动中去世了，母亲为他呼冤叫屈，被判为"反革命"关进监狱十几年，后来也去世了。她姐弟四人被强制搬住在一个破旧的汽车库中，她希望我能把她写的为父母申诉的材料转给中央有关部门。我没有收下她的材料，准备写一封信给上海市委熟悉的同志，让她带回上海去处理，便说，让我想想办法，过几天再约你来谈。临别时，看她有些失望的样子，我同情地拍拍她的肩膀，安慰说，革命总是要付出代价的，幸运的是少数人。许多同志都牺牲了，你自己要节哀。几天后，我将写好的信交给她，鼓励她说，要好好地学好本事，将来继承父母的遗志。

在我纠正之后，来看望我的还有好几个人，有从青海等省来的不相识的人，我问他们怎么知道我的事？有人说，纷纷听到传说，我是中央机关得到平反的第一个右派，因此来找我。我告诉他们，中央的政策改变了，凡是过去错划为右派的，查清楚后都会得到纠正的，要他们耐心等待。

到 1980 年，对错划右派的纠正工作基本结束，据统计，错划右派的总人数达 55 万多人，多少人没有纠正？没有统计。有些单位全部纠正了，以广播局为例，一共划了 70 多人，没有纠正的只有两人，一个是被划右派后，将妻子、儿子杀死后跳楼自杀，一个是被划成右派后又犯了刑事案件被判徒刑。有不少单位，甚至有的省如江苏省全部都纠正了。有个统计说，到 1980 年底，纠正的占原划右派分子总数的 97% 以上。后来有人说，反右派斗争被"扩大化"了，有的说被"严重地扩大化"了，怎么个"扩大"呢？即使如上所引的统计，原划右派总数的 97% 以上都得到了纠正，那没有纠正的至多是原划的 3%。3:97，扩大了 32 倍多，这么多倍数，仅仅是"扩大化"、"严重地扩大化"吗？

说到这里，我还要再说一件事，就是前面提到的我 1978 年见到的"不速之客"罗自平，她自从见到我后，经常同我有联系。她在上海得到硕士学位后，1980 年去美国深造，1985 年在普林斯顿大学获得化学博士学位，毕业后到加州理工大学任教授，继续专攻化学动力学和表面化学，还主持一个规模很大的实验室（大小 100 间），发表了重要论文多篇，还用英文出版了一本自传体小说，中文译本书名叫《霜叶红于二月花》，现在还业余写短篇小说。1996 年她同丈夫一起回国，特意到北京看望我，他们都已经成为对高科技有突出贡献的人。

（摘自：温济泽著《第一个平反的"右派"：温济泽自述》，中国青年出版社 1996 年版）

17 感谢胡耀邦争回历史的公正

戴 煌

一

1976年10月12日，粉碎"四人帮"的第六天，叶剑英元帅派他的儿子叶选宁去东城富强胡同6号胡耀邦的家里看望胡耀邦。耀邦十分高兴地说："祝贺你爸爸同华主席他们一道，为我们党和国家立下了不朽功勋！"

耀邦接着说："现在我们党的事业面临着中兴。中兴伟业，人心为上。什么是人心？第一是停止批邓，人心大顺；第二是冤案一理，人心大喜；第三是生产狠狠抓，人心乐开花。务必请你把这个话带给你爸爸。"

谈完正事，耀邦问叶选宁："你能见到华主席吗？"

叶选宁反问："你和华主席熟不熟？"

"很熟，我和他共事过一年半。"

"我可以想办法见到华主席。"

"如果你能够见到他，请你把'中兴伟业，人心为上'这话也转告给他。"

但是叶选宁把话带到之后，耀邦不但久久未得华国锋的回音，反而是与"中兴伟业，人心为上"的识大局、讲实际的要求正相对立的"两个凡是"轮番出台。

如是，错误发动和领导的"史无前例的无产阶级文化大革命"还是万岁、万万岁，还要每隔七八年再来一次；如是，天安门广场的"四五"运动仍然是"反革命事件"；如是，"反击右倾翻案风"、邓小平被人诬骂为"邓纳吉"以及他被"撤销党内外一切职务，留党察看，以观后效"的决定照旧有效；如是，建国以后几十年所有全国性的涉及亿万人命运的重大冤假错案，统统都不能平反昭雪……

这等于给实事求是、高瞻远瞩的"中兴伟业，人心为上"的战略主张猛泼了一兜冰水！对此，陈云说，从粉碎"四人帮"到第二年三月，仍然"大有杀气"。仍被闷在家里"以观后效"的邓小平更直截了当地对人说，"两个凡是"不科学，不符合马克思主义。胡耀邦则说，这哪是人心为上，而还是乱箭穿心嘛！

1977 年 3 月底，胡耀邦被任命为中央党校主持工作的副校长。当他踏进颐和园北刚刚解冻的中央党校校园的时候，他仍思虑重重，为针对"两个凡是"寻觅一个精确的突破口而苦苦思索着。

很快，他把党校文史教研室从事古文研究的几位教师，请到自己办公室兼宿舍的那座两层灰砖小楼，与他们研究起草一篇文章。耀邦说，现在要真正地拨乱反正，首当其冲的就是全面落实干部政策，平反冤假错案，把林彪、"四人帮"颠倒了的干部路线是非纠正过来。只有这样，才能把数以千百万计的被迫害的干部解救出来，才能把压在全国各阶层人民心头的大大小小的石头都搬掉，才能使绝大多数的中国人都生气勃勃地发挥他们的聪明才智，才能把我们白白失掉的时间补回来。要真正中兴我们的党和国家，非此莫属！而且他把这篇文章的题目都想好了，叫做《把"四人帮"颠倒了的干部路线是非纠正过来》。

1977 年 10 月 7 日，粉碎"四人帮"的一周年，《人民日报》以整整一个版的篇幅，全文刊发了这篇文章。

此文一出，石破天惊。一月之内，《人民日报》就收到一万多封信件和电报。文章作者两个月收到的信件和电报可装两麻袋。这些来信来电对文章表示百分之百的支持与拥护。有的说"深受感动，说出了千百万干部的心里话"；有的说"温暖了许多同志的心"；有人则"希望继续大造落实党的干部政策的舆论，推动有关单位落实党的干部政策"；一位青年工人说："听了广播，高呼'共产党万岁'！决心把自己的心血全用在平反冤假错案上。"还有一个大家庭在长篇电报上说："我们全家人冤沉海底已有多年。全家老少边听广播边流泪，认为这下一大家子人可盼到大天亮了……"

二

但是，千百万冤沉海底的人并未能很快盼到"大天亮"。以当时中组部部长郭玉峰为代表的许多人大力贯彻"两个凡是"，抗拒和阻挠干部政策的全面落实。

针对这种形势，耀邦又组织撰写了第二篇文章：《毛主席的干部政策必须落实》。1977 年 11 月 27 日，《人民日报》用头版头条位置通栏大标题，发表了这篇署名为"本报评论员"的文章。同时在第二版，在《毛主席的干部政策必须认真落实》的总标题下，发表了从众多来信中精选出来的五封读者来信。这些来信既赞扬了《把"四人帮"颠倒了的干部路线是非纠正过来》那篇文章，又揭露了写信者本人所在地区或所在系统的组织部门抗拒或拖延落实干部政策的行为。《人民日报》编者为这些来信所加的标题分别是：《不能无动于衷》、《这种说法不对》、《肃清"四人帮"的流毒》、《首先要清理组织人事部门》、《应当多发表这样的文章》。

不久，郭玉峰就被迫离开了中央组织部，胡耀邦被任命为中央组织部部长。1977 年 12 月 15 日早上八点整，胡耀邦来到了中央组织部，组织部前院顿时鞭炮齐鸣，烟花朵朵。院内的老老少少，激情满怀地欢迎胡耀邦的到来。12 月 19 日，耀邦召开了第一次全部工作人员大会，动情地讲了许多话。他首先说到"积案如山，步履维艰"，要求大家恢复党的优良传统，把党的组织部门恢复成"党员之家"和"干部之家"。他还说："如有受冤挨整的老同志来找我，我都要和他们见面谈话，请任何人不要阻拦；凡是信封上写有'胡耀邦'三个字的来信，都请及时送给我，如没有我的表示，也望任何同志不要主动代劳处理，更不能扣压。"

从此，"党员之家"美名重新大振。1978 年 1 月，在耀邦到中组部安排就绪后的第一个月，每天就有几百人到中组部上访，全月收到的来信多达六麻袋。

三

在这个过程中，耀邦问过去处理过"右派"摘帽工作的同志："全国究竟有多少'右派'？"这些同志立刻明白：耀邦要狠抓这个大冤案的平反了！

1978年春天，也就是我为解决自己的问题到处上访的时候，专门解决"右派"这个大难题的会议正在山东烟台举行。会议由中央统战部和公安部牵头，中央组织部、中央宣传部、民政部配合，研究如何妥善处理"右派"遗留问题。

会前耀邦预计，由于世人不会很快完全摆脱"左"的束缚，这次会议很可能发生激烈的争论。所以，他特地委派中组部副部长杨士杰等人出席会议。

不出耀邦所料，会议果然发生了原则性分歧。"右派"摘帽"五人小组"的指导思想，就打上了"两个凡是"的烙印。小组的主要负责人认为，全部摘去"右派分子"帽子后，不再叫他们"右派"或"摘帽右派"，在妥善安置方面不再歧视他们，就很不错了。所以不搞甄别平反，而只对"极个别确实完全搞错了"的，才可以作为"个别人"的问题，予以实事求是地改正。

对此，中组部的杨士杰等人则表示不以为然。在闭幕总结会议上，杨士杰在讲话中特地引用了耀邦刚到中组部时说的一句话——"在今天这样的形势下，再不能通过我们的手去制造冤假错案！"杨士杰说，同时也不能因为我们工作上的疏漏，使历史的冤假错案得不到理所应当的解决。杨士杰还特别强调说，当年被打成"右派分子"的同志，许多都是学有所成、有所建树的知识分子。他们的知识不但是我们党的财富，更是全社会的财富。对他们改正和摘帽后的安置，不能单纯地只就其生活问题就地安置，而应当通过妥善安置调动他们的积极性，发挥他们被压抑已久的聪明才智，为国家的四个现代化作出新的贡献。

可在当时，与会的许多人还没有觉悟到"实践是检验真理的唯一标准"，他们还习惯于"句句是真理"。于是会议仍以牵头的中央统战部和公安部的名义，向党中央拟了一个《关于全部摘掉右派分子帽子的请示报告》。对这个《报告》，杨士杰和公安部副部长凌云等人持有保留意见。但不久，中共中央还是把这个《报告》列为1978年的11号文件，转发全党遵照执行。

从烟台回来后，杨士杰等人向耀邦作了详细汇报。耀邦完全赞同他们在烟台会议上的发言，同时让中组部政策研究室的同志以中组部的名义，直接给中央写了个报告，并把1957年10月中央《关于划分右派分子的标准》找了出来一道附了上去，请中央重新定断。

报告送了上去迟迟未得回音。耀邦一边推动《实践是检验真理的唯一标准》文章的出台，出台后又推动对这篇文章的讨论，一边隔三差五地让杨士杰给中央办公厅秘书局打电话问一问。断断续续地催问了三个月，终于催来了回音：还是烟台会议的五大部再次开会，专门研究"右派"的"改正"问题。

这次会议没有再去烟台，而就在西单以西300米的民族饭店举行。当五大部的有关人马在那儿聚拢时，竟又发生了一场口舌战。坚持"单纯摘帽论"的同志说，过去的是是非非已经过去了，没有必要再一一清账了；今天只要统统摘去了帽子，都当做自己人看待，就很够可以的了。统战部的一位副部长说，如果几十万"右派"都"改"了起来，全党不就忙得乱了套了吗？统战部的又一位副部长说，不管怎么说，每个地方、每个部门总得留下一些样板，不能都"改"了。

针对这些奇谈怪论，杨士杰拿着一份正式文件在会上说，党的历史上也曾经为一些冤假错案平过反，纠过正，都分清了是非，增强了团结，促进了革命事业的发展，还从未听说过"乱了套"。

终于，杨士杰的这一席话，得到了"五人小组"的领导成员——统战部长乌兰夫、公安部长赵苍璧、中宣部长张平化、民政部长程子华等人的认同。这些部长一致表示：赞成士杰同志的意见。杨士杰高兴得立即给在中组部专候佳音的陈文伟打了电话——"问题解决了，解决了！"陈文伟立即奔走相告——"右派改正"问题解决啦，"右派改正"问题解决啦……一位老干部应声举起了双手——"我举双手拥护!"耀邦闻讯更笑呵呵地说——"这就好，这就好!"

于是，以"中共中央组织部、中共中央宣传部、中共中央统战部、公安部、民政部"的名义，拟出了《贯彻中央关于全部摘掉右派分子帽子决定的实施方案》。

中央于1978年9月17日以当年55号文件向全党转发了这个方案，望贯彻执行。

这个方案，与五个月前转发的烟台会议方案相比，有了明显的不同。它不但对摘了"右派"帽子的人在安置使用等方面作了进一步的规定，同时作出了"提职、提级、调资、奖励、授予职称等问题上与其他职工一样对待"的明确规定，而且特别增加了"关于改正问题"的一段话："凡不应划右派而被错划了的，应实事求是地予以改正。""经批准予以改正的人，恢复政治名誉，由改正单位负责分配适当的工作，恢复原来的工资待遇。""生活有困难的，给以必要的补助。""原是共产党员，没有发现新的重大问题的人，应予恢复党籍；原是共青团员的，应予撤销开除团籍处分。"等等。

消息传出，全国人心大振。

四

在这政治暖流劲涌的大背景下，新华社落实干部政策的步伐也骤然加快。早在烟台会议前后，我就给新华社国内部主任杜导正同志写过一封信，要求对我落实党的政策。杜导正同志立即批示国内部复查办公室对我的问题进行复查，并给我回了信。复查办公室负责人徐文同志迅速与我见了面，在慰勉之余嘱我耐心等待。

《实践是检验真理的唯一标准》的讨论在全国铺开后，新华社的落实政策工作更大大地放开了手脚。1978年9月17日中央发布了民族饭店会议的"55号"文件，当月月底，徐文同志就通知我过了国庆节就先回国内部上班。

1978年10月4日，在阔别了14年又5个月之后，我再次跨进了新华社大门。

这时候，改正结论尚未作出，党籍尚未恢复，国内部负责人就放手让我重操旧业，以党员的名义和其他一些同志走访薄一波、安子文、刘澜涛等人并中组部干审局，为"六十一人大案"的平反广泛搜集材料，准备写文章。同时把我身在其内的所谓"反党右派小集团"四个成员以及原国内部副主任庄重同志的档案材料，分别交给政治组、文教组、《内参》组、资料组和解放军分社的党支部研究整理，写出复查改正的意见。我的复查改正意见，由《内参》组党支部负责撰写。

1978 年 12 月上旬，国内部这些编辑组对我们这几个人的档案材料复查完毕，并写出了复查改正意见。按照当时的规定，编辑部门的这些意见和改正结论，必须经过新华社政治部复查办公室讨论通过，才能报请社党组（当时还叫"新华社党的核心小组"）批准。可是对于我的问题，在政治部那儿又卡了壳。他们还是那句老话：

"戴煌是反对毛主席的。如果戴煌都不是右派，全中国就没有一个右派了！"

徐文和国内部的有关同志果敢而灵活。他们越过了新华社政治部这道"文昭关"，把国内部作出的改正结论直接送给社党组。新华社党组书记曾涛立即批示"同意"，我和我的大小家庭长达 21 年的苦难才画上了句号。

12 月 15 日，我重新踏进新华社大门两个月零十二天，我们党又一次重大历史转折的十一届三中全会尚未正式揭幕，新华社国内部就为所谓的"反党右派小集团"全体成员和庄重同志，召开了隆重的平反大会，全新华社各部门都派了代表与会。

在这个大会上，每读完一个同志的复查材料和改正结论，全场都报以长时间的热烈掌声。这与 1957 年所谓"揭发批判"我们的大会的气氛，形成了极其明显的反差。

所以我要说：感谢胡耀邦争回了历史的公正！

（摘自：戴煌著《九死一生：我的"右派"历程》，中央编译出版社1998 年 8 月版）

18 文联、文坛、文友及第四次全国文代会

王 蒙

文联、文坛、文友

（1979年）我回到北京，叫做成了北京市文联的专业作家。专业作家一词，如果是英语 professinal writer，应是指以写作为业，以稿费收入为生活来源的人，在中国，却是指不用上班也不用靠稿费收入就可以保障基本生活——领到月工资的人。当然受人羡慕。

许多词变成中文以后，会发生质变，"专业作家"四字便是一例。

当时北京文联诸公对浩然的事有点意见不一。管桦，杨沫，都对浩印象很好，大多一般工作人员与司机也都喜欢浩，道理之一是浩对比自己的年龄大四岁，没有上过什么学的发妻态度极好，这在中国是很重要的好人坏人分界的一个标志。浩然对农民业余写作者的态度也一直比较好，而对作家同行却多了些提防。爱体力劳动者而防脑力劳动者，这大概也算一种阶级感情，也是多年宣传教育引导的结果。另外有几位老作家，对别人在"文革"中挨整而浩一花独秀，尤其是浩当"文革"头目时的一次红卫兵批斗大会耿耿于怀，此次会后老舍自杀了。那还是在批判"资产阶级反动路线"之前，浩说他极力保护那些老作家，怕闹出人命关天的事。……民心也有对浩然极不利的一面，一个红里透紫的人突然崩盘，它有一种大快人心之感。我没有你红，我没有你紫，我早就红眼而且犯酸了，现在竟然

看到现世报，你小子垮啦，真是老天有眼呀。所有的，就是说各式各样的所谓成功者，都应该明白这个仇强仇富仇官仇比你"大"的人物的民心定则。

浩然自己很郁闷，自称"像是一名输光了本钱的赌徒"。显然，他只有红里透紫的经验、根正苗红的自我感觉，却没有受挫的锻炼与任何自省的习惯。"归来"的我等（包括刘绍棠、邓友梅、从维熙以及后来的葛翠琳、杲向真等），都对浩然抱着善意。我等已经受够了，不想看另一个作家品尝被封杀冻结的滋味。反正这一辈子本人是常被说成什么"心慈手软"，乃至假仁假义的，到时候硬是狠不起来。另外这些归来的写作人，还有这么点心绪，都是写小说（作品）的，你写你的，我写我的，谁碍得着谁？你方向如何，我又能如何？就是说这些人有股子自扫门前雪的劲儿。说句笑话，你方向不好，更是凸显了我的"方向"比你强，除了文艺批评，我怎么会用非文学手段去纠正你的方向去？犯得着吗？而越是对个人的创作失去信心与灵感的人，越会百般计较文坛上的是是非非，从这些是非的斗争与竞争中寻找自己的存在的证明。

那一段，浩然与我们关系都很好，为我二儿子毕业分配的事，浩然也帮过我的忙。

有过一个命运也大致相近的作家，当着我的面向胡乔木汇报浩然走到某地受到大张旗鼓的超规格接待的事，似乎是一种什么涉嫌未能全面否定"文革"的"动向"，胡对他的汇报非常反感，后来专门向我提及，听了他的话，他是如何的不快，胡并进而告诉我，他已与媒体打了招呼，要正面报道浩然的新作《苍生》出世的信息。

那个时代，只有司局级领导干部才可在家里安装电话。说是"文革"中浩因"首长"找过，有关单位给浩安了电话，后来大势有变，就想拆浩的电话。浩以妻子有病，受不了拆电话这样的打击为由，拒绝拆，并说可以自己负担有关费用。不知是否因为工资过低，还是供给制的习惯，组织认为，个人负担电话费用是不可想象的。这使市文联相当为难。但人们还是讲情面和心存厚道的，浩也就一直保留着电话。说不定此事也会使一些没有电话的人不快。此属小事，与如今的电话的安装使用按市场规律办事相比较，倒也令人一哂。

北京文联还有一位人物，与浩关系好、处境接近，他是工人诗人李学鳌。他由于一九七六年春特定情况下写过什么"打得好"之类的诗，此时也很压抑，至少是觉得无趣。他是高占祥同志在人民印刷厂时的师傅，为人还是很诚朴热情的，我到文化部后他给我写过极热情、迹近溢美的信。据说占祥对他也一直十分念旧。他因病早逝，令人惋惜。

我相信他是一个淳朴的好人。弄成"专业诗人"，太苦。一个人专门写诗，从理论上比专业小说创作更不可能。我怀疑其可行性，李白也不是专门写诗，他还要醉草吓蛮书，还要在唐明皇、杨贵妃、高力士等人中混混，他还要帮助永王李璘闹点事。再说李学鳌由于工人阶级的关系受到特别的关照，能不感恩戴德？能不五体投地？能不跟着叫喊？他其实哪里有什么政治经验政治辨别力？包括浩然，浩然一直耿耿于怀，他永世也想不通的是"文革"后的拨乱反正大转弯。

一到北京，我常常被邀请参加座谈会。会议的召集方多为社科院文学研究所，新创办的《十月》杂志、甫恢复正常的《文艺报》等。在这些会上我结识了一批风华正茂、活力四射的人物，包括时在北京改本子的白桦，安徽的张锲，北京的李陀，因了话剧新作《丹心谱》而受到瞩目的作者苏叔阳等。刘心武有时也出席会议，正是当红时期。当时谈论过的话题有对于"文革"中批判的文艺"黑六论"的拨乱反正。电影《望乡》为什么不得上演？伤痕文学是好得很还是糟得很？多少年来文艺工作的主要问题是不是极"左"？历次运动中受到伤害的文艺工作者与他们的作品的命运。所谓"三人主义"（人性、人情、人道）问题。要不要尊重艺术规律？何谓艺术规律？以及现实主义传统的恢复等。

谈得相当痛快，也相当高兴，能有这样的时候，这样的场合，把许多过去无法讲的话说一说，何其美哉。这些问题，进一步深入研究讨论，吸取经验教训，实是功德无量。

主持会的不是冯牧就是陈荒煤，他们都是中青年作家的朋友与支持者，也是我个人感到亲近与敬重的老领导老作家。他们是拨乱反正的拥护者，是十一届三中全会的热烈赞颂者。荒煤多次讲到一个问题，说是许多文艺界的人找他"摸精神",就是说大家对最高领导对文艺工作的想法不甚有底,不甚放心,希望知道这样写下去评下去会不会惹麻烦。荒煤劝大家不要老那儿"摸精神",而应该专心致志地写作。

表面看荒煤讲得当然全对。身为作家而在"摸精神",叫人说啥好呢?一个作家难道就没有自己的主见,主心骨?一个动辄几万字几十万字写文章的人难道没有自己的良心、良知、良能,自己的责任,却要唯上是听?而且,在"文革"刚刚结束,百废待兴,百乱待理的时候,确实有一个很大的空间,你看准了的事情,就应该勇于实践,勇于承担历史的责任,就会办成,就会受到各方的拥护。胡耀邦同志在平反冤假错案,改正反右的扩大化方面就是这样做的。

是的,当时文艺界的老领导也有这种当仁不让的责任感与雄心壮志。他们大刀阔斧地推动着以中青年作家为主力的伤痕文学、反思文学、改革文学。老领导们正在全面收复"文革"中被江青践踏得千疮百孔的文艺园地——失地。但是,更高层的领导,更资深一些的作家似乎并不是同样的估计同样的判断。不断地传来高层领导批评了这个与那个文艺活动、文艺言论、文艺作品,如黄山上的笔会、某电影,某小说都有说法。而除巴金、夏衍等几个老前辈外,更多的久经风雨的作家对于如火如荼的当代文学,对于活跃的中青年作家,基本上保持慎重态度。如陕西的胡采、王汶石、杜鹏程、李若冰,山西的马烽、西戎、孙谦、胡正、李束为。如天津的孙犁,这个影响极大的老作家,对于现状大致保持沉默。担心中层领导的部署不符合大领导的精神,担心跟着"中领导"活跃的结果是一个筋斗栽入泥沼,这并非穷极无聊,而是事出有因,而且有丰富的历史经验做智力支撑。对多数平凡的人来说,做文艺,不要说有功有成绩,就是仅仅为了平安也不能置精神于不顾。与精神对着干会有什么后果,无须提醒。荒煤的说法虽然纯洁伟大,然而仍是书生气。后来,他因为批准了一个什么有大量赤身裸体镜头的外国片在内部放映,他几乎,也可能是已经受到了纪律处分。荒煤、冯牧等的日子并不那么好过。

我记得冯牧的一句名言,十一届三中全会以来,当代文学的脚步与党的意图是同步的。开始,确实是一个同步时期。以邓小平为代表的中央要说的话，差不多正是话剧与小说里说着的话。你要拨乱反正吗？《班主任》就是要拨乱反正。你要平反冤案吗？《神圣的使命》要的是平反冤案。你要为老干部老领导正名吗？你要为痛悼周恩来总理的事件恢复名誉吗？你要扭转极"左"吗？你要解放思想吗？你要痛骂江青吗？咱们做的都是这个，正是这个。除了少数坚持"文革"那一套的、与客观上利用了"文革"青云直上的几个人情绪别样以外，大家又一次做到了万众一心，同仇敌忾。

冯牧阅读了大量时下作品，据说他每天读新作到后半夜。他当时的全部的热情倾注在刘心武身上。继《班主任》以后，心武又写了《爱情的位置》，提出了能不能写爱情的问题，并写了一段绝对革命的柏拉图式的爱情，认定这等爱情对于革命者的思想灵魂具有极正面意义。我在新疆的最后一次理发，恰逢广播电台播送此小说，理发师激动地听着小说朗诵，时不时调整一下收音机，时而忘记了给我剪发，我为心武的此篇小说多在理发店待了半个小时。

后来他又写下了《醒来吧，弟弟》，关于个人迷信问题，《我爱每一片绿叶》，个性问题，《如意》，人性论与人道主义问题，《没功夫叹息》，集中精力向前看问题。后者深受一位新任文艺领导赏识，几乎要把它提前一年放到此前一个年度的评奖中奖励之。而一年后，他老干脆忘记了此篇。

会议，发言，以心武为代表的所谓"新时期文学"的崛起，对于我来说确是东风浩荡，春潮澎湃。但是我毕竟更关心的是写作，是作品，我知道天气再好再暖再兴起充满生机的风与潮、态与势，并不能代替写作本身。最重要的是开花而不应该是刮风下雨，风调雨顺对于花开当然重要，但文学之花也常常在风不调雨不顺的情况下开出奇葩。还有，与动笔者相比，发言者的姿态更加雄伟，激进，畅快，透辟，尤其是有一种真正的写作者所不具有的特别的明白。同时某些相对年轻一些的人的流畅得近于油滑的京腔，他们的善说，他们的滔滔不绝，他们的开朗自信乃至春风得意，使我这个刚从边疆回来的人感觉跟不上，感觉"耳"花缭乱：怎么像古书上讲的"赵括谈兵"？"兵"，凶事也，岂可谈得那么指指画画，头头是道，轻而易举？而我的记忆犹新的经验是，"文（学）"，也未必不是凶事。

某些发言者的这个特别明白劲儿包括对上头的人事胸有成竹。我忘了是谁说的了，一参加这样的座谈会，发现怎么都像是刚参加完政治局会议出来的呀？至少是刚开完组织部或宣传部的部务会。他们怎么什么都知道？他们批评的极左都是指名道姓的，他们的发言常有人事格局需要调整的潜台词：某某与某某，代表的就是极左。别人检讨了认识了，改正了"左"的面貌，而这两三位就是不改正，不认错，还要坚持左下去。而另外的领导人，如何正义，如何良心，如何吸取教训，如何赔礼道歉，如何地保护中青年作家，等等。

我相信这些都是言之成理的与大体有据的。我个人对此一时期的、积极发言者们不赞成不喜欢不认同的人，大致也不怎么好感；对大家寄予期待的人，也完全寄予期待还要加上亲近和信任。但我毕竟有些教条，有些酸腐，有些从小受到的教训在那里耿耿于怀。座谈文学嘛，何必那么鲜明具体，那么联系人事，何必那么急切地介入谁接周扬的班、原来的文艺领导要不要全部杀回去管文艺、现任的文艺领导是不是胜任等这样不该由我们、并非由我们主管的事宜上去？

而且我想到了"文革"中学会的一个词，站队。站队，说穿了就是参与上面的人事斗争，再说得损点就是押宝。我可不能干这个！不管多好的人，我可不侍候个人。两位领导意见不一，你如何站队呢？这可了不得啦，站好了直上青云，站错了就变成臭大粪啦。

我不想站队，站队令我想起了投靠，令我想起了山头、造势与倚众倚人成事。我王某虽然身高不足一米七，工资不到九十元，作品发表了的不足三十万字，自信还能实实在在地写小说，想贡献出来的是好小说，是独具的匠心，不是大轰隆的热度，是描写与构思的准确与精微，不是站队的准确与精微。

我想起了新疆的郝关中老夫子的名言："永远不把自己绑在任何个人的战车上。"厉害呀，郝老弟！

一位我所相好的诗人受另一位其时与之甚相好的特殊身份的文学人物的委托，特地来找我，告诉我说，"××说了，你刚刚从新疆回来，许多事不知道，你要多找找 BH，他什么都了解……"

我笑了，这有点"路线交底"的味道了。我不想这样做。我不认为一个人可以代表真理，我追求真理却无意效忠某人，我不认为认识论艺术论的问题需要人身化，我认为甲可能在甲问题上接近真理，而在乙问题上远离了真理。我更不需要依仗山头伙伴或人多势众。当然，好人也要抓人事，抓权，一个好人上来，至少可以顶掉一个坏人，这样的名言，确是真理，这样的真理，已经震响在我的耳边。我并非雏儿，我并非书呆子与抓住头发就想上天，我知道有许多会是要开的，有许多该说的话是要说的，有的领导是可以信赖的，而另一些人却始终以另类眼光窥测着你，你即使想去信赖靠拢也硬是没有机会。但是我坚信文艺靠的是作品，是货色，忙于开会发言站队，拥戴张三，抵制李四，对于文艺本身未必那么有意义。好人应该清高一些，至少是大些。

我至少向一个命运与年纪接近的同行表示过，我愿意参与文学讨论，我会同意我所同意的意见，争论、批驳我所不同意的意见，然而我针对的是文学题目，不是某某人，或某几个人。老作家，老领导，都是我的师长，我都尊敬，同行们，青年们，我都喜爱，但也不想重点拉拢谁谁。我不准备站队。我也并不喜欢站队。

而且，一个作家整天出没在炮声隆隆的座谈会上，我觉得别扭。我们当中是不是有不以写作为特长而以站队与发言为特长的同行呢？算同行吗？

我早在一九七九年就明确宣示过，我愿尊重每一位师长，但是绝对不投靠。我愿团结每一位同行，但是绝对不拉拢。

我不知道这个态度说明了我的精明还是高尚，谋略还是境界，心机还是真诚，穷酸还是成熟。反正我不喜欢跟着旁人走，不喜欢起哄，更不喜欢仗势造势造舆论。我的刻薄话是，只有那些人，他们非要搞文学不可，又写不出小说诗歌剧本散文以及真正的文学批评来了，才需要这样做，才只得这样做。他们是多么咋呼又多么虚弱！

我愿意把这些个想法提交给广大的读者，提交给历史。从个人经历来说，新时期以来，在我回忆的这个时期，我是有所不为，有所不取，有所选择的，我并不感情用事，拉拉扯扯，叽叽咕咕。相信历史终能作出评判。

还有一件事我绝对不干。就是不与同行搞口舌之争。我离开北京市文联的时候，文联的一位领导宋巩同志，特别提出来，王蒙从来不搞以眼还眼，以牙还牙。是的，我也常常听到谁谁在什么场合说了我什么什么的传言。文人相轻，那些在背后说我的人多半说的不是太好的话。但我只能付诸一笑。我没有那么可怜那么小气。对谁谁的文学作品有看法，我会光明正大地写文章，岂能背后嚼舌头？至于旁人说自己，则属于难免的不忿心理，弱者心态，不平则鸣……其中也有某些值得参考的道理，你已经在许多事情上占了先机（例如你的工资级别），何不让心理不平衡的人说点不平的话？

我还有两个"思想问题"。抓文学是不是能不只注重题材，以题材取胜？仅靠题材，能行之久远吗？第二，把这两年的文学潮流命名为"现实主义"回归，是不是太狭窄，乃至会作茧自缚呢？

我不完全理解茅盾老师早年关于文学史上贯穿着现实主义与反现实主义的斗争的提法。我不怀疑，现实主义是文学的顶梁柱，是最基本的、基础的、主体的文学丛林。然而，一根柱子不是大厦，一棵大树也还不就是全部森林。屈原、李白与雨果、梅里美的浪漫主义，王尔德与李商隐、李贺的某种程度上的唯美主义，莎士比亚、唐宋传奇的古典主义，以及什么象征主义、心理分析、神秘主义、印象主义……直到现代主义（那时候还没听说过"后现代"一词），都是异端？都是充当反题的反现实主义？王尔德的童话《快乐的王子》在揭露社会弊端，同情劳苦大众、弱势群体方面，不是做得十分出色的吗？为什么现实主义与别的不那么现实的主义不能双赢、共赢、互补、齐放、交融，而一定要是一个与另一个谁战胜谁呢？

再说中国的文艺观念是另一种体系，另一套语码：写意，写实，工笔，泼墨，神思，气韵，意境，风骨，似与不似之间……一个现实主义，够用吗？

我觉得，毛泽东的"革命的浪漫主义与革命的现实主义相结合"的说法，要好过苏联的"社会主义现实主义"，至少多了一点回旋余地，多了一点创作方法上的空间。至于在浪漫主义口号下搞什么廉价的"神鬼同台，畅想未来"，只能证明我们自己太幼稚，太贫乏。我讲了一点这方面的意见，李陀总括说：我们遭遇的问题是反现实主义与伪浪漫主义。我同意。我们常常写得不真，又偏偏太实。文学文学，连点梦幻、变形、象征、奇想——《文心雕龙》上叫做"神思"的玩意儿都没有，我们民族的想象力萎缩成这个样子了吗？

这说明，此后那个关于"现代派"的小风波，也是早有伏笔。

我看望了从大墙后面出来不太久的从维熙。他与妻子张沪双双进了"大墙"，只剩下了老母和孙子相依为命，这时挤住在一间小屋，其时张沪只能住在娘家，令人鼻酸。

我们去给刘真等的新生活贺喜。当时的同命运的文友们极力撮合她与邓友梅再结连理，当然事实证明，这个撮合是失败的。刘真做了几道菜，招待大家。其中有一道，是一只鸡炖熟在一个冬瓜中，打开冬瓜盖子，拎出来一只垂头丧气、无精打采的落汤鸡。她说了这只鸡的这种做法，我说干脆起个名就叫"摘帽右派"吧。大家哭笑不得。刘真说话比较痛快，当然也有些夸张，她纵论张三李四，知道的事很多。她学着康濯老作家结结巴巴地批判她的"阶——级级级本本本能"，"大跃进"时康在徐水搞沼气田，有成绩也有虚夸。她批评某同行的电影如何干巴。她一扫就是一片，她的丑话丑说令人开心。至于她自己在"文革"中的遭遇，据说也是惨不忍闻。除了政治上的事，还有性格与生活上的艰难。

她的新生活并没有成功，但是大家都有一种劫后余生，渴望过好日子的心情，也都热情祝愿，但愿从此一切平安顺利，国泰民安，顺风顺水。有一位理论家概括说人心思定，人心思安。可惜的是他概括得嫌早了些。有些人没有在意他的概括。

邓友梅讲了一些他在"文革"中的可怖的经验，与迫害致死的人的灵牌一起挨斗，一边挨打一边放革命样板戏（所以他一直反对再唱样板戏），斗后放入一个冷屋，太冷，引起了肠胃痉挛和呕吐。

确如隔世。

急急忙忙，我们几个并非作协会员的人儿都入了会，然后紧接着当上了四届文代会三届作家代表大会的代表。虽然一事无成，年龄已经进入了新阶段，有些事也就水涨船高，迎刃而解了，这大约应算是自然增值的结果吧。

还说到谁谁有遗留的法律官司缠身的麻烦，也都随着风解决。叫做一风吹。但也都经过了手续。虽说不像当初定罪时寻样是九牛二虎之力，也还得费上三猫二狗之力——推翻，咱们也真会给自己找事情做。

提到这一个时间段，我也想到了《十月》杂志。当时《十月》的主编是苏予，这位大姐是地下党的老同志，解放前是燕京大学学生，解放后一直磕磕绊绊。她编杂志也仍然保持着团结起来到明天的真诚理想。这是较早的一本大型文学刊物，紧接着《收获》复刊，《当代》创刊，《花城》、《清明》、《新苑》……出刊，东西南北，一片文学的波涛汹涌。有几年我住在崇文门附近，常到时在打磨厂的北京出版社的《十月》编辑部去。我相信苏予是一个始终如一的革命理想主义者。

另一本难忘的刊物是南京的《青春》，主编也是一位大姐：斯群。从它创刊起，我在上面连载了创作谈《当你拿起笔》，据说颇有影响，后来专门出了小册子。在此长文（当有七八万字）中，我努力把政治正确的文艺指导思想与灵动丰富色彩缤纷的创作体验结合起来（现在更时兴的说法是整合起来）描绘、铺染、论证，我用了不少修辞手段。说是陆文夫兄一次说，你们谁能与王蒙比？他一个意思能用十八个词儿，你行吗？

不知道这是批评讽刺还是表扬。我的大排比句早已可见端倪。我想起了林斤澜引用的一句名言，似乎是北大某名人说过，比如唐诗，如果你只写过一首绝句，四句，也难以算是诗人。文学上的高产当然不足取，但是难产呢？就更无法恭维。

从一九四九年，我在共青团系统，一帮子地下学生党员，整天组织生活，批评与自我批评，又是革命凯歌行进的年代，一个个要求自己严格得不行，一个个要求别人更是滴水不漏。后来，进入了不仅自身，而且别人夹紧尾巴的年代，一个运动又一个运动，动辄从文坛开刀，对于知识分子的政治压力，谁敢掉以轻心？三十年风水轮流转，终于，雨过天晴，俯首帖耳的小作家们又一个个人五人六起来，这与团干部们，党委部门，更不要说劳动大队了，实是大异其趣。遇到这种时候，就看出人与人的不同来了。我喜欢你们，但是又不能太苟同你们。你们想到了吗？

第四次全国文代会

回京后不久就听说要开文代会了，大家都说文艺界是"文革"中的重灾区，重灾区的代表大会，将是什么样的呢？

一九七九年秋我与一些同行在丁玲的老秘书张凤珠同志陪同下去看望刚刚回到北京的丁玲，丁玲反而显得冷静谨慎，不想说太多的话。痛钜则思深，她似乎仍在观望。她仍然很健康，她的湖南话字字有力到位。她并不怎么跟着风骂"四人帮"。她更想骂的，更较劲的可能另有其人。杰出的作家有一种个性，有一种自我中心、至少是更加自信与独立思考的味道，她或他不会轻易地人云亦云，她或他有意或无意地与人们保持着距离，保持着不（轻易）为所动的人格的独立。他们容易赢得尊敬也招致批评，使人羡慕也叫人失望，最后他们更会惹恼许多无法与之对接对话的同行，使得许多同行因爱成怨，恼羞成怒。

我记得，丁玲毫无顾忌地说，她写了《牛棚小品》一文，她拿给了一本杂志的编辑并嘲笑说："拿去吧，时鲜货！"她的样子充满不屑。她没法不得罪人。她的悲剧在于她与作协文联的领导干部完全互不相容，她以为她的不幸完全是某几个人或某一个人所造成的。如果看不到人际关系的因素，是过分天真。如果只看到了人际关系的因素，是一叶障目。您至少应该考虑一下当时伤痕文学的出现与红火并非偶然。如果如此不屑，您何必写什么时鲜货物呢？如果您写了，又为什么那么急于与伤痕文学划清界限呢？你可能不喜欢那些提倡伤痕文学的人，拿着伤痕文学作资本的人。但是，这么多写作人已经卷进去了，它已经成了事，你就不能全面照顾一下吗？

而且写作人靠的是自己的作品的文本，而不在意作品的归类，也不会在意作品的题材时鲜与否。如果时鲜不一定是功，那么只要写得好，时鲜就更不可能是过。莎菲女士，我在霞村，又能归入什么类别，能做出题材是否时鲜的判断吗？

当然这是属于前一代人的事，我不可能作出合适的判断。

文代会前一位中央领导同志在他家里接待了一批中青年作家。他讲到了发展生产力与改变社会风气的任务，讲到了对于繁荣文艺的期待。我已经很久没有听到过这种登高望远、心怀全局的讲话了，我很注意。我不甚了了的是，一位有头有脸的同行对此会不满意，大意是与会人员没有指名道姓地反映拥护谁反对谁，没有直奔主题地表达对于文艺界领导班子的组成的民意，没有热诚地表达对于她的亲属的拥戴与对于对立面的绝不接受。其实，我们这里也是很注意以民意来说事的。我们有我们的发动与运作民主的方式与动机。

我只能摇摇头。讨论呀研究呀理论呀路线呀民主呀解放呀繁荣呀前进呀，最后落实到人事安排上，我觉得不很得劲。我不想过度去掺和。

还有，文艺人不团结就不团结好了，相轻就相轻好了，陀斯妥耶夫斯基与柏林斯基、屠格涅夫不和，契诃夫对托尔斯泰不甚服气，托尔斯泰干脆把莎士比亚一股脑儿地否定，这又有什么大不了的？何必把中央领导也扯出来，拉着中央领导给你出气，你这不是害中央领导吗？

当然我也见识过另外的脾气，另外的趣味，另外的风格方式。有一种兼有领导职务的同行作家，一遇到人事纠葛人事安排就全身放电，就招式迭出，就东奔西走，就上访下联，就到处整材料送材料写告状信托关系，就选择时间——一般在换届的大会、作总体性人事安排前三五个月，暗箭连连，箭无虚发，挤入黑箱，一拼到底，虽然成事不足，却至少是败事有余，他可以与你同归于尽。这样的人却又是作家、文人，真是命运的捉弄，这块美丽的土地的土特产啊。

文代会前夕一位文笔极好的新华社著名女记者郭玲春特别约了白桦、刘宾雁与我三个人做了一次访谈，地点在新侨或和平饭店。新侨是作协在没有自己的办公楼前最喜欢用的开会活动地点，而和平是每次白桦兄到京常住乃至长住的地方。由于他在戏剧和电影方面的著作，在京不乏接待他的有实力的文艺单位。访谈内容全不记得了，这个"阵容"倒是令人莞尔。事情就是这样。人要的是个明白。明白的前提是简单。汉语叫做"简明"。传媒舆论一直到公众与文坛的印象与概括，远远一看的认知与归类法就比简明还更加简明。简明性是人类认识论的一个奇迹，也是一个悲剧（同样的认识论奇迹与悲剧是"豪华"性，这个范畴要后面再探讨）。顺便说一下，斯大林亲自审定的那本书就叫《联共党史简明教程》。

这个简明性当然不是出自新华社的著名记者郭同志。一九五六、一九五七年后，文坛一谈到拙作《组织部来了个年轻人》必定会先谈到刘君的《在桥梁工地上》与《本报内部消息》，后来由于非文学的原因才不再提那两篇作品。而且，有趣的是，需要深思的是，一九五六年下半年至一九五七年初，发生险情的是拙作而不是刘文。刘文曾经被认为相对健康，因为那里黑白分明，"好人"一往无前，势如破竹，坏人颠顶废料，早该完蛋。一句话，刘文本身符合"简明"的预期。刘文比王文容易接受得多。早在五十年前，就有团市委的同志指出："王某的思想太复杂。"此后，一些文友在海外也屡次放言，王蒙的思想复杂，不像是在夸奖。

那么，您的思想就不嫌太简单吗？

一九七九年十月三十日，四次全国文代会开幕。老文艺家，有的坐着轮椅，有的扶着双拐，有的需人搀扶，有的说话已经不清楚，惊魂乍定，大难不死，一肚子委屈，都来了。老作家萧三、楼适宜等到了台上发言，说上一句"咱们又见面了……"泣不成声。我感到的是，连"文革"中已死的文艺家的冤魂也出现在主席台上啦。那种场面，亘古少有。

大会上一些中青年作家激动兴奋，眉飞色舞。有两三个人发言极为煽情，活跃，大胆，尖锐，全场轰动。他们中有些人本来不在文联全委的候选名单上，但是由于言发得好，人气旺，被增补到名单上了。

小平同志代表中央致词祝贺。人们对他讲的"文艺这种复杂的精神劳动，非常需要文艺家发挥个人的创造精神。写什么和怎样写，只能由文艺家在艺术实践中去探索和逐步求得解决。在这方面，不要横加干涉"欣喜若狂，掌声如雷。许多人记住的就是"不要横加干涉"六个字。能这样讲，谈何容易！

但我的印象不尽相同。我是主席团成员，姓氏笔画又少，坐在主席台第一排，我近距离地感染到了也领会到了小平同志的庄严、正规、权威，他的决定一切指挥一切的神态、举止和语气。他是一个真正的指挥员，他牢牢地掌握着局势和权力，他的姿态和论断绝无令文人们想入非非之余地。他强调："这次大会，标志着全国文艺工作者的空前团结。"他肯定："文艺界是很有成绩的部门之一……从总体来看，我们的文艺队伍是好的。"他的口气当然是在作结论。他指出："文艺工作者，要……在意识形态领域中，同各种妨害四个现代化的思想习惯进行长期的、有效的斗争。要批判剥削阶级思想和小生产守旧狭隘心理的影响，批判无政府主义、极端个人主义，克服官僚主义……"斗争的弦并没有放弃，也很难说是放松。他说："文艺创作必须充分表现我们人民的优秀品质，赞美人民在革命和建设中，在同各种敌人和各种困难的斗争中，所取得的伟大胜利。"赞美的要求也并没有收起。

他强调"我们的文艺，应当在描写和培养社会主义新人方面，付出更大的努力"，"我们的社会主义文艺，要……真实地反映丰富的社会生活，反映人们在各种社会关系中的本质，表现时代前进的要求和历史发展的趋势，并且努力用社会主义思想教育人民……"他讲的是反映本质而不只是写真实，不是"无边的现实主义"。尤其是他说："对于来自'左'的和'右'的，总想用各种形式搞动乱，破坏安定团结局面，违背绝大多数人利益和意愿的错误倾向，要保持清醒的头脑……造成全社会范围的强大舆论，引导人民提高觉悟，认识这些倾向的危害性，团结起来，抵制、谴责和反对这些错误倾向。"他反对"左"也反对"右"，他预感到了动乱的危险，他发出了警告，勿谓言之不预。怎么说呢？这里有欢庆，有抚慰，有共鸣，有交融，有心连心，这里也有领导与被领导的明确定位。他不允许出现失控的局面，他确实是坚强如铁。这里没有什么含糊，没有什么好商量的。

按，其时已经传达过小平同志在理论务虚会上的讲话，大家已经知道了关于坚持四项基本原则的精神。我感到有些活跃人物可能活跃得太过了也太早了。我不觉得意外，共产党而不讲四项基本原则就活见了鬼了。虽然从情绪上一上来我对理论务虚会的召开与广开言路十分兴奋，我对四项基本原则的提出也有尚未做好准备的一怔的感觉。我希望再让文人们多吐吐苦水，提提意见。毕竟是封杀了十几年二十年、或者更多，例如萧军，还有陆续或刚刚恢复自由的胡风和他的分子们。而现在这些人只说（话）了、哪怕是狂了那么几个月。

我不怀疑众文友的悲情、真心、巧言、深思、动人、多姿多彩、心灵的火焰熊熊燃烧。文者文也，人也，心也，言为心声，而那么多文人的心在滴血。不错，这是一次扭转乾坤的会议，全部在"文革"中被废黜、被羞辱、被乱棍打死的文艺家，尤其还有早在二十余年前就被打入另册的我辈，如今，都复活了，谁活着谁就看得见，除了不幸去世的，又是一个个气宇轩昂，谈吐豪迈的"座上客"、人五人六啦。不过，是不是太天真，太一相情愿乃至有点轻浮了呢？

你是真正的歌者，你感到的是文代会上的杜鹃啼血，精卫填海。你是闹者叫者吵嚷者呢？对不起，在四次文代会上我想到了对于众声喧哗的一些不敬的说法。喧哗是喧哗了，然而浅多于深，情大于理，跟着说、奉命说、人云亦云大于认真负责的思考。说实话，四次文代会上，活跃者兴奋者放炮者的数目有限，就是说，在四次文代会上有所响动的文艺家人数有限。更多的人保持听（吆）喝状态，观察，思考，留有余地，告诫自己不要跳得太高。谦虚使人进步，骄傲使人落后，东方式的道德标准。枪打出头鸟，东方式的低调哲学。少说话，多磕头，东方式的政治经验。例如路翎、胡风在平反以后的言论与文字中，也绝对是首先讲感谢，感激的。王蒙的态度也是从来如此。二十多年的另册，谁扭转得了乾坤？是邓小平，王某怎么可能不感恩戴德？

当时流行的说法来自交通宣传标语，叫做："一慢二看三通过。"

我们有久经锻炼和教育的文艺队伍，其实活跃者也是摸着了某种精神以后适当活跃一下的，说声转弯，也就转过来了。极少数活跃得收不住闸的情况，此是后话。

你是梦者思想者行吟者记录者，你得到了或者正在得到海阔与天空。你大有可为。你是按精神说话办事的谨慎者，那么有多少水，和多少面，不会过分。而如果你寻思的是充当人民的领导者，领袖，呼风唤雨，改天换地（如你在十余年后向外国朋友所表示的那样）呢，你让我想到了孙猴子跳不出如来佛的手掌的故事。把故事叫做"掌故"是太妙了。掌故掌故，掌中之故也。

蝉噪林愈静，鸟鸣山更幽。这里有大兴安岭森林，这里有泰山、华山、天山、五行山。作家艺术家们的慷慨激昂，锦心绣口，言语瀑布，思想奇观，弄不好反而成了蝉噪与鸟鸣。有任何另类算盘的余地吗？叽叽喳喳，吵吵嚷嚷，不过是自我高兴罢了。而哭哭啼啼，抽抽搭搭，就更像是挨了继母枉打的小儿，在那里哭爹叫娘。还提倡什么"议政、议经、议文"，这样的提法似乎是将作协往政协上扭。无非是说作家有公民权有国家主人公的责任罢了。

但我又不能不承认，不能不欢欣鼓舞，能开成四次文代会，一批原来打入另册的人能恢复名誉，能坐上主席台，一批冷冻二十余年或者更多的人能大放（更正确地说是小放）厥词，这已经是多少鲜血多少青春多少岁月的付出才获得的果实了。你过去想过吗？你敢想吗？邓小平的拨乱反正，换另外一个人，你不担心他会掉脑袋吗？

而且我也是文人，文人多半是蛙种，我也具有强烈的蛙性，思叫，思呐喊，要呼吁，要歌唱，还要惊天动地，尽兴。不同之处只在于我意识到了自身有蛙性、蛙运、蛙势，我很少将自身与同行们无条件地误认作腾云降雨、掌管天时、左右乾坤的蛟龙。甚至也不想，绝对不愿，死活不干，以精神领袖的面貌出现，并对所谓精神领袖的概念抱半信半疑基本全疑的态度。但求无愧我心，这是一个低的标准，也是高的标准。成败利钝，置之度外，香臭宠辱，形象观感，也只能碰运气，但是不能愧对良心，愧对文学，愧对历史。我学会的一个最有用的词就叫"大言欺世"，谨妨大言欺世，这是我一辈子的经验，我的黄金定则，不二法门。

精神领袖或导师于作家中出现，也许鲁迅的那个时候行。也不是鲁迅当时，而是以后被评价被承认被尊崇。现在不行。而且除了鲁迅，古今中外，作家而成为世纪良心、精神导师的绝无仅有。李白、杜甫、曹雪芹，荷马、巴尔扎克、塞万提斯……都不算。托尔斯泰在中国有人视其为道德与人格楷模，在俄国未必。近世的德国的海因里希·伯尔，倒是有点精神先行者的意思，但是也并无导师之风。

你必须明白。你别无选择。你不要忘记：画虎不成反类犬。

我希望保持适当的清醒，上海话叫做要拎得清，不可拎勿清。我的发言是低调的，我的讲话角度是极"左"的一套离间了作家与党。我必须在热烈的情绪下立于不败之地。

立刻有了反响，一些同行表示我讲的令他们不满足，听了不甚过瘾，我讲得太软，不痛快。从这个时候，我就常常受到善意的夹击了，一些人说，他太"左"了，他已经被招安，站到官方那边了。另一些人说，他其实右，而且更危险。

也可以说我成了一个桩子，力图越过的各面的人，简单而又片面的人都觉得我脱离了他们，妨碍了他们，变成了他们的前进脚步的羁绊，而且是维护了效劳了投奔了对方。有时候我会左右逢源，这是真的。更多时候我会遭到左右夹击，这尤其是真的。

这样的桩子，客观上有点像个界碑了。

一位声望正隆的记者讲如果成吉思汗安装了电话会是什么情景。他喜欢大骂国人，把愚蠢、野蛮、专横、无知之类的字眼挂在嘴边，显得高高在上，话说得到位过瘾。一位女诗人讲领导不要信小报告。她讲得生动活泼，惟妙惟肖，极富表演性。她在大会上表扬另一位后来与她极不和谐的诗人，不知人们今日是否还记得。一位上海老干部口音不清，抓不住重点，气不打一处来，显得很激动，却又不知所云。他的上海同行说他是以"小热昏"而著名。一位剧作家自问自答："你们究竟要什么？""我们究竟要什么？"他要的都是最好最理想的事，包括全面的启蒙主义、现代性与普世价值。他在讲他的"I have a dream"（我有一个梦想），可惜他不是马丁·路德·金，而这里也不是美国。周扬同志在大会上正式向被错整了的文艺人道歉，他特别提出向丁玲、江丰等人致歉。另一位坐在主席台上的老领导老作家刘白羽同志说是周的道歉也代表了他，立即有几个人在会场上喊叫："不代表你！"在几千个人开会的大礼堂里，一些人在台下喊叫，显得叫人无法是好。

如果几千个人的会议只有鼓掌却无人喊叫呢？

我有时候想越是不让人说话越是成全了大言者大叫者。如果"文革"期间有个人站在闹市路口大喊一声："操你妈!"他难道不是英雄、不成为英雄或不会被认作英雄无限吗?

而我印象极深的是夏衍老的闭幕词。他讲到了反封建,讲到了生活之树长青,理论是需要发展的,讲到了文艺工作者需要学习,强调学习,是夏老历次讲话的一个"永恒主题",大家都很爱听。

夏衍资格太老了,他是二十年代的共产党员,年轻人说他已经进入了"刀枪不入"的境界。所以他可爱。所以他也令某些人皱眉、为难。

此次会上还有一个插曲,值得一忆。会议中间,一位先生以受领导同志委托的名义找几个作家谈话,其中有上海的李子云和我,好像还有刘心武等。我一看,却原来是阮铭……他不像领导,也不像幕府,倒像一个多次洗涤消毒后,穿着工作服,操着利刃——手术刀的外科医生。谈完,我乃告诉李子云,这是阮君啊,"文革"初期是他以《鲁迅文集》的某个注释有问题为由,发难攻的周扬啊。李说我知道,他是"坏人"。

这里顺便介绍一下阮先生:一九三一年出生,一九四六年入党,解放后历任燕京大学、清华大学团委书记,如前所述,在尚未定论之前率先宣布王蒙是右派的就是他。他一九五七年任团中央候补委员。后在北京日报社与中宣部做事。"文革"时曾任中宣部机关文革主任。"文革"结束后在中央党校,任理论部副主任。一九八三年在中央党校期间开除党籍(因"三种人"问题)。一九八八年后留在美国一些大学。一九九七年任台湾淡江大学客座教授。二〇〇四年任陈水扁的"总统府国策顾问"。

波谲云诡,变化莫测,人,命运,历史与我们中国,匪夷所思的事情真是太多太多了。我在一篇小说中说过,中国人的戏路子好宽啊!有一朋友读之大呼妙妙妙,阮先生的故事便是精彩一例。引用这么一点网络上的资料,聊供读者一粲。

这次文代会上有一事值得一提,就是与会许多人提出那时的一些"自发性文学社团"事,如以北岛为代表的《今天》杂志及其作者群:包括顾城、舒婷、杨炼、芒克、甘铁生、史铁生、潘婧、徐晓等。他们的名字至今多数人们耳熟能详。舒婷的诗与散文是那么受到了读者的欢迎,她如今也是厦门文联的领军人物。史铁生的为人与为文也深受各方面的尊敬与好评。潘婧的《激情年代》获得了上海文学奖的头奖，还有些人选择了移居海外。

当时有一些大学的文学社团，例如在武汉大学的文学杂志上我就读到了张安东的别有风味的小说：《大海，不属于我们》，他写得忧伤而又含蓄，青春而又沉重。可惜此后不再见到他的创作。他的父亲是著名诗人，我的亦师亦友亦领导的兄长光未然。

该次作家代表大会上通过的作协章程里加上了为繁荣文学创作加强与各文学社团联系的字样，这反映了一个美好的愿望，促进文学界的大团结大整合与整个社会的安定与和谐，避免在文学上出现政治分化与身份裂痕。可惜，这方面的努力没有得到完全的成功，反而产生了一系列后患。

二十七年已经过去了，回想起来除了大的社会变动的投影与有关政策的宣示以外，这样的盛大隆重的文代作代会竟然没有什么文艺的内容可资记忆。支持"伤痕文学"吗？那其实是坚决拨乱反正的同义语。使一大批被放逐的人回到文艺岗位上来吗？这也是落实干部政策的一个组成部分。当然，经过凶神恶煞的"文革"，单是让这些曾被无例外地视为文艺黑线人物的作家艺术家们聚一聚也够人们哭鼻子的了，何况其中还有我们，已经经历了二十多年的试炼与考验，已经是水煮火烧，成熟了许多。大会发言时口若悬河、挑剔而又易于宜于动情的文学人们终于获得了小放厥词的平台。就这样，一些人已经认为是说了太多的过头话。整个会议的政治宣示与政策特别是文艺政策的宣示还是令人五内俱热的。双百方针又猛讲上了。不要横加干涉的说法与我们的文艺队伍是好的肯定令人一个蹦子老高。

我也想起苏联的作家代表大会，苏联是没有所谓文联的。苏联的作家大会倒是像有些文艺学的讨论、争鸣，虽然他们没有双百方针的说法，在赫鲁晓夫年代召开的全苏第二次作家代表大会就典型问题、真实性问题、正面人物问题与作协活动问题都争了个不亦乐乎，连后来担任过部长会议主席的马林科夫也在苏联第二次作家代表大会上讲过典型问题是一个党性的问题——对于他的这个提法，我至今不明其意。设想一下，把聚讼纷纭的文艺问题带到克里姆林会堂，带到那么大规模的会上进行意气风发的讨论，又能有多少文学与理论的含量呢？

会议的规格与气势也许令人记住，令多数文艺家包括许多标榜清高与忧愤的作家艺术家有机知识分子们羡慕感动向往。文艺本来是各式个体劳动者的活计，老作家孙犁早就指出"作家宜散不宜聚"，我亲耳听到过林默涵同志引用与响应这个明智之语。生逢盛世，文艺家们却高度地集团化群体化政治化队伍化了。几千人的文艺大会，人民大会堂的灯火辉煌，党和国家的领导人尽数出席，掌声如雷，热泪如注，铿锵动员，豪迈号召，英武表态，响亮口号，勇敢决心，都令人热血沸腾，如参加了战前爆破动员与班组红旗竞赛。还有大会上才揭开幕布的几十名几百位贤达杰俊名流人物的升降进退：谁谁当了主席，谁谁当了书记，谁谁当了委员，谁谁当了理事，还有后来的顾问、名誉主席、副主席、委员和其他封号，蔚为壮观。有为之哭的，有为之笑的，有为之奔走的，有为之上访告状的，有为之处心积虑或者痛心疾首的。甚至许多年后，还有一位很有身份的可敬的老文艺家，在一次类似的盛大会议上因为理事候选名单上漏印了他老的名字而泣不成声，几乎当场晕倒……偏偏该一届理事会只开过两次，一次是成立，一次是下届大会前宣布寿终。这样的文艺大集会并非所有的国家的文艺同行所能经历，我们这里，也并非所有的时间段的集会都具有同样的同心同德、大喜大悲的特色。有志者研究一下历次文艺大会，也能提高水平，了解特色。

还有一位文友的花絮值得稍稍一提。其时谌容已经发表了许多作品，她是市第五中学的教员，由于写作未能完成学校的教学任务，而被停发了工资一些年。当时的东城区教育局长是刘力邦，我在东城团区委时的老领导，也是极好的师友。刘力邦提起谌容的名字简直无法容忍，而谌容也是我行我素。由于谌容成了无单位人员，她无法参加文代会，据说她正好利用这段时间在同仁医院眼科病房"深入生活"，乃写成了为她带来名声和如潮好评的《人到中年》。然后，她得到了全部被扣发的工资，体体面面地到了北京文联搞"专业创作"去了。把刘力邦气得不轻。我确实身份特殊，我既是谌容的文友，更是刘力邦的"战友"。另外，不参加四次文代会的后果，似乎也不是遗憾而是收获。我们的特色不仅在于文艺家的群体化，团队化，而且在于文艺家的单位化，这些方面的改革与有关问题的妥善处置，恐怕也是任重而道远的了。

第四次文代会是一个标志，中国的文艺进入了新时期，声嘶力竭，雷霆万钧，一切达于极致的"文革"，终于离开了我们，这应了物极必反的老话。不论具体情节上有多少仓促和不足，肤浅和幼稚，四次文代会仍然算是一个转折，它毕竟埋葬了"文化大革命"。同样不管有多少从感情上仍然留恋着"文革"的高调性与传奇性的当年的风云人物存在，不论他们怎样至今仍然曲折地、决绝地、或别出心裁地，用尽新、洋、生疏的词儿为"文革"唱赞歌，为红卫兵运动唱赞歌、唱挽歌，别了，那个疯狂的特殊的年代，你们已经无法使历史逆转了。

（摘自：王蒙著《大块文章》，花城出版社 2007 年 4 月版）

19 "文革"后：活着与死去一纸之隔

浩　然

1977年12月，我当选为五届全国人大代表，然而1978年开会时，却被取消了代表资格。我明白风向变了，大家不欣赏我了。苦闷和寂寞成了那段生活的主要特征。有一天老朋友梁秉，到月坛北街来看我。我去书店没在家，回来时看到他，我竟握着他的手流下了眼泪，很久没有人来看我了。老梁劝慰我说，你没有害人，你可以度过这一关的。

我的确想不通，我从没整过人，大家整我干什么呢？所以那时我不去文联了，工资都让孩子们替我领。

老朋友、文学界的老战友在这时一个个地来看我。林斤澜抱着一只老母鸡，带上多年没见面的刘绍棠来给我鼓励。见到刘绍棠，我很惭愧，回想起当年批判他时自己的发言，觉得应当请求他原谅。虽然那时我只是一个无名小卒，作为群众发言说什么都无足轻重，但毕竟参与了打击他的势力。

刘绍棠非常宽容，说对于过去的时代只能让它过去。我顿时如释重负。后来林斤澜、从维熙在家请文学界的朋友们吃饭，我也去了，觉得虽然在创作上不是一个路数，共同语言不多，但面子上都过得去。

后来看到文章说，有些老作家对我有看法，不让过关，而中青年作家大概因为有些受过我的指导，为我说话。有人说我是"四人帮"的骨干，写过效忠信，后来组织上做了调查，知道我写的七八封信只是愿意去开会之类的事务性内容。

我对过去岁月的看法是，那种处境下有一度辉煌，对年轻的我来说，确实有所惬意，有所满足，但也伴随着旁人难以知道和体味的惶恐、忧患和寂寞。我赶上了那个时代，并有幸记录下了当时的情况。我对当时的创作不后悔。时代在发展，人们在变化，但是发展和变化到何种样子、何等程度，真善美、假恶丑总会有其客观标准。他们的斗争与较量，无论其胜负，人们一定会给予正义与非正义客观公正的评判。现在，这一切都成为过去，派系之争依然存在。但作家是靠作品，我认准了这一点。我才五十出头，我知道自己有能力，在这个年岁许多作家都写出了最优秀的作品，我坚信自己也行！

我立志要爬起来，要在跌倒处爬起来。作家的生命是他的作品，新的作品显示他的真实品德和新生。我相信这观点，我遵照这个观点咬牙、奋力地实践。遭难后不到一年的时间里，我拿出长篇小说《山水情》。作品发表后，一些同志高兴地说，看到了浩然，看到一个新姿态的浩然。

就在我自欣自慰，并准备使足劲头再往前追赶的时候，遇到一个难题，长春电影制片厂按照杂志上发表的小说《山水情》（原题《男婚女嫁》）改编的电影剧本已经开拍，书稿如果不做急件处理，就要出版在电影的后边。这是极为糟糕的一个结果！当时的形势下，哪家出版社肯把我这样一个起码属于不走红的、倒了霉的作者的稿子当"急件"发排呢？我一连在几个出版社碰了钉子，书可出，但电影必须等书发行后再公演。这苛刻的条件，我是无力办到的。

就在这种"绝难"的情况下，百花文艺出版社那位刚刚从冤假错案中解脱出来的克明同志，从我的老朋友、作家刘怀章那里听说我遇到的困难，马上请示当时的总编辑林呐同志，得到赞成的答复，他立刻派刘国玺同志专程到北京取书稿。刘国玺向我转达编辑部的决定，把《山水情》作为急件发，一定出在电影的前边。听到这个声音，我喜出望外，感激的心情，很难用语言表达。因为我清楚我当时的处境，更没忘记，我的《百花川》曾经让他们背了"黑锅"、受了株连呀！他们说，我们过去都走了弯路，我们重回正路上，共同多出好作品。你是我们的老作者，互相都了解，要合作下去。当时我回答了句很"土"的话说，百花文艺出版社真够朋友。这个朋友，不仅给我解了忧患，重要的是使我增加了前进的信心和勇气。文学事业的成功，没有比自信心更具有神奇力量的了。

还是在这种心境下，我来到三河县段甲岭，又看到了我喜爱的黄色，听到了乡亲们朴实亲切的问候，心情更加舒畅！乡土的温馨使我融化在对未来的向往中。我在这里挂职段甲镇的副镇长，有更多机会，从不同角度了解80年代初的中国北方农村。夜晚和老乡们睡在一条炕上，聊到深夜，那些动人的故事，像一股股热流激发起久已尘封的创作欲望。我又找到了自己的精神上和生活上的根。

那几年文学界是个矛盾体。一方面不断有好的文学作品推出，不断有新的、有希望的、人们为之振奋的新人出现；另一方面，有一些乌七八糟的作品、作者、文艺思想充斥于市，色情的、打斗的、乱编乱造的可以罗列一大堆。这些东西到处都是，有才能而且会有成就的作家出不了书。老老实实地、本分地爱护自己的作品，也爱护自己的人品的作家出不来书。有些人可以出书，是因为被利用，出版社总得要装个门面，出的是名家的书啊，装点装点。文化、文学、文艺部门被称作"文化乞丐"。我们文学界也混进了一些不要脸的。他们能钻，又不要脸，挤得这些正派的、想走正路的作家没办法。把这完全归罪于改革开放也不公平。这种现象造成对社会主义事业的危害。中华民族的子孙，吃了四十多年社会主义饭的、爱国的、对这块生我养我的大地有感情的人，无不为这些现象的出现担心、忧虑。我在这种情况下写了《苍生》这本书。

（摘自：浩然　郑实著《浩然口述自传》，天津人民出版社2008年4月版）

20 这一天

马识途

我永远不会忘记省委为我开平反大会的这一天。那是 1979 年的 1 月 25 日。在那个平反会上，我作了一个发言，题目就叫《这一天》。我是这样说的：

这一天，
这一天终于到来了。
我等了十二年，终于等到了这一天。
当我荣幸地被恩封为四川"三家村"的黑掌柜，"周扬黑帮"在四川的黑干将，中国科学院张劲夫反党集团在四川的代理人的时候，当我被一顶天外飞来的"反革命修正主义分子"的帽子扣在头上，接着许多莫须有的罪名横加我身，在报上被点名批判的时候，我想到了这一天。
当我的头上被戴上七八尺高的高帽子，颈上挂上十几斤重的黑牌子，手敲着唱猴戏的小锣，颈上套着绳子，被人牵着游行示众的时候，我想到了这一天。
当我被揪上高台，努力低头作喷气式表演，汗滴如雨（但那绝不是眼泪），下台来，早晚伏地请罪，经受种种稀奇古怪的肉体和精神折磨的时候，我想到了这一天。
当我爱人病在医院，见报上点我的名，和我说了最后的诀别话"我相信你不是反革命，总有一天……"话未说完便溘然长逝的时候，我想到了这一天。

当我由于罪孽深重，祸延子女，家被抄了，孩子们被扫地出门，到处流落，乞食亲朋，我在狱中听到了潸然泪下的时候，我想到了这一天。

当我趁小将们疏于防守，跳楼逃走，惶惶然如丧家之犬，在祖国各地流窜，然而终于难逃法网，被"新生红色政权"派人抓回来投入监狱的时候，我想到了这一天。

当我被监禁在高级监狱昭觉寺的斗室中，在高灯之下，低头反省，伏枕写认罪书的时候，我想到了这一天。

当1976年黑云压城的日子，"四人帮"那些跳梁小丑，又把我当做死不改悔的走资派加以围攻的时候，我还是想到这一天。

但是我等呀，盼呀，这一天老等不来。我的心脏有病了，我的头发脱落了，我的耳不聪，眼不明了，这一天还是没有到来。我想，难道这一天已经随逝去的春天永远远去了吗？难道我将抱恨终天吗？

我仍然顽固地期待着这一天的到来，像我过去在那白色恐怖中，在那饥寒交迫，逃避追捕，期待着雄鸡一唱天下白的日子一样，期待着青天开眼的这一天到来。

忽然一声霹雳，"四人帮"垮台了，忽然十一届三中全会召开了，"实践是检验真理的唯一标准"讨论开了，许多思想牢笼被冲破了，……我终于等来了这一天。

这一天，太阳怎么这么亮，会场怎么这么热和，我的心怎么跳得这么快？

我听到了省委书记在台上宣布了为我平反的决定，"推倒一切诬蔑不实之词……"

我看到文艺界的朋友们为我而落泪了。我却为今天有不少文艺界的朋友不能来参加今天的盛会而落泪。

我想到那些悲愤、屈辱、黑暗的日子。……

书记要我上台来，不是来作没完没了的检讨和认罪，而是要我上来讲几句话。

我上台来了，说点什么好呢？

民主，这是首先跳到我眼前来的两个字。

科学，这是跳到我眼前来的另外两个字。

对了，民主，科学，这就是我要说的。

民主，这就是生气。

科学，这就是光明。

民主和科学，这就是实事求是，这就是人类的希望和力量。

我们要为社会主义的民主和科学而奋斗，而献身，像无数的革命先烈那样。

我们要和践踏民主，反对科学，搞法西斯专政的势力作殊死的斗争。不管他是人，是神，是鬼，是恶魔，是厉妖；不管穿的什么斑斓的外衣，举着什么漂亮的旗帜，喊着多么响亮的口号，唱着什么高昂的调子；不管他是什么忠实信徒，理论权威，可靠接班人，如此等等，只要迷恋骸骨，崇奉法西斯教条，破坏人民生活，都一起打倒！撕开他的画皮，挑出他的灵魂，示众于光天化日之下。

我多么盼望的这一天终于到来了，但是我不想这一天的第二次到来。不要七八年再来一次，这样的事到来一次，已经够了，够了！这是多少血和泪，多少叹息和屈辱，多少白发和伤逝，多少猜忌和诅咒，多少艺术大师和多少科学泰斗不明不白死去，多少伟大作品和多少科学成果的泯灭，才换来的经验呀。

再也不要为那么多的冤案、错案、假案平反，再也不要那么多的追悼会、花圈和眼泪，再也不要那么多的拐棍、假肢、冠心病、高血压……

让我们团结起来向前看。我相信，在党的领导下，在老一辈革命家的带领下，在马克思主义毛泽东思想的指引下，将要迎来一个光明的明天。民主和法制，不再是写在宪法上、登在报纸上的漂亮言辞，不再是社会主义的昂贵的装饰品，而是普通人民像布帛菽粟一样可以切实享用的东西了。我相信有这么一天。然而需要战斗！

（摘自：马识途著《沧桑十年》，中共中央党校出版社 2006 年 6 月版）

21 十年之后

韦君宜

"四人帮"垮台了，十年的黑暗结束了。

严冬过去，寒风不再吹了，最后终于吹来了温暖的风，吹开了夭桃秾李。群众为了这迟到的春天，在天安门前拍手欢歌，中国有救了。

多么好啊！青年说：把十年来的不公平、冤狱，把拿人不当人的思想和行为，一下子清除吧。中年知识分子说：把解放以来，1957 年以后，把人不当人的规章都解除掉，让人们真的解放吧。还有人则想得更多更远：我们这个辛苦创建，身上还带着不少旧痕的国家，要彻底变革，行吗……

人们一面欢呼歌舞，一面没有从前那么天真、容易放心了。

"四人帮"垮台之后，我碰见的第一件别扭的事，是诗人郭小川之死。

小川之死这件事本身还查不清楚——他好好地睡在招待所被窝里，怎么会被自己抽剩的香烟头点着了自身而活活烧死？——只说我们这些刚刚得到"解放"消息，还没有"安排"的文艺界朋友，听到了无不惊讶，痛心。应该追悼他呀！可是这时候，既没有作家协会，也没有任何文艺团体（除了那些样板团）出面来召集追悼会，奔走来奔走去都不成。后来听说办成了，凭通知到八宝山入场。我收到这么一张油印的小条，问我们社其他与他熟悉的人，都说不知道。开会头一天，我接到冯牧一个电话，说："人家通知的范围非常小，只好这样，咱们分别口头通知大家，你也通知一些人吧。"我说好。于是见人便讲，动员了一车。赶到八宝山一看，满满地站着一院子人。不管是作家还是名人，全都站在院子里，我忙挤进里边休息室去看，才知原来只开了一间第六休息室（按八宝山的规矩，一般要开六、七、八，三间，给吊客休息，规格再高点的，增开一、二、三，三间）。今天如此，吊客只好都站在院子里，在悲哀之上又加了气愤。

我听见站着的吊客们窃窃私议，今天的规格不知怎么样，据说特别高，由中央主持……什么中央人物，当非文艺界所能够得上。等了一会儿，叫我们排队进去，站好之后，奏哀乐，然后上去了主持并致悼词的人。我眯眼看了半天，既看不出是哪位作家，更认不出是哪位首长。是一位三十几岁的妇女，手拿悼词，结结巴巴在那里念。

谁呀！

直到会散了，人们往外出走了，我这才打听清楚，原来这位主持会的人，是中共中央组织部副部长，原长辛店铁路工厂的一位女工。想必是造反成就极大，才能占据这样的高位。但是她和郭小川有什么关系？和诗又有什么关系呢？"四人帮"垮台了，她还在做她的官（不过，后来她下台了），她又着实与文艺及政治方面都联不上，所以至今我也说不清这位为死去的小川做结论的女部长的名字。

如此对待文艺界对一位著名诗人的追悼，这就是"四人帮"刚垮台时对待我们的姿态。这自然已经比开口就骂黑帮强了很多。但是，不能不使人感到，我们依然比别人矮一截。

许多还活着的人被放出来了，但是他们的问题还解决不了，有的去山东，有的去山西。中央专案组还掌握大权，说一声"不解放"就不解放。

我到清华去看望老校长蒋南翔，结果只找到一间单人宿舍。门锁着，隔钥匙孔看见两只满是泥的布鞋扔在地上。后来他算是解放了，却没有工作，住在万寿路招待所。我又去了一趟，这次是事先电话联系好的，我和老同学魏东明同去。进屋一看，一间空屋，四张床，住他一个人，就算优待了。到吃饭时候，他到食堂去打了饭来，又说："这里还有肉，我们烧了吃吧。"说着便取出一个塑料口袋。我一看，竟是一个生的猪蹄子！问他哪里来，答曰是今早他自己到菜市场排队买的。真亏了从来不会买菜、做饭的老蒋。现在三个人吃饭，只一个我多少知道点烹调，我只能当仁不让。我就问："你的锅呢？"他指指自己吃饭打菜用的小搪瓷饭盒。"刀呢?"他取出一把削水果的小刀。"炉子呢?"他领我到里面盥洗间,那里有一个小酒精炉。看了他这些炊具和那个大猪蹄,我不由得笑起来,你就是马上到饭馆请大师傅,也做不出这个菜来。何况是我?但是老蒋盛情可感,我不能不动手。于是我用那水果刀把猪蹄子稍微削下几丝,没有油,就加上打来的菜,放在搪瓷饭盒里炒了一阵,火又太小,哪里炒得熟?我一边炒,他们二位一边蹲在旁边吹火。这顿饭吃得实在狼狈,自然也别有风味。

临走我告诉老蒋:"下回可别这样招待我们了。"下回,他自然也不敢这么办了。这是我们的大学校长在"四人帮"初垮时的状况!当然,这在群众中间得算水平很高的了。书呆子闹笑话,只可算作运动结束后茶余饭后的轶闻,说着玩的。真正运动的尾声可没有这么轻松。

好些初得"解放"而无处安身的人,免不了东跑西走,看看朋友。记得有一回,我刚下班回家,见老同学李昌和老同事王汉斌都在我们家里,他们都是还没安排工作的。见面自然要打招呼,我说:"刚回来,忙啊!"李昌忽然笑着用手点着我说:"你啊,你现在是当权派,是忙哩。"我说:"那你们是什么?"杨述说:"我是走资派兼叛徒,到现在帽子还没有摘哩。"

的确如此,许多人虽然已是人所共知没有什么问题了,但是头上那顶"帽子"就是摘不下来。为了杨述的摘帽子问题,我找过当时新成立的中央,跑过中组部,求见邓大姐,都没有办法。后来,甚至中组部新上来的同志已经跟我推心置腹到这种程度:"他没有问题我们知道。可是,他和另外一位×××同志,是过去中央画过圈子的,现在的中央专案组就不许我们推翻。这事怎么解决?我们得慢慢想办法。"

过去的"中央"(主要是"四人帮")圈过圈子的人,就不许动,依然铁案如山,只能慢慢想办法。我还在不停地奔走。后来,有人告诉我说:"你去求新组织部长胡耀邦同志。"我认识他,但是我没好意思去求。再后来,又有人告诉我:"杨述和那位×××的事大约快了。胡耀邦对别人说了,对于这些事,他比当事人还着急。"果然,对这些被圈过圈子而没有什么结论的人,逐渐松动了。我又听人家说:"快了,中组部正在和他们顶。"我们等到 1978 年 11 月，杨述果然算是比较快地"解放"了。

还有比他的"案子"更重得多的人："三家村"、"四条汉子"、彭、罗、陆、杨……这些经"御笔钦点"过，而人人都知道并没有什么罪的大罪人，也陆续获得解放。原来神圣不可侵犯的"中央专案组"竟被解散，这真是天大的事！当时轰动九城，大门口排了长队的地方，不是像后来这样的百货公司、食品店，而是中央组织部。各色各样受冤几十载的人写血书上告，城里传说着"胡青天"的故事。我的一个老同事李兴华，早被划成右派，告过多少次状，不曾有过结果。这一回，他得了癌症，把申诉书赶写出来，委托妻子去中组部门口排队。照理该是十分迫切的，但是他却不，居然躺在家里和朋友聊聊文坛近况，自己还想写一点文章。对于交上去的申诉书，他挺放心地说："会有结果的。"果然，后来在他去世之前，接到了平反的通知，使他得以安然瞑目。中央负责干部能得到党员群众这样的信任，在我的经验中，是除抗日初期投奔革命那时之外，后来再也没见过的。

先是这些受冤的"右派"分子，后来平反到"胡风分子"，然后是"右倾机会主义分子"，再然后是无根据的"特嫌"，最后甚至到了死后也不得翻身的"地主阶级孝子贤孙"。这种局面真是自从开国以来甚至开国以前所从来没有过的。随手给人扣帽子，搞运动，早已经成了我们的习惯。

能这样改变吗？一个出身不明不白，无资格在祖国之内自称"人民"的人，也能获得"人民"的普通身份吗？人们将信将疑。就在我们出版社里，有好几个从解放以来一直表现极好、要求入党的人，却外调十几年不能批准，只因为家庭出身是地主。几本写得很好的小说，军代表不让出版，只因为作者的爸爸有"历史问题"。好几家我们眼看着长大的孩子上不了重点中学，因为孩子爸爸的"结论"没有做。连小孩们都说："我念书有什么用？现在爸爸是纲，纲举目张，纲坏了目怎么张嘛！"这些还稀奇吗？到了这时，我头脑才稍稍清醒，才觉悟到，原来我也只是在出书这一点业务上，比军代表们稍微明白一点，其他，我的思想不也是一样无知吗？首先得把人当人，然后才谈得到研究人与人之间的关系。例如开口说阶级，怎样废除阶级？没大想过。

这点"新思想"，我们还不习惯。

我开始想到了，我应该去认真看看这些年人们是怎样在生活的。特别是农民。

我曾遇见一件案子：

一个亲戚在"文化大革命"中被农村造反派揪回农村去，打死了，罪名是地主分子。而此人早在抗日战争期间已经弃土地从商，进入城市。他的现已五十多岁的儿子，已经根本不认识那个农村的"家"了。他不是地主，其实很明白。而我们那时奇怪的法律（或者是不成文法），凡属地主，就没有人权，犯有天然的死罪，而打死他的人无罪。因此，直到"四人帮"垮台后，他家出头来打官司，还不敢堂堂正正提出无故打死人命案，而只敢提出"成分"划错了，还向我打听，是否认识该县老干部彭书记，请帮忙讲一讲。

中央下去了工作组，临走以前，我曾拜访过工作组长，请为清查。结果回来之后，既未查出他确是地主的根据，也没有相反的任何资料，只是一句话："当地县委说，已经问过当地支部了，支部坚持不能改。"然后就是工作组长同志的一大串苦经：下去就得先声明服从他们的领导，想当青天大老爷，难！

我作为记者下去了一趟，去的就是这个县。正是农村开始改革的时候，我看到了一个办法虽然有点乱，但是劲头很大的农村改革家，也听他毫无顾忌地讲了县里好几个冤案，包括他本人处理的，明知张冠李戴冤枉了好人，他写了报告，而县里硬不给平反的案子。于是我们谈得非常投契。他说："来吧！多住一阵吧，多住一阵你才知道我们这里的事多难办。"我也动了心，我觉得我需要下去认真地体验一次生活。不是作家为写作去体验生活，而是作为党的干部（"干部"是这些年来真实生活的主宰）去认真再生活一次，如同解放前下乡土改时一样。于是我去找中央办公厅冯文彬同志，他是跟胡耀邦同志一起上台的。我要求下去当工作组员，首先再体验一下我们这些年给老百姓戴帽子搞运动，究竟搞到了何等程度。我也是党员，搞运动的也有我，现在我本人也吃过一回苦头了。在我的头脑开始清楚之后，我要去看一看我们过去对人民干的事究竟是些什么，想想怎样才改得了这种习惯，如何才能把这种对待老百姓的习惯翻过来。

冯文彬同志答应了我，而且说如有什么值得反映的情况，可以直接向他通气。

这个工作组是中央派的，系国务院各部出一二人组成，基本上是各部的处长。我跟他们到了刚经过地震尚未恢复的唐山，有间房子住就是好的，但是地委还是对我们极其客气，开会就称"汇报"，要听什么就把谈话对象叫来，而且说："你们要叫谁就叫谁。"

在我作为新闻记者来的那次，已经查清了那个成分案。连支部所属公社的公安委员也说："我在这里工作了二十年，档案捣过来捣过去查了多少次，从来没听说过有这么一个外逃地主，怪！"我还听说了一点这里县委彭书记的情况：农民，抗日民兵出身，文化很低，却忠心耿耿地执行上边的一切指示。抗震中有功，登报成了模范，现已升任了行署副专员。在这种情况下，我想暂不可过问该案，先去听听别的案子。

我们住在招待所里，晚上就有老百姓来访，谈一些案子，其中谈得最多的是邻县（就是我去过的那个县）的一个命案。一个种菜的农民因小菜窖被挖，用刀子自杀了，闹得全村老百姓给他送葬。县里意见也不同，为此还撤了些干部。现在县里说，这是"那时候执行政策执行得死一点，农民想不通，自己抹脖子死了。已经由公家发了抚恤费了，还怎么样？"的确是不能再怎么样，他是自杀的，能叫谁给他偿命？工作组也拿不出什么办法。

但是老百姓还是议论纷纷。有一天晚上，我在屋里听招待所的工作人员聊这件事，说那个农民苦是真苦，老婆在天津住院，交不上医药费，小孩才一岁多，全仗这窖菜手艺挣点钱。彭书记一下去，下令各村菜窖全挖，谁留下就是资本主义尾巴。那人跪下磕头，最后掏出刀子来，说是砍菜先砍我。彭书记还是一个字："砍！"这么着，一个人，硬被逼死在菜窖跟前了。

这时，听见了更多的关于彭书记的轶事：他如何坐着个吉普车下乡，一看见一群小孩用水桶浇菜，就下车来赶；如何在农村里召开"拔钉子会议"，各村汇报那些种菜的"钉子"，一个个拔，到最后剩下这个持刀自刎的，当然非拔不可。说到最后，这是中央下来的政策，彭书记执行了，你能把人家怎么样？

在这种情况下，我们听了原县委副书记和原县公安局局长的汇报。他们都挺委屈，声明自己原来都很服从彭书记的领导，都是尽量按他的指示办的，但是事情实在没有办法，当他们到村里时，话刚出口，已经被当地老百姓包围起来了，老百姓不干呀！他们尽量解释，到菜主家去听人家哭，听本村支部书记诉苦，说他也活不下去了，见不得那家人！死者的妻子在天津急死了，家里剩下一个瞎眼老太太和那一岁半的孩子……真是没办法，他二位才在群众面前认了错，也没有干别的，可是这两个干部都被撤下来了。公安局长说，彭书记升了地区副专员，我现在幸亏调到了市里，不归地区管，要不，今天我也不敢来说这些话。原县委副书记现在穿一身军装，很详细地把自己当年如何下乡照彭书记的意思开会，如何因为老百姓有意见不能不调查，如何自己回去汇报，在县委会上提改正的意思，如何一次在县里好容易说通了，自己去跟老百姓也说过了，可是二次又翻案……细讲了一遍，底下他就不说该怎么办了，只说了一句："关于彭副专员的事，我听地委的判断。"

显然，原副书记和原公安局长都有意见没有说出来。会散之后，我想了一想，便拉着同来的一个编辑，一起到本地部队系统，去找那位县委副书记。

我们找到他家里。这位政委见我们来，已知道我们实际上是记者，非常高兴，他自己倒茶，抓花生招待我们。重新细谈这个案子，他讲了他从乡下回县，如何突然知道县里要开会批判他，说他包庇了资本主义道路，又如何在全县的广播大会上批他，不通知他会议内容，而叫他去出席……没等他讲完，我已经知道，他所受的这些委屈正是过去我们常受的，但是现在还要他受。帽子还在人家手里，还可以随手扣下来。

他又对我讲了这位彭副专员是怎样当上模范的。地震了，他毫无办法，陈永贵来视察，他拍胸脯表示全县自力更生，一点支援也不要。于是得到上级赏识……

这些材料，我不能写进工作组的报告。农民为什么被逼自杀？不能写上由县委书记负责。那个并非地主的人，被错划为地主而遭打死，也只能写他成分划错的冤情。假如原来成分没有错，本来就是地主呢？其内含便是：打死人者无罪，被打死活该。

我们的农村这些年就是这么过的。

我只能把我的记录稿不加抄录，卷成一卷，原件送到中央办公厅冯文彬同志那里。那个被划错成分的，我还尊重其家属意见，没把被打死的情节附上。后来呢？后来结果比一般的上告户好。那户被逼死的已经从优抚恤。那户错划为地主的，后来也纠正了，改为商人，没收的财产由公家退还。那位已经升任专员的彭书记，则撤了职，不知是作为年纪大了退的呢，还是有什么犯错误的说明？反正就是不让他干了，回家了。对这种干部，给这样的处理，实在已经算很难得了。真是过去没有的做法，我知足了。

白死的人命，没法再追究，甚至无权再追究。我懂得了这一点。那个地委这样处理，也有他们的道理，并非袒护彭书记。"如果都要追究起来，事情怎么办呢？一个地区的事，压下葫芦起来瓢，十几年前的冤案都拿出来翻腾，局面不整个儿都乱啦？"这是过了几年之后，一位经常下去的纪检委员劝说启发我的话。她认为一个记者这样做就是想把局面搞乱，有罪。她的话使我越想越觉得有理，同时越想我越睡不着觉。

我们文艺界自己的扫尾工作，也并不容易呀。过去给我们戴的帽子，已经一顶一顶取了下来，使我们突然感觉到了自己做人的资格，所有这些都是几十年未有的。这一条的重要性，不是经历这几十年的人，不能体会。这是真正的歌颂。搞文艺的人，要揭示这一点，要写出这一点的要求，出自内心。但是这点要求在中国却太天真了，被说成要弄乱啦，造成工作困难啦，别有用心啦。这说明婪尾春风，善后工作并不好办。

不是光说上级的决心如何如何，人群之中也有人改不了原来的习惯。我就亲身碰到过一个写匿名信反对当时文艺的"解放"潮流的。实际那还完全说不上什么"解放"，只是老老实实写了一点不那么太光明的阴暗面，例如《班主任》《大墙下的红玉兰》之类。匿名信作者就认为这样不得了，认为这等于爱伦堡的"解冻"，把光明的社会主义抹黑了。用匿名信转寄了来，说明这确是他的真实思想——他认为的确应当只准歌颂光明，不准指出任何黑暗。只准"左"，向"左"转，不准向别处走。不是别人强制他这样想，是他自己已经形成了一套思想，已经不习惯于做一个平等自由的人，也不能以平等之心待人了。不过这还可以理解，可以等待他。而眼前还有更近的人，也是成天讲文艺理论的"三性"，谈性解放之类，和别的时髦人物一模一样，然而一旦听到上边一点消息，错会了意，马上就很熟练地拿出当年造反派的全套把式，翻脸不认人。这就更使人不敢只把这些看做十年或二十年、三十年、四五十年……之前那么深的积习，一切都过去了，一切忘记了，现在只拍拍手讴歌而已。我跟不上文艺界的新浪潮，只能作陈旧的老生常谈，但是至今还不能多谈。到了这类老生常谈，不妨茶余酒后谈谈的时候，我想我们的文艺，且只说文艺，大概真的婪尾春风，群芳结果了。

（摘自：韦君宜著《思痛录》，北京十月文艺出版社 1998 年 5 月版）

22 文艺界的"拨乱反正"

吴庆俊

在1966年5月至1976年10月的"文化大革命"中,林彪、江青一伙利用所攫取的政治权力,窃取和篡夺了党对文艺工作的领导权,在文艺界实行法西斯专制,使文艺界遭受了极为沉重的摧残,出现了新中国文学史上一个黑暗的时期。"文革"期间,文艺界疮痍满目,伤痕累累,文艺园地百花凋零,万马齐喑,呈现出一派萧条景象。一大批有才华的作家、艺术家、文艺理论家如老舍、田汉、赵树理、杨朔、闻捷、周信芳、郑君里、盖叫天等惨遭迫害,终至含恨而逝。许多优秀作品被禁毁或打入冷宫,同时林彪、江青两个反革命集团动用一切舆论工具,大肆宣扬和推广"样板戏",把"样板戏"钦定为"无产阶级文艺"的"楷模",全国八亿人只能看"八出戏",另外,他们还以唯心的、极"左"的反动文艺观点来重新创作一批为之效劳的文学作品,大搞"帮派文艺"、"阴谋文艺"。全国所有的文联、作协及其他一切文艺协会被强行解散。除《解放军文艺》外,一切文艺刊物被迫停刊;从中央到地方的文艺团体也停止了活动。

就这样,整个文苑一片凄凉、一片荒芜。

1976年10月,当粉碎"四人帮"的欢呼声、鞭炮声震撼中国大地的时候,历史又欣喜地翻开了新的一页,我国的社会主义文艺事业又跨入了一个新的历史时期。广大文艺工作者心潮澎湃,百感交集,兴高采烈地称之为中国的"文艺复兴";热情洋溢地欢庆"第二次解放"。

面对"四人帮"对文艺界的长期干扰和破坏，面对传播甚广的极"左"文艺思想的流毒，文艺界的首要任务就是拨乱反正，把被颠倒的历史再颠倒过来。

拨乱反正的工作是从揭露、批判"文艺黑线专政"论开始的。彻底批判和推倒"文艺黑线专政"论是文艺界批判"四人帮"极"左"路线的中心任务。这是关系到如何估价文艺的发展历史和成绩、关系到能否正确纠正极"左"文艺思想流毒的重大问题。

1966 年 1 月，江青窜到苏州找林彪密谋策划，林彪立即决定用他窃取的权力，委托江青从 2 月 2 日到 20 日在上海召开了"部队文艺工作座谈会"。会后，炮制出《林彪同志委托江青同志召开的部队文艺工作座谈会纪要》（以下简称《纪要》）。3 月 22 日，由林彪亲自在前面加上按语，4 月经中央批准转发全国。4 月 18 日，林彪、江青一伙以《解放军报》社论的方式，公布了《纪要》的内容。《纪要》的出笼是林彪、江青两个反革命集团勾结起来进行篡党夺权的一个重要步骤，是他们在文化领域里实行封建法西斯文化专制主义的黑纲领。

《纪要》的要害是林彪、江青合伙炮制了一个耸人听闻的"文艺黑线专政"论，他们想借此篡夺党对文艺的领导权。在《纪要》中，他们颠倒黑白地公然宣称：建国以后的文艺界是"被一条与毛主席思想相对立的反党反社会主义的黑线专了我们的政。这条黑线就是资产阶级的文艺思想、现代修正主义的文艺思想和所谓 30 年代文艺的结合"。以这个论断为前提，林彪、江青反革命集团对建国后的文艺路线、领导、作家队伍、作品以至整个新文学进行了全面否定，从而为他们窃夺文权和在文艺领域实行封建法西斯文化专制主义大造了反革命舆论。

林彪、江青一伙给十七年的文艺界扣上了以下五顶莫须有的大帽子：

一曰"路线黑"。《纪要》中说，建国以来文艺界"基本上没有执行党的方针"，文艺方向问题没有解决。"过去十几年的教训是：我们抓迟了。毛主席说，他只抓过一些个别问题，没有全盘地系统地抓起来，而只要我们不抓，很多阵地也就只好听任黑线去占领，这是一条严重的教训。"他们还说建国以来的文艺理论是为"资产阶级、现代修正主义文艺思想逆流"所控制，把建国以来的文艺理论概而诬之为"黑八论"，即"写真实"论、"现实主义——广阔的道路"论、"反题材决定"论、"写中间人物"论、"现实主义深化"论、"反'火药味'"论、"时代精神汇合"论和"离经叛道"论，称之为"文艺黑线"的"代表性的论点"。

二曰"领导黑"。《纪要》还把打击的矛头指向党在文艺战线的大批领导干部。说这些人不执行党的文艺方针，在30年代就提出过"国防文学"这个资产阶级的口号，现在许多人已经"掉队了"。进而把我们党的宣传部门和文艺单位的许多主要领导干部都诬蔑为"反党反社会主义分子"、"走资派"、"黑线头目"乃至"叛徒"、"特务"等，为篡夺文权大造舆论。

三曰"队伍黑"。《纪要》把在党的领导下经过长期革命斗争锻炼和考验成长起来的文艺队伍说成是"黑"的。认为30年代的左翼文艺工作者中，有些人没有过好"民主革命这一关"，"有些人没有过好社会主义这一关"，诬蔑我们文艺队伍中"许多文艺工作者，是受资产阶级教育培养起来的，在从事革命文艺活动的过程中，有些人经不起敌人的迫害叛变了，或者经不起资产阶级思想的腐蚀烂掉了"；有的进了大城市"在前进中掉队了"。于是提出要"重新教育文艺干部，重新组织文艺队伍"，为他们在文艺战线上摧毁党的文艺队伍大造了反革命舆论。

四曰"作品黑"。《纪要》把建国以来出现的许多优秀文艺作品都说成是"黑"的，说建国以来的文学创作"好的或者基本上好的作品也有，但是不多；不少是中间状态的作品；还有一批反党反社会主义的毒草"。他们把许多革命文学作品都打成"毒草"，诬蔑这些作品"歪曲历史事实，不表现正确路线，专写错误路线"，"不写英雄人物，专写中间人物，实际上是写落后人物，丑化工农兵形象"，"对敌人的描写，却不是暴露敌人剥削、压迫人民的阶级本质，甚至加以美化"，"专搞谈情说爱，低级趣味"，等等，从而全盘否定了十七年的革命文学创作。

五曰"历史黑"。《纪要》抛出的"文艺黑线专政"论，不仅对建国后十七年的社会主义文学作了全面否定，而且对五四以来的新文学也作出歪曲和否定，说什么建国后的文艺黑线"和所谓30年代文艺"有密切关

系，并扬言"要破除对所谓 30 年代文艺的迷信"。还诬蔑 30 年代的许多
文艺工作者是"资产阶级民主主义者"，"没有过好社会主义这一关"，等
等，对我国整个新文学运动作了彻底否定，大搞文化虚无主义，在全盘否
定的基础上，宣称要"开创人类历史新纪元的最光辉最灿烂的新文艺"。

《纪要》出笼之后，社会主义文艺事业遭到空前浩劫。林彪、江青一
伙通过"文艺黑线专政"论，全盘否定党的文艺事业，把党的文艺领导干
部打成"反革命修正主义分子"，把大批文艺工作者打成"黑线人物"，大
兴文字狱，把一大批优秀文学作品打成"反党反社会主义的毒草"，对广
大作家进行残酷的迫害。

粉碎"四人帮"反革命集团后，广大文艺工作者立即投入揭批"四人
帮"反革命集团反动文艺思想的斗争。斗争面临的重要任务就是揭批所谓
《林彪同志委托江青同志召开的部队文艺工作座谈会纪要》抛出的"文艺
黑线专政"论，以及为被《纪要》定为"黑八论"的理论观点辩诬正名，
恢复历史本来面目，平反冤、假、错案，解放文艺生产力。然而，由于林
彪、江青反革命集团所散布的极"左"思想流毒尚未肃清，加上《纪要》
的出笼是与毛泽东晚年的错误联系在一起的。因此，批判中受"两个凡
是"（即"凡是毛主席作出的决策，我们都坚决维护；凡是毛主席的指示，
我们都始终不渝地遵循"）的错误观点干扰很大，步履蹒跚、顾虑重重，
文艺界的"拨乱反正"在一段时间内仍处于艰难的徘徊状态。

1977 年 11 月，《人民日报》编辑部邀请文艺界知名人士举行座谈会，
彻底批判"文艺黑线专政"论。茅盾、冰心、刘白羽、贺敬之、冯牧、草
明等著名作家、评论家明确地指出：所谓"文艺黑线专政"论，实际上是
"四人帮"反党集团强加在广大革命文艺工作者身上的政治镣铐和精神枷
锁，只有坚决批判、彻底推翻，才能真正解放文学艺术的生产力，推动社
会主义新文艺的繁荣和发展。1977 年 12 月 28 日，《人民文学》编辑部邀
请了文学界人士 100 多人，召开批判"文艺黑线专政"论的座谈会。会
后，《红旗》杂志于 1978 年第一期发表了文化部政策研究室题为《一场捍
卫毛主席革命路线的伟大斗争——批判"四人帮"的"文艺黑线专政"
论》的文章。1978 年 2 月 6 日的《人民日报》发表了中国人民解放军总政

治部文化部评论组《"文艺黑线专政"论的出笼和破灭》的文章，对批判"文艺黑线专政"论起了先导作用。

这样，一场揭批"四人帮"反动文艺路线的运动轰轰烈烈地展开了。文艺界以极大的革命义愤，纷纷著文揭批林彪、江青一伙炮制的《纪要》及"文艺黑线专政"论，指出它"不仅是'四人帮'在文艺上一系列反革命谬说当中的一个重要理论支柱，而且是为篡党夺权的狼子野心服务的"。（冯牧：《炮制"黑线专政"论是为了实行法西斯专政》）与此同时，文艺界以电影《春苗》、《决裂》、《反击》和小说《初春的早晨》、《警钟长鸣》、《严峻的日子》等为反面教材，进一步批判了"四人帮"以文艺为篡党夺权的工具的反动实质，并对他们鼓吹的"空白"论、"创业期"、"新纪元"论和"根本任务"论（指"塑造无产阶级英雄形象是社会主义文学艺术的根本任务"的主张）等谬论进行了深入地批判。特别是对他们炮制的"主题先行"（指"四人帮"一伙推行的先定主题、后找生活的做法）、"三突出"（指"四人帮"一伙鼓吹的正反面人物中要突出正面人物，正面人物中要突出英雄人物，英雄人物中要突出一号英雄人物）等谬论从理论上作了系统地批驳，澄清了广大文艺工作者的思想认识，提高了理论水平，捍卫了马克思主义文艺理论。

林彪、江青反革命集团在文艺界造成的大量冤假错案，这个时期也开始陆续平反昭雪，大批优秀作家、艺术家，重新获得了创作自由，难以数计的优秀作品开始重见天日。

1978年5月27日至6月5日，中国文联在北京召开了第三届全国委员会第三次扩大会议。会议深入揭批了林彪、江青反革命集团在文艺领域推行的极"左"路线，着重研究贯彻落实党的文艺政策，为被"四人帮"在文艺界制造的大批冤假错案进行平反昭雪，会议宣布中国文联、中国作家协会、中国戏剧家协会、中国音乐家协会、中国电影工作者协会和中国舞蹈工作者协会正式恢复工作，文联的机关报《文艺报》立即复刊。这次会议，对于促进文艺界的思想解放，团结和调动一切积极因素，组成浩浩荡荡的文艺大军，迎接新的历史任务起了重要作用。到1979年第四次文代大会召开为止，全国各省市文联、协会基本都陆续恢复了工作，各省市原有的文艺刊物也都陆续复刊，同时还创办了《文艺研究》、《外国文学研究》等大型文艺研究性刊物，恢复和扩大了文艺阵地。

全国文联三届三次扩大会议后，文艺界进一步掀起揭批"四人帮"的高潮。批判的主要内容集中在：控诉"四人帮"的法西斯文化专制主义；批判"四人帮"推行的"文艺黑线专政"论和"三突出"等一整套反马克思主义的文艺理论；揭露"四人帮"炮制的"阴谋文艺"，大张旗鼓地声讨"四人帮"的反动谬论。这些批判在当时是非常必要的；但一些重大的是非问题，还远未能得到澄清和解决，文学界"左"的流毒仍然存在，思想解放的步子还迈得比较缓慢，拨乱反正的工作还只是处于发动阶段。这表现在：许多"禁区"未能触动，许多"左"的观点尚在流行。例如，虽然批判了"文艺黑线专政"论，但继续批所谓的"刘少奇修正主义文艺路线"、"周扬文艺黑线"、"四条汉子"（周扬、夏衍、田汉、阳翰笙）、"黑八论"，继续宣扬"文艺从属于政治"、"文艺为政治服务"等观点。毛泽东同志关于文艺问题的"两个批示"这样已为历史证明了是错误的个别指示，更是不容怀疑。所以，"大批判"虽然在进行，但可以说是一种设防的批判。正如朱寨同志指出的："实际上还是带着枷锁的舞蹈，在愤怒的控诉中，又夹杂着思想锁链声的丁当。"

1978 年 5 月，全国开展了关于真理标准问题的大讨论，使思想解放运动向前跨进了一大步。它不仅在思想战线，而且也在文艺战线上引起了巨大的反响，使文艺界对"四人帮"文艺思想的批判提到哲学的高度。

1978 年 12 月在北京举行了具有重大历史意义的中国共产党十一届三中全会。会议从根本上冲破了"左"倾错误的严重束缚，端正了党的指导思想，使党重新确立了马克思主义的思想、政治和组织路线，从而掌握了拨乱反正的主动权，大大推动了思想解放运动的开展。

党的十一届三中全会给新时期文学带来了真正的春天。历史的泥泞被清除了，新时期文学航道上的暗礁险滩被清除了。整个文艺界呈现出一片春潮奔涌、思想活跃、百舸争流、百家争鸣的异常活跃的气氛。

1979 年 2 月，党中央及时批准发表了曾经被"打入冷宫"十多年、后被实践证明充满革命辩证法的周恩来于 1961 年所作的《在文艺工作座谈会和故事片创作会议上的讲话》。这个重要讲话，是对建国后社会主义文艺实践的一个马克思主义的总结，它所着重阐述分析的极"左"倾向的危害性，所强调的要发扬艺术民主、按照艺术规律办事等见解，对于肃清"四人帮"反革命集团的流毒，拨乱反正、正本清源，进一步繁荣和发展社会主义新时期的文艺，具有重大指导作用。

十一届三中全会所确定的路线和全会以后党领导文艺所采取的一系列方针政策和措施，给文艺界带来了沉思、探索、活跃的机遇和巨大的生命力。在党的十一届三中全会精神指引下，中国文联、中央宣传部、中央组织部和文化部联合召开了"全国文艺界落实知识分子政策座谈会"，为一大批文艺工作者的冤假错案平反昭雪、恢复名誉。1978年底，《文艺报》和《文学评论》编辑部在京联合召开"文艺作品落实政策座谈会"，为一大批受到错误批判的文艺作品和理论文章平反。在这次座谈会上，与会同志指出，"'四人帮'的一切诬陷不实之词要敢于全部推倒，我们自己批错了的，也要坚决改正"。会议呼吁加快落实文艺政策的步伐，对历次政治运动和文艺事件中受到错误处理的作家尽快予以平反和改正。

接着，文学理论批评界乘胜追击，从理论上继续清算"文艺黑线专政"论。这就触及到重新认识和评价被林彪、"四人帮"诬为"反党反社会主义的黑线"的"代表性论点"的所谓"黑八论"的问题。1979年2月《文艺报》发表特约评论员文章：《文艺为实现四个现代化服务》，在适时地提出文艺要为实现"四化"服务的同时，对所谓"黑八论"的理论是非，一一有分析地予以澄清，推倒林彪、"四人帮"强加的种种诬蔑。此后，理论批评界纷纷发表文章，对有关的理论问题展开实事求是的讨论。

当"文艺黑线专政"论和所谓"黑八论"的是非初步澄清后，进一步批判《部队文艺工作座谈会纪要》就势在必行了。为此，1979年5月3日，中共中央批转了中国人民解放军总政治部关于撤销1966年2月《林彪同志委托江青同志召开的部队文艺工作座谈会纪要》的请示，同意撤销《纪要》，这就从根本上推翻了林彪、江青一伙盘踞文艺界的基石，使文艺理论批评工作在解放思想的轨道上迈进了一大步。

党的十一届三中全会后，由于"解放思想，开动脑筋，实事求是，团结一致向前看"的方针的正确指导，由于"实践是检验真理的唯一标准"讨论的深入开展，文艺界对我国社会主义文艺的曲折发展历程及其经验教训，也开始了初步地探讨。1979 年 3 月，《文艺报》编辑部召开理论批评工作座谈会，来自全国各地的理论批评工作者回顾建国以来文艺工作的经验教训，就文艺与政治、文艺与生活、文艺的真实性和现实主义，文学批评的现状等问题，展开了热烈的讨论。4 月，《上海文学》发表了一篇评论员文章《为文艺正名——驳"文艺是阶级斗争的工具"说》，首先从文艺的社会作用角度，触及了文艺和政治的关系。这篇文章发表后反响很大，并随即开展了比较深入的讨论，促进了理论思想的进一步解放。5 月和 8 月，周恩来同志《在文艺工作者座谈会和故事片创作会议上的讲话》和陈毅同志《在全国话剧、歌剧、儿童剧创作会议上的讲话》先后公开发表，更给文学界批判极"左"思潮提供了有力的思想武器。

1979 年 4 月以后，广东文艺界开展了关于文艺"向前看"和"向后看"的讨论。有人把新时期产生的揭批林彪、"四人帮"，描写"伤痕"的作品称为"向后看"的文艺，认为应该"提出向前看的口号，提倡向前看的文艺"。引起不同意见的争鸣。《河北文艺》则发表《歌德与"缺德"》的文章，把写"伤痕"、把揭露社会主义时期生活中的阴暗面的作品斥为"缺德"，狭隘地主张社会主义文学只能"歌德"，否则就是"怀着阶级的偏见对社会主义制度恶毒攻击"。这篇文章发表后，《人民日报》、《光明日报》以及其他一些报刊立即载文进行批驳。还有人认为文艺界的思想解放已经引起"思想混乱"，走上了"否定毛主席文艺路线"的道路，搞得不好，"会出现五七年反右派前夕的那种状况"。甚至指责文艺界的领导同志大都是"欧洲 18 世纪文学的染缸里染过的"。上述争论中出现的程度不同的"左"的观点说明"左"的思想仍有市场，也说明对于当时文艺领域里正在进行的拨乱反正并非所有的人都有正确的认识。因此，召开一次新的全国文艺工作者代表大会，总结 30 年来文艺工作的基本经验，进一步统一思想，更好地团结前进就十分必要了。

经过半年多时间的筹备，第四次全国文代会终于在 1979 年 10 月 30 日在北京召开。出席会议的代表包括台港澳地区的文艺家共 3200 多人。包括了从"五四"前后文学革命的参加者到新近崭露头角的作家整整五代人。邓小平同志代表党中央、国务院致了祝辞，周扬同志作了《继往开来，繁荣社会主义新时期的文艺》的报告。

邓小平同志在"祝辞"中宏观地总结了建国30年来文艺战线的发展成就，肯定了"文革"前十七年的文艺路线和文艺工作所取得的显著成绩，明确指出："所谓'黑线专政'，完全是林彪、'四人帮'的诬蔑。"对粉碎"四人帮"以后三年来的文艺工作给予热情的肯定，认为文艺部门是"很有成绩的部门之一"。"祝辞"明确地阐述了新时期文艺的任务以及更好地为四个现代化建设服务的问题。关于党对文艺工作的领导，"祝辞"在批评了那种行政命令、横加干涉的衙门作风后指出：文艺是一种"复杂的精神劳动，非常需要文艺家发挥个人的创造精神。写什么和怎么写，只能由文艺家在艺术实践中去探索和求得解决"，而各级党的领导部门对此"不要横加干涉"。"祝辞"全面、科学地总结了30年社会主义文艺发展和党领导文艺工作的历史经验，为新时期文艺指明了前进的方向，在我国当代文学发展史上具有里程碑的重大意义。

周扬在大会上所作报告总结了建国以来社会主义文艺工作的经验教训，着重论述了必须正确处理好三个关系：文艺与政治的关系；文艺和人民生活的关系；文艺上继承传统和革新创造的关系。茅盾致大会开幕词，夏衍致大会闭幕词，他们都反复强调，首要的问题是要来一个思想大解放。针对当时文坛的实际，他们明确地提出要从林彪、"四人帮"极"左"思潮的精神禁锢中解放出来，从封建主义、资本主义思想以及严重存在的小生产者的狭隘眼界和习惯势力的影响中解放出来，从文艺教条主义和形形色色唯心主义、形而上学的枷锁中解放出来，使新时期文艺真正沿着社会主义创作发展规律的轨道前进。

第四次文代会完成了新时期文学艺术发展的重要转折，对文艺政策作出了重要调整。这对文艺界的进一步拨乱反正起了深远的指导作用。会议文件和后来的《人民日报》有关社论还根据党中央的精神，明确提出不再重提"文艺从属于政治"和"文艺为政治服务"的口号，而以更科学、更全面的"文艺为人民服务、为社会主义服务"的提法作为今后文艺工作的总口号。

1980 年初，中国戏剧家协会、中国作家协会和中国电影家协会在北京联合召开"剧本创作座谈会"。这次会议围绕几部有争议的作品，就文艺工作中出现的新情况、新问题展开了深入的讨论。会议强调文艺工作必须全面贯彻"双百"方针，既要实行"三不主义"（不打棍子、不戴帽子、不抓辫子），又要反对"三无"（无领导、无要求、无批评）倾向。这都表明粉碎"四人帮"后文艺界的拨乱反正工作基本上大功告成，文艺走上了健康发展的道路。

（摘自：杨志今、刘新风主编《新时期文坛风云录（1978—1998）》（上），吉林人民出版社 1999 年 4 月版）

23 关于建国以来历史决议的起草

龚育之

由来

《关于建国以来党的若干历史问题的决议》的意义、由来、起草、讨论和通过的情况，我在二十年前已经谈过一次。那是一九八一年七月，历史决议刚刚通过，我们到山东青岛休息，住在八大关的一座小楼里。应青岛市委之邀，我在青岛市的领导干部会上作了一个关于学习历史决议的报告。记录稿经我改定，市委给印发了，其后不久辽宁的《社会科学动态》杂志上转载了。一九九九年，我将其收入湖南人民出版社出版的《龚育之论中共党史》一书。今天，我主要依据当年的这份材料，依据当年邓力群同志在北京出版社出的关于历史决议的《介绍和答问》，加上近年出的《胡乔木谈中共党史》中提供的丰富材料，以及自己现在的一些回忆，介绍一下有关情况。

二十年前，党中央为什么要作《关于建国以来党的若干历史问题的决议》？这是当时党的指导思想上的拨乱反正的需要。拨乱是指什么呢？主要的就是指拨"文化大革命"之乱。"文化大革命"持续十年之久，而且它的发生还有更远的由来，所以从政治上、思想上彻底澄清"文化大革命"造成的混乱，这绝不是一件轻易的事情。单单批判"四人帮"是不可能完成这个历史任务的。因为每当这种批判要深入的时候，我们就会碰到一些问题：这些事是不是"纯系""四人帮"干的？是不是毛泽东同志决定的，毛泽东同志同意过的？或者毛泽东同志圈阅过的？"文化大革命"就是毛泽东同志领导和发动的嘛！深入批判"四人帮"就要触及这些问题。当时有一种方针，就是"两个凡是"。如果按照这样的方针，所有触及到的这些问题都不能动，都不能批评，都不能改正，那么，从根本上拨"文化大革命"之乱就不可能进行，我们的事业就无法前进。

因此，敢不敢于正视共和国的缔造者、在中国共产党和中国各族人民中有崇高威望的毛泽东同志晚年领导和发动"文化大革命"的错误，敢不敢于追溯"文化大革命"以前党在指导思想上的错误，敢不敢正视和批评这些错误，这是对我们党的政治勇气和领导能力的一大考验。

这需要大智大仁大勇，历史决议的作出，表明我们党具有这种大智大仁大勇。

在这样做的同时，我们党还面临着另外一个方面的考验，这就是善不善于科学地、历史地、实事求是地来分析这些错误？能不能够恰如其分地估量这些错误在党和毛泽东同志的整个革命活动中的位置？敢不敢于在揭露错误以后理直气壮地肯定我们党所取得的伟大历史成就？敢不敢于理直气壮地肯定毛泽东同志对中国革命的伟大历史贡献？敢不敢于理直气壮地肯定被中国革命和建设的实践证明为正确的毛泽东思想的科学体系作为我们党的指导思想的重大意义？

这些都是关系到党和国家前途和命运的重大问题，需要党表现出大智大仁大勇。

单有一个方面的勇气，那叫片面之勇，表面之勇，不叫大智大仁大勇，两个方面的政治智慧、政治良心和政治勇气的结合，才叫大智大仁大勇。

一九七八年五月开始的关于真理标准问题的大讨论，冲破"两个凡是"方针的束缚。同年十二月举行的党的十一届三中全会，恢复和重新确立了解放思想、实事求是的思想路线。这就使党掌握了拨乱反正的主动权。从十一届三中全会开始，经过十一届四中全会（叶帅国庆三十周年讲话），十一届五中全会（为刘少奇平反），党中央一步比一步深入地解决了历史遗留的很多问题。在这个基础上，党的十一届六中全会通过《关于建国以来党的若干历史问题的决议》，对"文化大革命"及其以前的错误，对建国以来取得的伟大成就和宝贵经验，对毛泽东同志的历史功绩和毛泽东思想的指导地位，这样一些重大而复杂的问题，作出了公开的、郑重的、系统的和明确的结论。

从十一届三中全会到十一届六中全会，实际上是四次中央全会的政治和理论成果，才产生了历史决议，对于统一全党的思想起了十分重大的作用。当时发表的党的十一届六中全会公报曾说，这次全会将以在党的指导思想上完成拨乱反正的历史任务而载入史册。现在过了二十年，这个"将"字可以去掉了，后来的历史证明，这一判断是符合实际的。

核心的问题

那么，什么是历史决议的核心问题呢？

从上面说的两方面的考验来看，肯定毛泽东同志的历史功绩和毛泽东思想的指导地位，把毛泽东思想同毛泽东同志的晚年错误严格区分开来，这是历史决议所要解决的核心问题，也是党的指导思想的拨乱反正所要解决的核心问题。

"文化大革命"结束后不久，小平同志就提出了这一问题。在决议起草之前和起草、修改的过程中，党中央和小平同志就这一问题作过多次说明和阐述。我在青岛讲话中列举了十五次。那时，《邓小平文选》（一九七五——一九八二年）还没有出来，《三中全会以来》文献集还没有出来。现在，不但邓文选出来了，文献集出来了，《邓小平思想年谱》也出来了。文献资料基本已经公布了。

那时列举了十五次，现在看还应该补充好多次，这里简单地提一下。

第一次，一九七七年四月十日，小平同志还未恢复工作，就写信给当时的党中央，实际上批评了不久前公开宣告的"两个凡是"的方针，明确提出要世世代代用完整的准确的毛泽东思想来指导我们全党全军和全国各族人民。这是当时党内发了文件的。

一九七七年五月二十四日，小平同志同两位中央负责同志谈话，明确指出"两个凡是"不符合马克思主义。这次谈话后来收入邓文选了。不过当时没有发文件。要增补，这恐怕要算一条。

我当时说的第二次，一九七七年七月，党的十届三中全会恢复小平同志的工作。全会闭幕的时候，他在讲话中有针对性地论述了对待毛泽东思想的正确态度。这也是党内发了文件的。

第三次，一九七七年八月十八日，小平同志在党的十一大上的闭幕词中，强调要恢复和发扬毛泽东同志所培育的我们党的优良传统，特别是实事求是和群众路线的传统。这当时就公开发表了。

一九七七年九月十九日，小平同志同教育部负责人谈教育问题上的"两个估计"要批判，说：毛泽东同志画了圈，不等于说里面就没有是非问题了。这一篇也是后来在邓文选中才发表的。一九七八年五月三十日，同乔木同志谈准备在全军政治工作会上的讲话，这更是《邓小平思想年谱》新提供的材料。这是《实践是检验真理的唯一标准》这篇文章公开发表（《光明日报》五月十一日）后不久的事情。

我那时讲的第四次，就是小平同志一九七八年六月二日在全军政治工作会议上讲话。当时就公开发表了。小平同志针对真理标准问题讨论是"砍旗"的说法，指出这不是什么"砍旗"，而是维护毛泽东思想的基本点，即实事求是。

一九七八年七月二十一日同中宣部负责人谈真理标准问题的讨论，七月二十二日同胡耀邦同志谈真理标准问题的讨论，八月十九日同文化部负责人谈真理标准问题的讨论，九月十三日到二十日访问朝鲜归来在东北几个地方和天津讲思想路线和高举旗帜问题，十月十四日同总政治部负责人谈真理标准问题的讨论，都是《邓小平思想年谱》新提供的材料。我那时都没有算进去。

我说的第五次，十一月二十七日，这是中央工作会议期间，中央宣布为天安门事件平反之后。这是一件大事，天安门"反革命事件"的定性是经过了毛泽东同志的，"两个凡是"的提出，也是为了压制对这个问题的异议，现在平反了，一方面大家兴高采烈，一方面国内外议论很多。小平同志在同美国报纸专栏作家诺瓦克的谈话中，特别指出毛泽东同志对中国人民的功勋是不可磨灭的，如果没有毛泽东同志，中国人民很可能还要在黑暗中苦斗更长的时间。

第六次，一九七八年十二月，党的十一届三中全会发表的公报，里面对毛泽东同志专门写了一段，讲到如果认为毛泽东同志不犯错误那就违反毛泽东同志本人对自己的看法。同时讲，我们一定要充分肯定毛泽东同志的功劳，要历史地、科学地评价毛泽东同志。

小平同志在中央工作会议闭幕会上的讲话，深刻地总结了真理标准问题的讨论，系统地论述了党的思想路线，实际上成为十一届三中全会的主题报告，被评为在中国面临向何处去的重大历史关头的一篇解放思想、实事求是的宣言书。这篇讲话，还有收入《邓小平思想年谱》的中央工作会议期间的另外几次讲话，那时把它们归入十一届三中全会公报那一次了。

还有一九七九年一月二十四日同美国时代出版公司总编辑多诺万关于国外说我们"非毛化"的谈话。这也是在报上公开发表了的。

我说的第七次，一九七九年三月三日，小平同志在理论务虚会上的总结讲话中，明确地提出要坚持四项基本原则，其中就包括马列主义毛泽东思想。

我说的第八次，一九七九年九月，党的十一届四中全会通过了叶剑英同志在建国三十周年庆祝大会上的讲话。小平同志在讨论叶帅讲话稿时，有一大篇很恳切的话，讲历史上毛泽东是有伟大功绩的，我们的一切成就是在毛泽东思想照耀下取得的。现在《邓小平思想年谱》提供了详细的摘要。

这些都是在历史决议开始起草之前，但都属于指导历史决议起草工作的重要思想。

历史决议开始起草之后，到最后通过之前，我那时讲到七次。

我说的第九次，一九八○年三月十九日，小平同志找主持历史决议起草的同志，专门谈决议的指导思想。提出了三条方针，其中最核心的问题、第一位的问题，就是树立毛泽东同志的历史地位，坚持和发展毛泽东思想。不仅今天，而且以后，都要高举毛泽东思想的伟大旗帜。

第十次,一九八〇年六月二十七日,小平同志看了决议初稿后又讲的意见。

第十一次,一九八〇年八月十八日,在政治局扩大会议上小平同志讲对毛泽东思想要做系统的阐述,对毛泽东同志的功过要作全面的评价。

第十二次,一九八〇年八月二十一日,小平同志跟意大利记者法拉奇的谈话。他讲,尽管毛泽东同志过去有段时间犯了错误,但他始终是中国共产党、中华人民共和国的重要缔造者,拿他的功和过来说,错误毕竟是第二位的。他对中国人民做的事情是不能抹杀的。这是当时就公开发表了的。

第十三次,一九八〇年十月二十五日,小平同志再次同决议起草组谈话。

第十四次,一九八〇年十二月二十五日,小平同志在中央工作会议上的讲话。

第十五次,一九八一年五月十九日,小平同志在中央政治局扩大会议上,重申了他在起草决议之初就提出的三条指导方针,以及坚持这三条方针的重要性。

《邓小平文选》中那篇《对起草历史决议的意见》,是一篇集纳稿,另外单独成篇而涉及历史决议起草方针的还有好几篇。再加上《邓小平思想年谱》中同外国领导人和新闻界人士谈历史决议起草的材料,比上面说的七次要多。好在文选、年谱大家都有了,下面关于决议起草过程还要提到这些情况,这里可以从简。

总之,在对待历史问题上,在对待历史决议的起草方针上,党中央始终有一个坚定正确的指导思想,这就是:历史的是非一定要分清,错误不能说成是正确,正确不能说成是错误,在分清历史是非的基础上,一定要科学地评价毛泽东同志在他一生中间对革命和建设的贡献,科学地论述马列主义普遍原理与中国革命具体实践相结合的产物——毛泽东思想,科学地说明它作为我们党的指导思想的伟大意义。

起草的开始

最早提出作历史问题决议，应该说是在党的十一届三中全会上。全会公报认为，关于文化大革命"实际过程中发生的缺点、错误，适当的时候作为经验教训加以总结，统一全党和全国人民的认识，是必要的，但是不应匆忙地进行"。

四中全会通过了国庆三十周年大会讲话。一九七九年初，中央政治局就确定由叶剑英同志作这个讲话。乔木同志主持的起草小组，十五个人吧，在玉泉山住了几个月。这个讲话中明确说："中共中央认为，对过去三十年特别是"文化大革命"十年的历史，应当在适当的时候，经过专门的会议，作出正式的总结。"

这篇讲话对建国后的历史问题作出了一个"初步的基本估计"。起草讲话，开头意见不完全一致的问题，主要有三个。一个是涉及不涉及文化大革命。有一种意见认为，写一篇宣传鼓动的讲话就行了，可以不涉及文化大革命及其以前的问题。后来还是回顾了三十年的历史。不回顾不行，但没有直接对"文化大革命"作明确否定的判断。第二个问题，是列哪些重要历史人物以示怀念。已经拉了一个很大的名单但不能没有刘少奇同志。可刘少奇当时尚未平反，在十一届四中全会时也来不及作出平反决定。后来只列三个共产党人的名字：毛泽东、周恩来、朱德。第三个问题，是讲不讲毛泽东同志的错误。讲话从头到尾没有对毛泽东同志的明确批评，当然，无主词的判断，暗含的批评，是有的。这样讲，有当时的策略考虑，有当时的历史局限，这些问题就留给了后来的历史决议。

历史决议的起草工作，是在十一届四中全会结束后不久开始的。我记得在十月底中央就组织了由乔木同志负责的历史决议起草小组。参加的有二十来个人吧，国庆讲话起草小组的同志基本上都参加了。具体名单，现在记不准，记不全。陆续有人加入，也有人离开。比如说，郑必坚同志，中途到耀邦同志那里工作去了，但决议的起草他还是参加得很多的；又比如说，廖盖隆同志，前面参加了，后来主持新成立的党史研究室的日常工作，就没有怎么参加了。

乔木之外，在领导一层的，还有邓力群同志，后来还有吴冷西同志。

下面一层的，常住那里具体做工作的，有个名单可供参考，就是《〈关于建国以来党的若干历史问题的决议〉注释本》的编写组成员名单。其中一人没有参加决议起草组，其他八人：袁木，郑惠，邵华泽，卢之超，我，还有石仲泉，席宣，杨增和，都属于这一层。属于这一层的还有一些人。至于参加过或多或少讨论的理论工作者，那还有一些人。

集中写作的地方，在万寿路新六所的一号楼。中间一段时间搬到玉泉山，以后又搬回新六所。

一共搞了无数次稿。这不是夸大其词，是没有法子计算次数。当然，主要的正式的有几次，是可以说得清楚的。

中央领导的指示中，最重要的当然是小平同志的指示，最早公布的也是小平同志的指示。编《邓小平文选》（一九七五——一九八二年）时，中央书记处研究室那里提供了一个集纳稿，文献研究室又补充了一些，成为现在的九篇。收进了邓文选，又收进了《三中全会以来》，大家都学习过了。但在纪念历史决议二十周年的时候，不妨重温一下，这对我们温故而知故，温故而知新，是会有好处的。

陈云同志的指示，在《陈云文选》中也有了，是一九八一年三月同邓力群同志四次谈话的要点。

乔木同志的，在《胡乔木文集》第二卷里收了四篇关于历史决议的讲话和谈话。后来出的《胡乔木谈中共党史》，又增收了十四篇，共计十八篇。这还是选收。如果收全，还可以增加许多篇。因为乔木同志是起草小组负责人，他谈的次数最多，内容最广，思路最宽。研究党史的人，在研究历史决议的时候，不妨研究一下乔木同志这些谈话。我觉得，人们对乔木这些谈话的内容，不一定熟悉，有些研究者甚至很不熟悉，也没有注意。而他这些谈话，对于我们理解决议的论断所依据的一些深层的政治和理论思考，以及虽然没有写进决议却在起草过程接触到的对许多历史和理论问题的探讨，会有很大的好处。

耀邦同志关于历史决议的起草，在领导层和到起草组，都谈过多次

（我记得他到新六所就来过不止一次），虽然没有小平同志多，更没有乔木同志多。邓文选中《对起草历史决议的意见》那篇集纳的题注中说，历史决议是"在中央政治局、中央书记处领导下，由邓小平、胡耀邦同志主持进行的。起草小组主要由胡乔木同志负责"。但是，胡耀邦还没有出文选、文集，收入《三中全会以来》的只有一篇他在建党六十周年的讲话。这篇讲话列了一个包括六十二位党内外人士的纪念名单，这是国庆三十周年讲话时想做而没有做成的。

初稿的提出

起草工作从看档案材料着手。从中央档案馆调了很多档案，大都是过去没有看过的。分头看材料，然后才讨论和起草提纲。

现在，《胡乔木谈中共党史》中收入了一九七九年十二月十三日的《起草历史决议的初步设想》。这是他在起草组成立后涉及决议内容的第一次谈话。

一九八〇年三月，起草小组经过材料准备、酝酿讨论，提出了一个历史决议的提纲（草稿），大概有几千字。这个提纲送给乔木同志，送给小平和耀邦等中央领导同志看了。

三月十五日，乔木同志有一次谈话，谈到历史决议要注意写的两个问题。一个是为什么发生"文化大革命"。他认为，现在说"文化大革命"错了不难，但是必须答复为什么发生这个错误。不答复这个问题，决议就失掉价值。一个是毛泽东思想的实质，不答复这个问题，坚持毛泽东思想这个口号就没有力量。乔木同志初步地思考了这两个问题，提出了很好的意见。

比如说，乔木追溯我们党对阶级斗争形势观察的演变，指出《关于正确处理人民内部矛盾的问题》这篇文章里便有自相矛盾的估计，原因是一九五七年二月讲话时是一种估计，五六月修改讲话时，反右派起来，又是一种估计。《毛泽东著作选读》新编本在这篇文章的题注里写了这个意思，就是按乔木的意见写的。现在的《毛泽东文集》中也有这个题注。

又比如说，乔木追溯在文化、教育、知识分子问题上长期的偏向，解放以来，批《武训传》，批《红楼梦》研究，批胡风，六十年代文艺上哲学上的批判，"应该说是不正常的"。如果当做学术文化上的争论，那不成问题。就是当做普通的党内思想争论也可以。"问题是这种批判带有特殊的政治色彩，简直使人民不知道党的工作中心究竟在哪里。"

这些没有写进历史决议，因为太细了，但是在《中国共产党的七十年》中按这个思路写了。

还有，乔木还追溯到反右后国家民主化进程的中断，国际反霸权斗争（这是正确的）扩大化（这表现在九评中）对国内的影响，等等。

小平同志最早找主持决议起草的同志谈话是在一九八〇年三月十九日。这次谈话明确提出了前面提到的关于决议起草的三条指导方针。第一条，最重要的一条，就是"确立毛泽东同志的历史地位，坚持和发展毛泽东思想"。当时五中全会开过不久，刘少奇同志的冤案已经公开平反，林彪、江青两案审判也在准备中，"文化大革命"显然要被根本否定，在这样的背景下，在一些人思想上发生某些动摇，在这个时候，特别强调这一条，是很有针对性的。指导方针的第二点，是要对解放以来历史上的大事情，哪些是正确的，哪些是错误的进行实事求是的分析。包括一些中央负责同志的功过是非，都要作出公正的评价。指导方针的第三点，就是要通过决议对过去的事情做一个基本的总结。总结的目的，是为了引导大家团结一致向前看。小平同志还对历史上几个重大问题谈了自己的看法，并指出，提纲铺得太宽，不够集中，叙述性的写法应当避免，对重要问题需要多加论断性的语言。

四月一日，他又一次对决议起草问题发表了系统的意见，提出了决议的整体框架：先有个前言，然后建国后十七年一段，"文化大革命"一段，毛泽东思想一段，最后有个结束语。

一九八〇年六月起草出了初稿，送中央书记处讨论。说是初稿，其实包括多少遍修改，多少次稿子。为简单计，算成第一次稿，初稿。

提纲之后、初稿之前，乔木同志有几次谈话，《胡乔木谈中共党史》中收了《历史决议要有一种理论的力量》（一九八〇年五月十六日）、《对一九五七年后几段历史的议论》（一九八〇年五月二十四日）、《毛主席在追求一种社会主义》（一九八〇年六月九日）三篇。重读这几篇讲话，印象是探讨了很多问题，有些重要思想，没有得出定论，但确引人深思。

比如说，当时从社会主义改造完成以后还搞以阶级斗争为纲这个线索已经清理了"文化大革命"的错误指导方针的由来。但是乔木进一步思考，阶级斗争为纲能否概括"文化大革命"？他认为毛主席在追求一种社会主义，叫做什么，乔木也没有说清楚，他说：有个现成的办法，仔细研究一下中央一九七六年四号文件（即"批邓"十二条）、一九七四年理论指示、一九六六年五七指示，这三个文件确实是毛泽东发动"文化大革命"多少带有纲领性的东西，相当带乌托邦色彩。（后来他还进一步追溯到一九五八年在成都会议上反对资产阶级法权，在北戴河会议讲进城后实行工资制没有理由，认为那时就有了这种思想的萌芽。）这个意思，没有写成成熟的结论。《中国共产党的七十年》里写了一点，也写得不多。是一个有待讨论的理论问题。

四千人大讨论

一九八〇年六月二十七日小平同志谈了对初稿的意见，认为稿子没有很好地体现确立毛泽东的历史地位和坚持毛泽东思想的要求，要重新写。重点要放在毛泽东思想是什么、毛泽东同志正确的东西是什么这方面。错误的东西要批评，但是要很恰当，要概括一点。主要的内容还是集中讲正确的东西。

根据小平同志的意见和书记处讨论的意见，起草小组又重新起草，反复改写。乔木同志更多地参与到起草过程中来，拿出去讨论的稿子他都要认真修改，不少段落从头到尾都是他自己重新写过的，特别是"文化大革命"那部分。一九八〇年十月完成提交全党四千名高级干部讨论的稿子。这期间收入《谈中共党史》的乔木谈话，有十篇。《要把毛泽东晚年的错误同毛泽东思想加以区别》，是一九八〇年七月三日乔木同志在中央书记处讨论时的系统发言。《历史决议中对"文化大革命"的几个论断》，是一九八〇年九月二十一日乔木同志在省市自治区党委第一书记座谈会上的系统讲话。其他都是同起草小组讨论稿子的发言。

七月三日的发言，乔木介绍了小平同志几次谈话的要求，说现在的稿子（六月初稿）没有能够实现，需要做比较大的修改或改写。中心任务是要把毛泽东思想的旗帜树起来，给它一个完整准确的解释。为此，一方面要对毛主席在"文化大革命"期间犯的错误作出判定，另一方面要对毛主席晚年逐步形成的"左"倾错误思想的发展过程作出说明，这样才能解释"文化大革命"的发生。要把毛主席晚年的错误同毛泽东思想加以区别，加以对照。对毛泽东思想加以肯定，对毛泽东晚年错误加以批评。这是个非常重要的问题，给予正确解决非常必要。就是说，不是笼统地讲毛泽东思想，而是把毛泽东思想同毛泽东晚年错误区别开来讲毛泽东思想，这是澄清思想混乱的很重要的方法。

乔木同志还提出，这次决议讲毛泽东思想，要区别于"文化大革命"及其以前的一段宣传，不把毛泽东思想说成是全面发展了马克思主义，是马克思主义发展的一个新时代。还是恢复七大的定义：毛泽东思想是马克思主义普遍原理同中国革命的具体实践相结合。

乔木同志还作出了一个新概括：毛泽东思想活的灵魂的三条：实事求是，群众路线，独立自主、自力更生。这都见于《毛泽东思想是团结全党奋斗的旗帜》（七月二十四日）等谈话中。

九月二十一日在省市自治区党委第一书记座谈会上的讲话，这实际上是把到那时为止的草稿，在稍大的范围通报一下，因为大家都很关心。乔木集中讲历史决议中关于"文化大革命"的几个问题。第一个是性质，不是革命，而是内乱。这是历史决议中的一个分量很重的、很费苦心作出来的新论断。它叫文化大革命，后来又说是政治大革命，可是，它不但在文化上、在政治上不是什么"革命"，在任何意义上也不能叫"革命"。那么，能不能说是反革命？林彪、"四人帮"是反革命，但整个"文化大革命"不好说是反革命。否则，置毛泽东、周恩来于何地？也不能说是一场阶级斗争。哪个阶级同哪个阶级斗呢？只好叫内乱，是一个特殊的局面。还有"文化大革命"的发动，八届十一中全会的作用，在说毛泽东跟林彪、"四人帮"不同的时候，还要说毛泽东在这期间的功劳（维系了党的存在，国务院的存在，军队的存在）。还有"文化大革命"发生的多方面的原因。

最大的争论问题，还是毛泽东思想。乔木同志说明为什么一定要讲毛泽东思想，而且毛泽东思想不包括毛主席的错误。在中国革命历史上，至少从一九二七年到一九五七年这三十年胜利的历史，跟毛泽东思想是分不开的。

乔木同志说明的这个稿子，基本上就是四千人讨论的稿子。但是还做了不少修改，才发给四千人讨论。发下去的稿子有五万多字，洋洋洒洒。记得分为五大段：建国三十一年取得胜利的总结；建国后三十一年历史是非的论定；"文化大革命"的原因和教训；毛泽东的功绩和毛泽东思想；怎样发展我们的社会主义事业，怎样建设我们的党。

四千人讨论不是集中在北京，而是由中央把讨论稿分发给中央党政军机关、各省市自治区党委，分头组织讨论，出了大批大批的简报。起草小组的同志还分头到各地方去听修改意见，我去了云南。

十月二十五日，邓小平同志看了四千人讨论的一些简报，简报中大家畅所欲言，众说纷纭，小平同志认为许多意见很好，要求我们把好的意见都吸收进来，按照这些好的意见修改决议。同时他认为讨论稿篇幅还是太长，要压缩。他强调毛泽东思想这个旗帜丢不得。丢掉了这个旗帜，实际上就否定了我们党的光辉历史。对毛泽东同志的评价，对毛泽东思想的阐述，不是仅仅涉及毛泽东同志个人的问题，这同我们党、我们国家的整个历史是分不开的。要看到这个全局。不写或不坚持毛泽东思想，我们要犯历史性的大错误。对于毛泽东同志的错误，不能写过头。写过头，给毛泽东同志抹黑，也就是给我们党、我们国家抹黑。这是违背历史事实的。

从政治局扩大会议到六中全会

四千人讨论以后，乔木同志提出了起草新稿的原则设想。认为在六中全会作出决议的时机已经成熟，不宜再延迟。篇幅的确太长，像论文而不像决议，拟改为条文式的体裁。毛泽东晚期思想同毛泽东思想建议加以区分。决议中应对毛泽东晚期思想的错误及其由来和发展作出比较系统的说明，当然更要以很大的力量讲毛泽东思想。在这之后，起草小组、乔木同志又重新改写。

一九八一年三月十八日，小平同志同起草小组负责同志谈话，认为决议稿的轮廓可以定下来了，并对建国以后各段历史作出了概括性的评价。耀邦同志主张决议稿多听听老干部、政治家的意见，小平同志赞成。三月二十六日，小平同志又转告陈云同志的两条意见。一条是加一篇话，讲解放以前党的历史，六十年历史一写，毛泽东同志的功绩就概括得更全面了。再一条是提倡学哲学，学毛泽东的哲学著作。

一九八一年三月三十一日发出了第三次提供讨论的稿子，发给中央政治局、中央书记处和一些在党内有很长历史、很高威望的老同志（乔木说是五十二人）征求他们的意见。这次讨论没有采取开会的方式，而是各人改在稿子上，或者另外提出书面修改意见，或者约起草小组的同志谈修改意见。

根据这些意见，起草小组、乔木同志继续修改，拿出了第四次供讨论的稿子。这次稿子两万八千字。结构已经和最后通过的决议相同。前面加了一个简明的前言，记得是专门请胡绳同志来写的，乔木同志很称赞。接着讲三十二年总估计，这是乔木同志从陈云同志的建议中得到启发，而建议加强的。这两段一加强，稿子的气势就相当地不同了。后面分四段，分别讲建国初七年，八大后十年，"文化大革命"十年，两年徘徊和伟大历史转折，然后讲毛泽东思想，最后是内容很充实的总结。

五月，中央政治局召开扩大会议，七十多人参加，讨论了十天。乔木同志在政治局会议上有个说明，《胡乔木文集》和《胡乔木谈中共党史》中都收了。

这篇对历史决议的说明非常重要。关于少用以至不用路线错误路线斗争，关于革命的原义和广义，关于新民主主义建国纲领、新民主主义时期和重提新民主主义到社会主义的转变，等等，理论上政治上都很重要。现在发表的文稿略去了一点，就是关于毛泽东晚期思想和毛泽东思想的区别。曾经决定用毛泽东晚期思想这个概念，来概括毛泽东后来的错误思想，讨论中很多人不大赞成，认为说不清楚，不如就用毛泽东晚年的错误，用"无产阶级专政下继续革命"的理论来概括为宜。认为这样才能同毛泽东思想区别开来。后来在历史决议中就没有再用"毛泽东晚期思想"这个概念。

五月十九日小平同志在政治局扩大会议上有一篇重要讲话。邓文选中登了。

根据小平同志的意见和政治局扩大会议讨论的结果，把各种好的意见吸收进去，又做了很多的修改，由政治局会议原则通过，提交十一届六中全会审议。这是第五次提供讨论的稿子。经过吸收政治局扩大会议讨论的意见，这次稿子，是三万二千字，增加了四千字，从意见的条数讲，恐怕吸收了好几十条。

一九八一年六月十五日至二十五日，举行十一届六中全会的预备会议，进一步讨论决议修改稿。六月二十二日小平同志在预备会上又作了重要讲话，在邓文选中也登了。在讨论中，中央委员们提了很多修改意见。根据这些意见，对决议稿又做了修改，吸收的实质性意见将近一百条，篇幅也增加到三万五千多字，又增加了三千多字。

六月二十二日至二十五日，党中央还召开在京各民主党派、无党派人士和全国政协部分老同志共一百三十多人的座谈会，征求他们对决议稿的意见。他们提的意见也吸收了。举一个例子，原来讲"文化大革命"打倒所谓"走资派"是错误的，讨论中民主人士和知识分子提出来，对知识分子当做所谓"资产阶级学术权威"来打倒，这也是重要的问题，修改时采纳了这个意见。决议的稿子要翻译成少数民族文字和外文，参加翻译的同志和一些外国专家，也提出了一些文字上的好意见，修改时吸收了。

有一些意见，修改时没有吸收。小平同志在四月七日的谈话中，就说了有些意见不能接受。例如，说八届十二中全会、九大非法；说"文化大革命"期间党不存在了。党不存在了怎么能粉碎"四人帮"？在后来，又说过有些意见不能接受。例如，说毛泽东同志自建国以后就离开了马克思列宁主义；从一九五七年以来，就存在一条贯彻始终的"左"倾路线；一九五六年到一九六六年"文化大革命"以前这个十年间，成绩不是主要的，错误是主要的，"文化大革命"整个是一场反革命；毛泽东同志发动"文化大革命"就是要整人，从整人开始，以整人结束；"文化大革命"的错误归结起来就是毛泽东同志个人的品质；毛泽东同志前期是共产主义者，马克思主义者，后期就不是了；"文化大革命"的错误及其以前的错误，应统统由毛泽东同志一个人负责；等等。

决议中关于"文化大革命"以后这一部分是什么时候加进去的？这个问题四千人讨论以前就提出来了。但是，四千人讨论稿上只说这一段的成就和问题，将在十二大论述。四千人讨论中，中央党政军机关都有人发言认为应当写这一段，写华国锋同志的一些重要错误，要求调整他的职务。这一意见在简报登出后，引起了强烈的反响。中央政治局十一月和十二月间开了九次会讨论这一段期间华国锋同志的错误，中央常委决定决议里写上这一段。邓小平同志认为，把华国锋同志的错误写进去，对于全党、对于人民有益、有好处，对于华国锋同志本人也有极大的好处。

经过长达一年多（三个年头）的起草过程，经过上上下下反反复复群众路线的讨论过程，吸收了各种好的意见，排斥了各种不合适的意见，所谓博采众议，又力排众议（前一个众是大众，后一个"众"是小众），六月二十七日至二十九日召开的党的十一届六中全会一致通过了这一历史决议。

（摘自：龚育之著《党史札记》，浙江人民出版社 2002 年 1 月版）

编后记

中国改革开放 30 周年之际，人民出版社计划选题，约我编一本《"拨乱反正"亲历记》。事关重大，义不容辞。一再考虑，如何编辑？要有可读性、代表性，也要有资料性，更重要的是，全面反映拨乱反正。政治、经济、军事、教育、科技、文艺、外交等，都要有所反映。尽管篇幅有限，只能挂一漏万，但也要力求全面，力求客观公正。

本编《"拨乱反正"亲历记》中，任仲夷等《邓小平与"拨乱反正"》、沈宝祥《胡耀邦与"拨乱反正"》，记述作者经历邓小平胡耀邦主持指导拨乱反正的情况；宋任穷《在中共中央组织部》、李德生《伟大的转折　历史的必然——回忆十一届三中全会的召开》、江渭清《伟大的历史转折》，主要反映中央及地方政治上的拨乱反正；万里《十一届三中全会前后的农村改革》、薛暮桥《摆脱"左"倾思潮的束缚》，着重介绍经济方面——尤其农村改革及经济思想上的拨乱反正；张震《在"拨乱反正"中前进》、洪学智《新的考验与挑战》，重点记述军队"文革"重灾区总后勤部的拨乱反正；张承先《教育部和教育工作的"拨乱反正"》、吉伟青《〈教育战线的一场大论战〉发表的前前后后——推翻"四人帮"的"两个估计"亲历记》，反映教育界的拨乱反正；吴明瑜《为邓小平起草全国科学大会讲话稿始末》、陈磊《1978 年全国科学大会的前前后后》，反映科技界的拨乱反正；黄华《外交部的"拨乱反正"》，不言自明；王光美《忆述刘少奇"头号冤案"平反》、温济泽《第一个平反的"右派"》、戴煌《感谢胡耀邦争回历史的公正》，重点反映平反冤假错案；王蒙《文联、文坛、文友及第四次全国文代会》、浩然《"文革"后：活着与死去一纸之隔》、马识途《这一天》、韦君宜《十年之后》、吴庆俊《文艺界的"拨乱反正"》，反映文艺界的"拨乱反正"；龚育之《关于建国以来历史决议的起草》，集中讲述党的指导思想上的拨乱反正。总之，上述篇章各有侧重，程度不同地反映了各方面的拨乱反正。

本书具有很强的可读性，语言文字生动，内容丰富鲜明。作者的亲身经历，让人感动，发人深省。其分析说理，也娓娓动听。拨什么乱？反什么正？读后更加分明。

本书是历史的见证，也是未来的借镜，值得一读再读，其味也无穷。

编后记此，期与读者认同。

最后需要说明的是，由于时间急促，我们未能及时与有关作者或文章原发表书刊单位一一取得联系，我们将尽快联系并酬谢。

王彦民

2010 年 7 月于中共中央党校

责任编辑:王世勇

图书在版编目(CIP)数据

"拨乱反正"亲历记/王彦民 编. -北京:人民出版社,2011.2
ISBN 978－7－01－009507－3

Ⅰ.①拨…　Ⅱ.①王…　Ⅲ.①中国共产党-党史-史料- 1976～1982
　Ⅳ.①D239

中国版本图书馆 CIP 数据核字(2010)第 240412 号

"拨乱反正"亲历记
"BOLUANFANZHENG"QINLI JI

王彦民　编

人民出版社 出版发行
(100706　北京朝阳门内大街166号)

北京汇林印务有限公司印刷　新华书店经销

2011 年 2 月第 1 版　2011 年 2 月北京第 1 次印刷
开本:710 毫米×1000 毫米 1/16　印张:14.5
字数:215 千字　印数:0,001-6,000 册

ISBN 978－7－01－009507－3　定价:36.00 元

邮购地址 100706　北京朝阳门内大街 166 号
人民东方图书销售中心　电话 (010)65250042　65289539